21世纪高职高专精品教材·会计系列

会计电算化

主　编　姜明霞　孙秀梅
副主编　李永利　魏立寰

中国人民大学出版社
·北京·

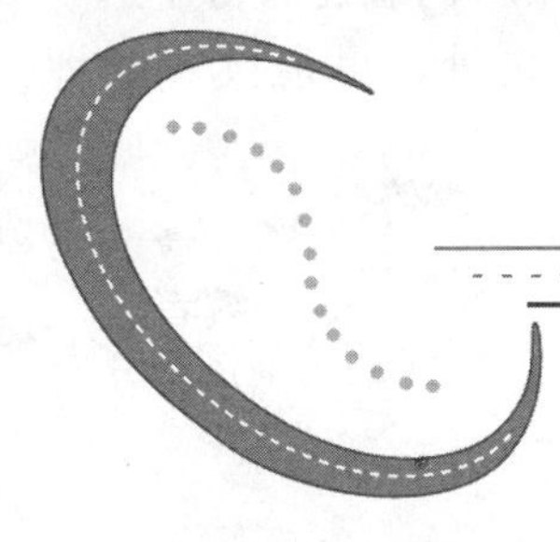

前　言

在信息技术高速发展的今天，企业各项工作不断创新和升级，也给会计工作提出了更高的要求，会计信息从手工处理发展到电算化处理是会计操作技术和信息处理方式的重大变革。

本书根据高职高专人才培养目标的具体要求并结合高职高专教学的特点进行编写，同时将新会计准则的内容贯穿到教材之中。本着“理论够用”、“强化技能”、“突出操作”的特点，努力做到由浅入深、通俗易懂，在阐述会计电算化基本理论的基础上重点结合应用案例讲解财务软件的操作方法。有些章节还增加了“知识拓展”、“一点就通”等小栏目，扩大读者的知识面，并在教材最后配备了一套上机实践资料帮助读者全面把握教材的内容。

本书由姜明霞、孙秀梅担任主编，李永利、魏立寰担任副主编，王丽晖、孟坤、刘蕾参编。编写人员分工如下：姜明霞编写第一章、第三章的第一节和第六章；孙秀梅编写第四章；李永利编写第二章；魏立寰、刘蕾编写第三章的第二节和第七章；王丽晖编写第五章和附录；孟坤编写第八章。最后由姜明霞负责全书的总纂及修改工作。

本书在编写过程中参阅了国内的一些重要文献和许多优秀教材，同时得到了高职院校专家及中国人民大学出版社编辑的指导和帮助，谨在此一并表示衷心的感谢！为保证该套书的质量，特设了编委会，主任：赵志恒；主审：孟华兴、于树中；编委会委员（按姓氏拼音字母为序）：黄瑞芳、胡生夕、李敏华、李素其、李新、任静、司宇佳、吴书博、张晓。

由于财务软件的不断升级和新准则实施的时间较短，某些内容还有待于进一步完善，加上作者水平有限，书中难免存在疏漏及不足之处，恳请读者批评指正。

编者

2010 年 7 月

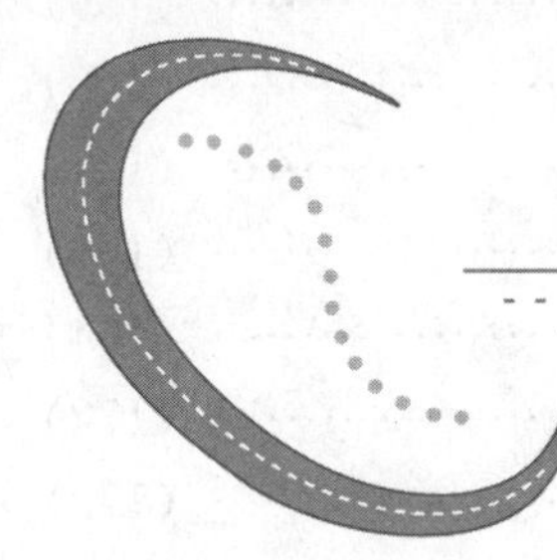

目 录

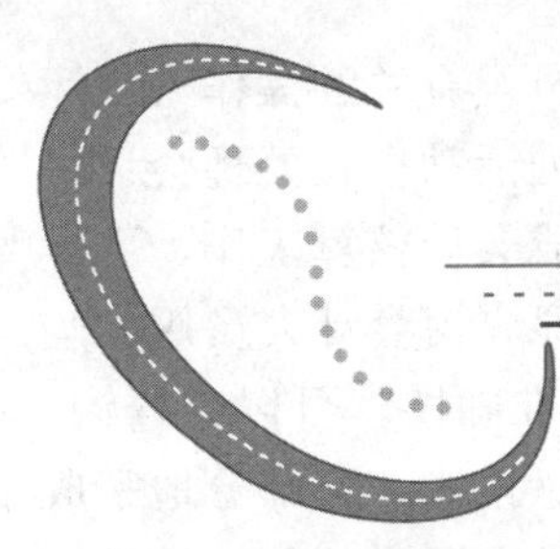

第一章 会计电算化概述

【内容导航】

本课程虽然具有很强的操作性，但本质上是一门如何在会计工作中应用现代信息技术更好地完成会计工作、发挥会计职能的课程。就让我们从这些基本知识开始，逐渐掌握企业会计电算化工作的基本原理和操作技能吧！

【学习目标】

- 掌握会计电算化的含义
- 了解我国会计电算化的发展概况
- 掌握会计电算化系统的构成
- 理解会计电算化系统中各子系统间的相互关系

第一节 会计电算化的产生与发展

·基本理论·

随着计算机技术的飞速发展，信息处理领域已发生革命性的变化。在会计领域，将计算机技术用于会计工作已成为历史的必然，会计电算化已成为现代会计发展的必然趋势。

一、会计电算化的含义

会计电算化是指由专业人员编制会计软件，由会计人员及有关的操作人员运行这类软件，指挥计算机代替人工来完成会计工作的一系列活动。在处理会计信息的过程中，计算机不仅能利用其高速准确的计算功能完成会计核算工作，更重要的是，在设计合理的程序指挥下，计算机能有效地实现原先由会计人员用人脑来完成的分析和判断功能，大大提高了会计工作的效率和准确性。可以这样说，会计电算化的过程就是一个用计算机替代人工记账、算账、报账，并部分地完成对会计信息的分析、判断和决策的过程，这也就是通常意义上所说的狭义的会计电算化。

目前，会计电算化已成为一门融会计学、管理学、电子计算机技术、信息技术为一体的交叉学科，与计算机技术在会计工作中的应用有关的所有工作都成为会计电算化的重要内容，比如会计电算化人才的培训、会计电算化制度的建立、会计电算化档案的管理等，这也就是通常意义上所说的广义的会计电算化。

二、会计电算化的发展概况

将计算机技术真正应用于会计领域始于 1954 年美国通用电气公司利用计算机进行职工工资的计算，随后，西方一些先进国家也开始了计算机在会计工作中的应用。20 世纪 50 年代中期，计算机在会计领域的应用仅限于工资核算、材料核算、现金收支等单项业务的数据处理，处理方式完全模仿手工操作，目的只是为了减轻会计人员的劳动强度，提高工作效率。70 年代以后，随着计算机技术的迅猛发展，计算机网络技术、数据库管理系统的应用给会计电算化开辟了广阔的空间，使其呈现出普及化的趋势。当今，西方发达国家已将计算机应用于会计核算、会计管理以及会计预测和决策领域，并取得了显著的经济效益。

我国的会计电算化工作始于 1979 年，财政部拨款 500 万元，支持并参与了长春第一汽车制造厂的电算化试点工作。1981 年 8 月，在财政部、第一机械工业部和中国会计学会的支持下，中国人民大学和长春第一汽车制造厂在长春市召开了“财务、会计、成本应用电子计算机问题讨论会”，正式把计算机在会计中的应用定名为“会计电算化”。随着 80 年代计算机在全国各个领域的应用、推广和普及，我国的会计电算化事业也快速发展起来。概括起来，我国会计电算化的发展主要经历了以下几个阶段。

（一）缓慢发展阶段（1983 年以前）

这一阶段由于会计电算化人员缺乏，计算机硬件比较昂贵，软件汉化不理想，我国会计电算化工作主要还是处于理论研究和实验准备阶段，因此发展比较缓慢。

（二）自发发展阶段（1983—1988 年）

从 1983 年下半年起，全国掀起了一个应用计算机的热潮，微型计算机在国民经济各个领域得到了广泛的应用，财会部门应用计算机进行业务处理引起了人们的关注。但是，由于应用计算机的经验不足，理论准备与人才培训不够，管理水平跟不上，造成在会计电算化过程中出现许多盲目的低水平重复开发现象，浪费了许多人力、物力和财力。

（三）有组织、有计划发展阶段（1989 年至今）

自 1989 年起，财政部、各级财政部门和主管部门加强了对会计电算化的管理，制定了会计软件的开发标准。我国相继出现了许多以开发经营会计核算软件为主的专业公司，逐步形成了会计软件产业。商品化会计软件市场逐渐成熟，很多单位都认识到开展会计电算化的重要性，纷纷购买或自行开发会计软件，建立了会计电算化系统。

第二节　会计电算化系统的构成与相互联系

·基本理论·

按照计算机软件设计的基本原则，一个会计电算化系统通常由多个子系统构成，每个子系统各自处理特定部分的会计信息，同时各子系统之间又存在相互控制和数据共享的关系，它们相互作用、相互依赖，形成一个完整的会计电算化系统，当然，这里所说的是狭义的会计电算化系统。

一、会计电算化系统的构成

会计电算化系统已从核算型发展成管理型，它涵盖供、产、销、人、财、物以及决策分析等企业经济活动的各个领域，其功能不断完善，子系统不断扩展，基本上满足了各行各业会计核算和管理的要求。但是，由于企业性质、行业特点以及会计核算和管理需求不同，各企业会计电算化系统所包括的内容不尽相同，其子系统的划分各有差异，但大致都应包括账务处理、职工薪酬核算、固定资产核算、成本核算、存货核算、应收及应付款、采购与销售核算、会计报表、财务分析等子系统。工业企业会计电算化系统的构成如图 1—1 所示。

下面介绍各子系统的主要功能。

（一）账务处理子系统

账务处理子系统以凭证为原始数据，通过凭证输入和处理，完成记账和结账工作，生成日记账、总账和除各子系统生成的明细账之外的全部明细账。大部分

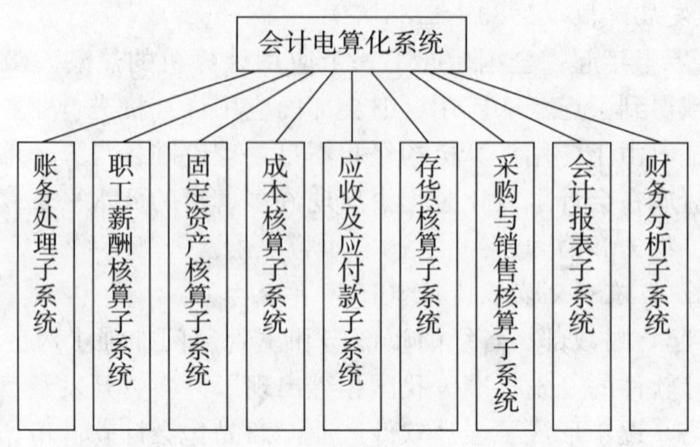

图 1—1　会计电算化系统构成

账务处理子系统还具有银行对账、出纳管理和往来账管理的功能，少部分账务处理子系统还具备部门核算和项目核算的功能。

（二）职工薪酬核算子系统

职工薪酬核算子系统以职工个人的原始工资数据为基础，完成职工工资的计算；工资费用的汇总和分配；计算个人所得税；查询、统计和打印各种工资表；自动编制工资费用分配转账凭证，传递给账务处理子系统。

（三）固定资产核算子系统

固定资产核算子系统可实现固定资产卡片管理、固定资产增减变动核算、折旧的计提与分配工作，自动编制机制转账凭证并传递给账务处理子系统。

（四）成本核算子系统

成本核算子系统根据会计核算和管理的要求，计算全部生产费用支出和产品的总成本与单位成本，自动编制机制转账凭证并传递给账务处理子系统，并将产品成本信息传递给存货核算子系统。

（五）应收及应付款子系统

应收及应付款子系统完成各应收账款和应付账款的登记、冲销工作，对其进行动态分析，并生成相应的明细账、账龄分析表以及其他各种汇总表和分析表。

（六）存货核算子系统

存货核算子系统可以及时准确地反映存货的收发结存情况，根据各部门、各产品领用材料情况自动进行费用分配，根据产成品的出入库情况自动进行会计核算，自动编制机制转账凭证并传递给账务处理子系统。

（七）采购与销售核算子系统

采购与销售核算子系统一般要与存货中的原材料、产成品核算和应收、应付款的管理相关，可实现对采购和销售完整流程的管理，并可对价格和信用进行实时监控。

（八）会计报表子系统

会计报表子系统主要根据会计核算数据（如账务处理子系统产生的总账及明细账等数据）完成各种会计报表的编制与汇总工作，生成各种内部、外部报表及汇总报表，根据报表数据生成各种分析图等。

（九）财务分析子系统

财务分析子系统是能够利用会计核算数据进行会计管理和分析的子系统。一般说来，该系统可以完成比率分析、结构分析、对比分析、趋势分析等。

二、会计电算化系统中各子系统间的联系

在会计电算化系统中，会计的整体功能是通过各子系统局部功能加以实现的，各子系统一方面要对各自的原始凭证进行处理，输出满足特定管理要求的报表资料，同时要汇总原始数据，编制出记账凭证，传输到其他子系统中。目前，一个完整的会计电算化系统内各子系统间数据传递方式大体有集中传递式、账务处理中心式和直接传递式三种。下面仅对账务处理中心式的数据传递方式进行介绍。

账务处理中心式是指各子系统对原始凭证汇总、处理后，编制出记账凭证直接传递到账务处理子系统，账务处理子系统对涉及成本、费用的凭证进行汇总后，传递到成本子系统的数据传递方式，如图 1—2 所示。采用这种方式，相应地要求有关科目按产品设明细科目，以便方便地汇集直接费用。

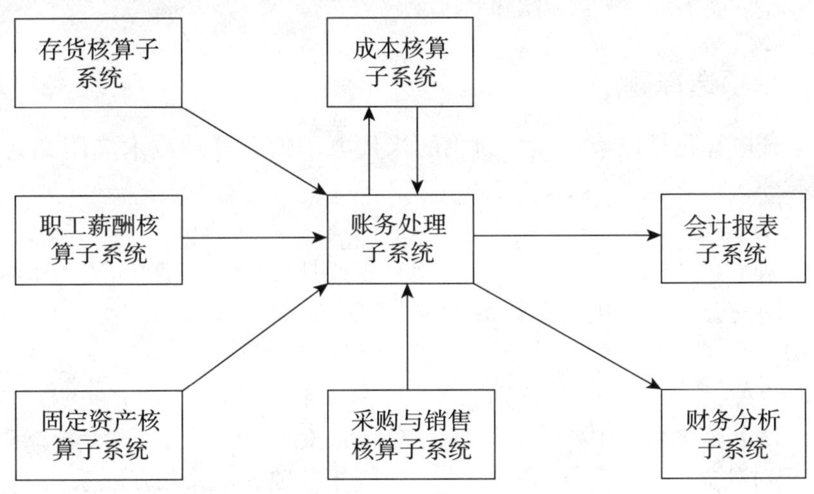

图 1—2　账务处理中心式数据传递方式

·本章小结·

本章内容主要包括：

1. 会计电算化的含义：狭义的会计电算化是指利用计算机替代人工记账、算账、报账，并部分地完成对会计信息的分析、判断和决策的过程；广义的会计电算化是指与计算机技术在会计工作中的应用有关的所有工作。

2. 会计电算化在我国的发展的三个阶段：缓慢发展阶段（1983年以前）、自发发展阶段（1983—1988年）、有组织有计划发展阶段（1989年至今）。

3. 会计电算化系统的构成：大致包括账务处理、职工薪酬核算、固定资产核算、成本核算、存货核算、应收及应付款、采购与销售核算、会计报表、财务分析等子系统。

4. 在账务处理中心式的数据传递方式中，账务处理子系统起到了核心作用。

·思考题·

1. 什么叫会计电算化？简述其发展过程。

2. 简述会计电算化系统的构成及各子系统的主要功能。

习题

一、单项选择题

1. 会计电算化是以（　　）为主的当代电子信息处理技术应用到会计工作中的简称。

A. 计算机　　B. 网络
C. 管理　　D. 多媒体

2. 我国的会计电算化工作开始于（　　）。

A. 1981年　　B. 1979年
C. 1989年　　D. 1954年

3. 会计电算化系统中各子系统间的关系是（　　）。

A. 相对独立　　B. 既相互独立，又相互联系
C. 互不相关　　D. 完全相关，缺一不可

4. 在账务处理中心式的数据传递方式中，处于核心地位的子系统是（　　）。

A. 会计报表子系统　　B. 固定资产核算子系统
C. 财务分析子系统　　D. 账务处理子系统

二、多项选择题

1. 下列属于广义的会计电算化的有（　　）。

A. 会计电算化人才培训　　B. 会计电算化档案管理

C. 会计电算化制度建立　　D. 会计电算化系统维护

2. 下列关于我国会计电算化的发展叙述正确的是（　　）。

A. 1981 年我国会计电算化工作开始起步

B. 1983—1988 年是我国会计电算化快速发展阶段

C. 1981 年“会计电算化”这个名词被正式命名

D. 现在我国会计电算化正处于有组织有计划发展阶段

3. 会计电算化系统一般包括（　　）。

A. 财务处理子系统　　B. 会计报表子系统

C. 人力资源管理子系统　　D. 固定资产核算子系统

4. 会计电算化系统中各子系统的数据传递方式主要有（　　）。

A. 直接传递式　　B. 账务处理中心式

C. 集中传递式　　D. 间接传递式

三、判断题

1.（　　）利用会计电算化系统只能进行会计核算，不能进行会计管理。

2.（　　）会计电算化系统中的各子系统是完全独立的。

3.（　　）在自发发展阶段，我国由于盲目的低水平重复开发，浪费了许多人力、物力和财力。

4.（　　）目前，会计电算化系统已从核算型发展到管理型。

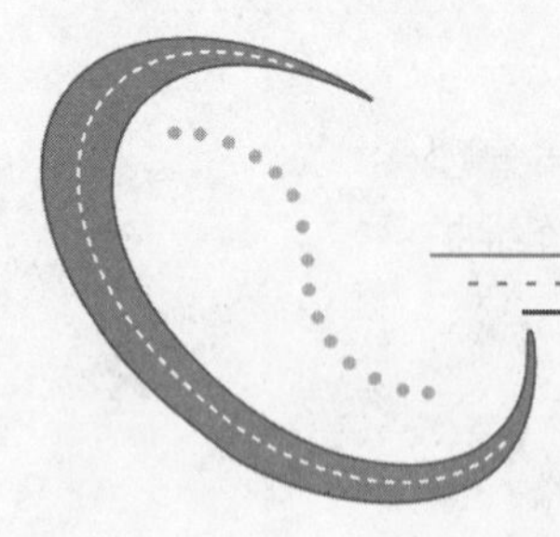

第二章

会计电算化的实施与管理

【内容导航】

会计电算化的最终目的是为管理、决策服务，从单项业务的电算化到多项业务、整个会计信息系统的电算化，是一项循序渐进的工作。会计电算化的一个重要阶段就是实施。如果没有良好的实施，再优秀的会计软件也达不到预期目的。会计电算化不仅包括建立电算化会计系统，还包括电算化会计系统的使用、维护、档案管理等工作。

【学习目标】

- 掌握会计软件实施流程
- 掌握会计电算化后的组织和岗位
- 掌握会计电算化后的内部控制
- 了解会计电算化后的日常使用管理、维护管理、档案管理

第一节　会计电算化的实施

·基本理论·

会计电算化是一项系统工程，涉及具体的会计管理工作、会计软件、计算机

和操作使用人员，涉及单位内部多个方面，需要较多的人力、物力和财力，往往需要由单位领导或总会计师作为决策者和领导者来负责和指挥，由单位财务会计部门具体组织和实施。同时，会计电算化的实施一般需要软件开发商直接参与，有的甚至还需要专业化管理咨询公司的协作。

一、会计软件实施前的准备

会计软件实施前，需要做一些准备工作，主要包括清理和规范会计业务工作内容、会计基础数据的准备、人员培训等。

（一）清理和规范会计业务工作内容

该部分工作主要是对原来手工会计业务工作进行一次全面清理和规范，以满足会计软件操作的需要。

（1）会计核算程序的规范化。使用会计软件后，可充分发挥计算机的优势，没有必要完全照搬手工处理方式下的会计核算程序，应避免多人填制凭证、多人登账等情况，要使会计核算程序明确，财务工作组织形式科学化。

（2）编码的规范化。会计科目、部门、人员、往来单位、固定资产、存货等需要编码的内容，编码要规范化。尤其会计科目体系的设置既要符合企业会计制度的要求，又要符合本单位会计核算和管理的要求，同时还要满足会计软件对会计科目编码的规定。

（3）凭证和账簿的规范化。应按照会计软件所给出的凭证编号方式、摘要和内容格式填制凭证。

（4）成本核算方法的规范化。使用会计软件后，需要根据计算机处理的要求，对手工处理方式下的成本核算方法、处理步骤、费用分摊方法等进行规范化和标准化。

（二）会计基础数据的准备

使用会计软件后，对原有手工会计处理的数据还需延续使用，这就需要对原有数据加以整理。

（1）整理建账所在月份的期初余额和发生额。如在年初建账，则只需整理各会计科目的期初余额。

（2）整理手工处理和会计软件有差异的数据。

（3）整理会计软件所需的其他数据。

（三）人员培训

在会计软件实施前，所有软件操作人员、系统维护人员都要经过计算机及会计软件操作培训。

二、会计软件实施流程

不同的会计软件，其实施的方法有所差异，但实施过程基本相同。一般包括以下步骤，如图 2—1 所示。

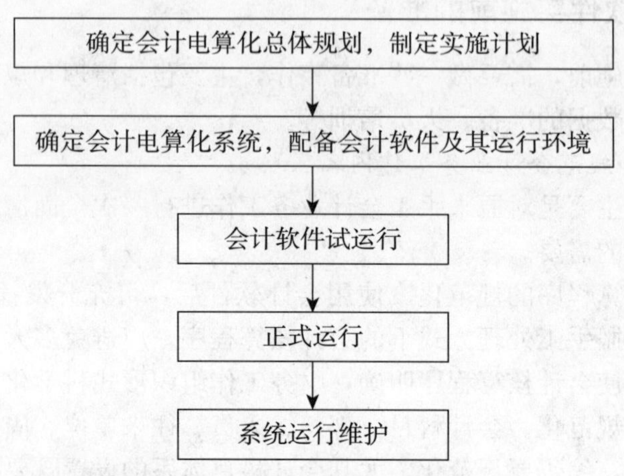

图 2—1　会计软件实施流程

（一）确定会计电算化总体规划，制定实施计划

会计电算化总体规划，主要是确定单位会计电算化工作在一定时期内所要达到的目标，以及对如何合理、有效、分阶段地实现这个目标进行规划。其实质是在组织、技术、经济可行的情况下，根据单位对会计电算化的客观需要，确定近几年内建立一个什么样的会计电算化系统，明确每一阶段的具体目标。

制定会计电算化实施计划，即根据目前单位需求，结合单位管理基础工作，特别是会计基础工作，以及单位专业人员和硬件配备等条件，确定当前所要建立的电算化会计系统、实现途径、具体实施工作计划等。目前，建立和开展会计电算化一般以实现模块的数量来进行。例如，有的单位当前只想建立账务核算和报表两个模块，也有的单位想建立工资核算、固定资产核算、进销存核算、账务核算和报表等多个模块。通常，应先成立一个由财务会计部门领导、有关会计人员、计算机人员和会计软件公司人员等组成的实施小组，编制实施费用预算，组织具体实施工作。

（二）确定会计电算化系统，配备会计软件及其运行环境

在实际工作中，经常从分析现有手工会计的实际情况入手，根据单位管理需要、财力等实际情况，选择确定当前所需的会计软件及其运行环境等。

（1）配备会计软件的运行环境（如表 2—1 所示）。

表 2—1　　不同单位对会计软件运行环境的要求

单位	运行环境
开展会计电算化初期的单位	单机结构
会计业务简单的小型企业和行政事业单位	
中小型企事业单位	文件服务器（FS）网络结构
大型企事业单位	客户机/服务器（C/S）、浏览器/web 服务器（B/S）网络结构

（2）配备会计软件。会计软件的来源主要有通用商品化、定点开发、通用商品化与定点开发相结合三种方式。一般情况下，单位选择配备会计软件方式如表 2—2 所示。

表 2—2　　不同单位对会计软件的选择

单位	配备会计软件
开展会计电算化初期的单位	通用商品化会计软件
会计业务简单的企事业单位	
小型企业和行政事业单位	
大中型企事业单位	通用商品化会计软件与定点开发会计软件相结合
大中型企事业单位实际工作需要	定点开发会计软件

在选购通用商品化会计软件时，要注意会计软件的系统环境、功能、规范、安全可靠性、操作简便性、售后服务、软件价格等问题。

（三）会计软件试运行

会计软件对数据的准确性、时效性、安全性有非常高的要求，而且要求严格按照会计制度、会计准则来执行。初次使用会计软件或者升级原有会计软件，都需经过试运行阶段，一般是指人工与计算机同时进行会计业务的处理。并行期间，要安排好实施进度，定期检查，及时总结，及时发现问题，向软件公司或有关方面的专家咨询，修订实施方案。

试运行的目的主要是：检验各种核算方法和核算结果的正确性，检验会计软件的各模块功能和完善程度，检验会计人员分工的合理性，提高软件操作的熟练性，逐步完善内部管理制度等。试运行一般至少进行 3 个月，并且计算机账和手工账保持一致，经申请审批后，计算机账才可替代手工账。

（四）正式运行

正式运行是根据《会计电算化管理办法》的规定，会计软件经试运行后，由财政部门直接负责对申请替代手工账的单位进行审查，或者由申请替代手工账的单位委托会计师事务所审核，并出具计算机替代手工账报告，抄送财政、税务、审计、业务主管部门，财政部门审批后，单位可甩掉手工账，正式投入使用计算机账。正式运行中，单位应制定应急计划和出现意外事故处理措施，加强使用管理。

（五）系统运行维护

会计软件正式投入使用后，还应经常性地对系统进行日常维护，包括硬件维护和软件维护，以保证系统正常运行。

第二节　会计电算化的组织和管理

·基本理论·

会计电算化系统的建立仅仅是整个会计电算化工作的第一步，更重要的是如何有效地对会计部门的人、财、物等进行组织、协调和控制，科学合理地对会计电算化系统进行使用、维护管理。会计电算化实施后，伴随着会计组织机构和工作方式的变化，传统的内部控制手段和管理制度也将发生变革，只有根据新情况建立完善的工作规程和管理制度，才能保证会计电算化工作的顺利进行。这些管理制度包括：会计电算化后的内部控制制度、人员管理制度、日常使用管理制度、维护管理制度、会计档案管理制度及计算机账替代手工账的审批制度等。

一、会计电算化后的组织及岗位

会计电算化后，会计人员的分工和职能有所变化。根据会计数据处理和财务管理工作的需要，必须进行新的岗位分工，对不同的工作岗位和人员重新划分工作职责和权限，明确各自的权利和责任，这些工作对于完成会计任务、发挥会计在管理中的作用具有重要意义。

对于基层单位来说，除了要按照国家对会计工作的统一要求来组织会计工作，还要注意以下要求：

（1）既要考虑会计电算化工作的特点，又要按单位生产经营管理的特点来组织会计工作。

（2）对会计机构的设置和会计电算化人员、会计业务人员的配备，都必须结合本单位业务的特点和经营规模的大小等情况做合理的分工安排。

根据单位规模大小和实际情况，会计电算化人员可设置电算主管、软件操作员、审核记账员、电算维护员、电算审查员、数据分析员、会计档案保管员等分工岗位，可以一岗多人，也可以一人多岗。

在实际工作中，常常是根据单位实际情况，不设专职的操作人员，岗位职责分工与原手工会计的岗位分工相同。原来负责资金的人员，电算化后仍负责资金核算及录入相关凭证等会计软件操作；负责工资的人员，电算化后仍负责在会计软件中操作工资核算业务。但应该根据内部控制制度的要求和企业的管理需求，遵循“责、权、利相结合”的原则，对会计工作岗位进行适当调整和划分，建立健全岗位责任制度。

二、会计电算化后的内部控制

内部控制是指一个部门或企业为有效地进行管理和经营、保护经济资源、获取经济信息、控制经济活动、提高经济效益、查错防弊，而在部门和企业内部采取的自我调整、自我约束、自我监督的手段。

内部控制的目的在于保护部门或企业的资产资源，保证会计数据的正确性、完整性和可靠性，提高业务工作效率和管理水平，并为最终提高经济效益提供保障。实践证明，一个单位，不论是采用计算机管理还是完全人工管理，也不论是从事管理工作还是经营工作，如果没有行之有效的内部控制制度做保障，其业务活动就不可能顺利进行，资产也不可能得到有效保护。

在手工作业条件下，以会计检查和会计监督为主要内容的会计内部控制，贯穿于会计过程的始终，已形成了相对完善的体系。会计电算化后，会计的工作组织和数据存在形式发生了重大变化，会计数据变成了电子数据。磁带磁盘和电子数据在具有巨大优越性的同时，也存在着致命的缺点：真实操作人员身份识别难；电子数据和文件容易被篡改和毁坏；数据修改不留痕迹；计算机对不合理的业务缺乏识别能力，如果数据输入错误就会造成错误的重复性和连续性；磁带和磁盘等磁性介质如果保存不当极易造成数据损失（必须远离热源和磁场，必须防止变形），被毁坏或篡改的数据几乎无法恢复等。

会计电算化的内部控制可分为一般控制和应用控制。通常，一般控制包括组织控制、硬件控制和软件控制；应用控制又称运行控制，主要包括数据输入控制、数据处理控制和数据输出控制。以下分别作简要介绍。

（一）一般控制

1. 组织控制

组织控制从人员组织和业务分工上最大限度地防止和减少了会计软件发生错误和舞弊等犯罪行为的可能性。

2. 硬件控制

硬件控制是指对包括配备主机、输入设备（如键盘、鼠标、扫描仪等）、输出设备（如打印机、显示器）、外存储器、不间断电源和稳压电源等稳定可靠和高性能的硬件环境的控制。

3. 软件控制

软件控制主要包括软件质量控制、软件安全保密控制（安全保密方法：用户识别、建立日志文件、建立数据存取保护制度、程序加密、数据加密）和软件维护控制三个部分。

（二）应用控制

1. 数据输入控制

数据输入控制是为确保输入数据的正确而对软件系统的数据输入过程实施的控制。通常采用的方法包括以下两种：

（1）有效数据控制法通过系统事先确定参数，控制输入数据的有效范围，如输入日期时，月份只能是 1 到 12 的整数；通过数据本身的物理特性，进行数据的有效性和完整性检查，如记账凭证不能没有编号，两张记账凭证的编号不能相同；通过数据之间的约束关系，对输入数据进行正确性检查，如记账凭证的借贷发生额必须相等。

（2）显示复核法（又称目检法）。复核时，系统将操作员已录入的数据显示在屏幕上或打印出来，由另一操作员进行核对，核对无误后，再由系统进行下一步处理。

2. 数据处理控制

数据处理控制是指对计算机数据处理活动实施的控制。常采用以下几种方法：

（1）利用数据间的多种约束关系进行控制。在实际应用数据处理过程中，可以通过采用两种以上的算法，分别计算再相互比较而获得间接数据，从而防止由于程序的失误或计算错误所造成的间接数据的不准确。如报表的总计可以通过横向和纵向分别相加计总，互相比较印证而得到。

（2）数据的范围控制或合理性控制。可以通过程序设定相应的范围，一旦数据处理的结果溢出该范围，便可判定或者是数据输入有误或者是数据处理有误。

（3）文件处理的安全性控制。尽可能保存直接录入的原始数据，并通过日志文件保留数据的修改痕迹，为审计提供线索；避免对数据文件的直接更改，防止重复处理等情况。

3. 数据输出控制

数据输出控制是指对软件系统输出环节实施的控制。

（1）输出结果的正确性控制。通常根据预先计算的控制数据或文件记录的顺序号进行检验。如采用合计数法，根据文件的记录合计数检查输出的数据是否完整；采用顺序控制法，根据文件的记录序号检查输出的数据是否有遗漏或重复等。

（2）对系统输出数据的保护性控制。这种控制的目的在于防止重要经济信息的非法泄露，主要包括：对获取输出结果的操作人员的资格检查，通常采用口令权限控制；对输出资料到各职能部门分送的控制，必须由专人负责，严格登记，保证传递过程的及时性、准确性和安全性，防止遗漏和不必要的扩散等。

三、会计电算化后的日常使用管理

要保证会计电算化工作的顺利有效进行，加强会计电算化的日常使用管理必不可少。按照1994年财政部颁布的《会计电算化管理办法》，会计电算化的使用管理可分为操作管理和系统的软硬件管理。

（一）操作管理

操作管理主要包括操作人员的职责和权限管理、会计数据的输入管理及严格的上机操作记录制度等。

1. 操作人员的职责和权限管理

会计电算化应配有熟练的经过专门培训的专职或兼职操作人员，而且在各操作人员之间必须有明确的职责分工。操作人员的工作权限可以通过所采用的电算化软件，以口令或其他方式进一步设定。操作人员应严格按照各种设备的使用说明进行操作；严格按照操作权限操作，不得越权使用系统；操作人员必须对本人所录入或审核的数据负责，对本人所使用的仪器设备和软件负责，并定期进行数据备份；不得有意或无意地将自己的密码或口令泄露给他人，禁止在系统机器上玩游戏或运行外来软件，不得擅自删除系统文件；在运行系统过程中，不得在未退出系统之前擅自离开现场，以防他人盗用系统。

2. 会计数据的输入管理

会计数据的输入是会计电算化使用过程中的最重要的部分。只有保证系统输入数据的有效、准确，才可能得到正确而有效的输出。

会计数据的输入管理主要包括以下两方面：

（1）进行会计审核。为保证原始数据的正确、合法和有效，系统所录入的原始凭证和记账凭证等会计数据必须经过会计主管审核批准。

（2）进行录入审核。为保证会计软件数据输入的正确性，所有输入计算机的重要会计数据如原始凭证和记账凭证等，必须经过其他操作人员的复核确认。复核确认可采用二次录入复核或显示复核等方法。

3. 严格的上机操作记录制度

会计电算化系统在使用过程中必须实行严格的上机操作记录制度，以便系统管理员和系统维护人员能够详细了解系统硬件和软件的运行情况，一旦出现问题，可以及时解决。上机操作记录应包括操作人员姓名、上机起止时间、使用机器和型号、操作内容、运行情况、故障及处理情况等。

（二）系统的软硬件管理

会计电算化的软硬件管理主要包括以下几个方面。

1. 严格的机房和设备管理制度

（1）会计电算化的机房应保持清洁、安静，尽量远离强电场、磁场和机械振动强的场所，并应具有防高温、防火、防水、防尘、防静电、防电磁波等方面的设备或措施；

（2）机房要有安全可靠的供配电系统，根据机房规模和用电功率，配备不间断电源，并且硬件设备要采取安全有效的接地措施；

（3）禁止非操作人员使用机房设备；

（4）建立设备的定期维修检查制度，减少运行期间发生故障的可能性。

2. 会计数据的安全保护措施

一个具有较完善的安全保密措施的会计核算系统，如果运行期间对会计数据的安全没有做好保护措施，则可能前功尽弃。会计数据在使用过程中的保护措施主要包括：

（1）加强对数据文件的操作管理。由于借助于数据库命令或软件工具，电子数据文件很容易被打开或读写，电算化后的会计数据面临极易被篡改和破坏的危险。在会计软件运行期间，应该采取强有力的措施，如严禁在装有会计软件的机器上利用数据库系统的操作命令直接对数据库文件进行数据操作，严禁利用软件工具直接对硬盘或数据文件进行操作等，以防有意或无意地造成硬盘损坏及会计数据的损失和改变。

（2）建立严格的数据备份制度。做好数据的备份和保护，是保证会计软件会计数据安全的另一重要措施。由于电算化后，日常的会计工作均由计算机完成，除原始凭证或记账凭证外，会计数据均为电子数据。如何确定数据备份和账本打印的周期和频度，常常困扰电算化系统的用户。从会计制度的要求和会计软件的安全需要出发，通常可以采用月备份和日备份两种备份形式、按季或按半年的账本打印周期。

每天都有大量录入的基础性数据如原始凭证或记账凭证，应该采用日备份形式，以两套磁盘或其他存储介质，用轮流覆盖方式备份（单、双日各一套，既经济又便于数据损坏后的恢复）。

根据基础性数据生成的各种账本数据、报表数据等，采用月备份形式，用两套磁盘或其他介质进行双备份，确保会计资料妥善保存在不同地点。

明细账每季或每半年打印一次作为存档资料；汇总表等可根据业务量按月或按季打印，装订在一起；会计报表除了根据会计制度要求打印上报外，应多打印一份存档。

四、会计电算化后的维护管理

对任何软件来说，系统维护都是一项经常性的不可避免的工作，并贯穿于软件生命周期的始终。随着软件规模和复杂性的增加、硬件成本的降低，软件系统的维护费在系统总投资中所占比例越来越高。

电算化会计系统的维护包括系统的正确性、适应性、完善性维护。在实际工作中，系统维护一般包括以下几个方面：

（一）硬件设备的维护

硬件设备的维护是指对计算机主机、外部设备及机房各种辅助设备进行检修、保养、修改等维护工作。

在会计软件投入使用后，可能会遇到更换打印机、扩充内存等情况。这时，通常需要系统管理员或系统维护人员及时更换打印驱动程序和重新进行系统配置，以保证新的打印机和扩充的内存能够正常使用。

此外，硬盘空间的维护也是经常性的工作。随着会计软件的运行，产生的文件数将越来越多，存储的数据量也将越来越大。尽管系统开发人员通常在软件系统中提供了对已备份的过期数据的删除功能，但整理硬盘、消除硬盘碎片的工作往往不可缺少，有时还需要更换大容量硬盘甚至光盘，由此将带来更多的系统转移和环境维护工作。

（二）软件的维护

软件的维护包括操作维护与程序维护。操作维护主要是一些日常维护工作，程序维护包括软件系统的正确性、适应性、完善性维护。

（三）故障性维护

故障性维护是指对由于误操作和在系统运算、文件处理过程中突然掉电或热启动所造成的数据索引损坏、数据丢失、数据文件和程序被破坏等故障进行的维护工作。这类维护工作往往需要直接对数据文件进行操作，对程序进行修改恢复，因此故障性维护工作通常由软件开发方的专业系统维护人员承担。

（四）特殊性维护

特殊性维护主要是指对计算机病毒的预防、消除工作以及会计软件受到计算机病毒侵害后的恢复工作。特殊性维护可由系统管理员和专业维护人员共同承担。

五、会计电算化后的会计档案管理

（一）会计电算化后的会计档案

电算化后的会计档案通常是指打印输出的会计凭证、会计账簿、会计报表及存储会计数据和程序的磁盘及其他存储介质，还包括系统投资立项开始的文件资料，在系统开发和维护过程中产生的设计和维护文档、程序，以及运行过程中所产生的其他各种数据文件等。

（二）会计电算化后的会计档案管理

会计档案的管理制度应包括会计资料的保存范围、存储时间、存储方式、存储环境、借阅制度等。根据《会计档案管理办法》和《会计电算化管理办法》对会计档案管理的规定和实际工作经验，会计电算化的档案的管理包括以下几方面。

1. 电算化会计档案的生成、收集和整理

(1) 会计凭证的生成、收集和整理。电算化后，记账凭证通常根据原始凭证直接录入计算机，由计算机打印输出。该记账凭证上的制单人、出纳人员、审核人员、会计主管人员的签名或盖章由计算机打印生成。打印生成的记账凭证应视同手工填制的记账凭证归档保管。

会计凭证要装订整齐、完整、牢固、便于查阅。第一，将要归档的会计凭证收集齐全。按凭证顺序号和本号检查有无短缺，剔除不属于会计档案范围和没必要归档的资料。第二，与负责凭证打印、装订工作的人员办理存档手续。第三，根据适当厚度按本统一装订，避免装订过厚或过薄。第四，认真填好会计凭证封面。年度和月份要写全，汇总本号要写清从第××本至第××本，注明本月的第××本以及凭证号第××号至第××号。

(2) 会计账簿的生成、收集和整理。电算化后，考虑到当前磁性或其他介质的可靠性不强和保存条件要求较高，通常根据实际情况和工作需要，除要求日记账每天打印，一般账簿可按月或按季、按年打印；发生业务少的账簿，可满页打印；现金、银行存款账可采用计算机打印输出的活页账页并装订。

根据人员职责规定，各业务口的会计账簿由各业务经办人打印，分别保管。年度终结时，必须将一年的会计账簿都打印出来统一整理，与档案管理人员办理存档手续。第一，检查打印的会计账簿是否按号打印，是否有残缺遗漏。第二，将各账簿按照会计科目排列，加封面后装订成本。第三，将会计账簿封面内容填写齐全。“单位名称”、“账簿名称”要写全称，“账簿页数”要写账簿的有效页数，会计主管和记账人员都要盖章或签字。卷侧上必须写上“××年度××账”，以便保存利用。

(3) 会计报表的生成、收集和整理。会计报表是指根据主管部门统一规定设计格式打印出的外部报表。由主管报表的人员打印、收集和整理保存。年终，将全年的会计报表整理，与档案管理人员办理存档手续。在检查无误后，按时间顺序将报表加封面后装订成册。封面要逐项写明报表名称、页数、日期等，经会计负责人审核盖章后，归档保存。

(4) 磁盘数据的收集管理。存储在硬盘上的会计数据必须建立软盘、光盘或其他存储介质的备份副本。账务数据和报表数据的备份由系统管理员统一建立，备份次数每月不得少于一次。备份介质都应视同会计档案，与档案管理员办理存档手续。备份介质应贴上标签并盖章或封条签封。存储的备份介质要存放在安全、洁净、防热、防潮、防磁的场所。

（5）会计电算化系统资料的收集管理。电算化会计系统开发的文档资料，视同会计档案保管，由系统开发人员根据系统开发进展程度统一收集、整理并交档案管理员存档。使用通用商品化会计软件的单位，其所购买软件的使用手册、合同、软件等都应存档。

2. 电算化会计档案的存档管理

（1）数据备份必须采用双备份形式，即采用正副本磁盘（或其他存储介质）保存。为防止数据损坏和不法分子的擅自修改，正副本磁盘（或其他存储介质）应装在保护套和包装盒内，分别存放在两地。保管地点必须符合磁性介质对保存环境的要求。

（2）对磁介质档案，必须建册登记，标明存放内容、存放地点、保管人员、正副本别和复制时间等，必须做好分类索引管理工作，定期检查备份的完好情况。

（3）会计档案的保管期按《会计档案管理办法》执行。磁性介质的会计档案：系统程序及系统的全套开发文档资料，保管期至系统停止使用或有重大修改（即被修改的功能模块占三分之一以上）之后的 5 年；会计科目、总账的保管期为 15 年；明细账、记账凭证及其他会计数据保存期为两个会计年度，两年之后，可根据需要删除或延长保存期。

（4）借阅制度。借阅会计档案必须经过审批。系统的所有技术文件，如开发资料和维护资料等，除用户手册和程序执行代码以外，禁止系统部门以外的人员调用，以防不法分子通晓系统的技术细节后，再利用职务之便（如系统操作员可频繁接触系统等）进行非法活动。对借阅前后的磁介质材料必须进行对照检查，以保证数据的完好。

（5）会计软件打印输出的证、账、表等，必须经输出人员、审核人员和会计人员签章，才能作为有效的会计资料上报和存档。

（6）对系统软硬件环境的设置包括系统批处理文件、配置文件等应有详细记录或备份，一旦系统环境被破坏，能够及时恢复。

·本章小结·

本章内容主要包括：

1. 会计软件实施流程：确定会计电算化总体规划，制定实施计划；确定会计电算化系统，配备会计软件及其运行环境；会计软件试运行；正式运行；系统运行维护。

2. 会计电算化后的组织和岗位：会计电算化人员可设置电算主管、软件操作员、审核记账员、电算维护员、电算审查员、数据分析员、会计档案保管员等分工岗位。在实际工作中，常常是根据单位实际情况，不设专职的操作人员，岗位职责分工与原手工会计的岗位分工相同。

3. 会计电算化后的内部控制：分为一般控制和应用控制。一般控制包括组织控制、硬件控制和软件控制；而应用控制主要包括数据输入控制、数据处理控制和数据输出控制。

4. 会计电算化后的日常使用管理：操作管理和系统的软硬件管理。

5. 会计电算化后的维护管理：硬件设备的维护、软件的维护、故障性维护、特殊性维护。

6. 会计电算化后的会计档案管理：会计档案资料的生成、收集、整理，以及会计档案保存范围、存储时间、存储方式、存储环境、借阅制度等。

·思考题·

1. 会计软件实施流程是什么?
2. 会计电算化后的岗位如何设置?
3. 会计电算化后的日常使用管理应注意什么问题?
4. 会计电算化后的会计档案如何生成、收集和管理?

习题

一、单项选择题

1. 通常小型企业和行政事业单位选择会计软件的方式是（　　）

A. 自行开发会计软件

B. 购买通用商品化会计软件

C. 与软件公司共同开发会计软件

D. 在购买通用商品化会计软件后进行二次开发

2. 会计软件试运行至少（　　）。

A. 1 个月　　　　B. 3 个月

C. 6 个月　　　　D. 12 个月

3. 在会计软件运行期间，可以（　　）。

A. 在会计软件的机器上利用数据库系统的操作命令直接对数据库文件进行数据操作

B. 利用软件工具直接对硬盘或数据文件进行操作

C. 操作员由于误操作，造成程序损坏可以自己修复

D. 进行磁盘整理和碎片整理

4. 初次开展会计电算化，（　　）启用会计软件工作量最小。

A. 年末　　B. 年初

C. 季末　　D. 季初

5. 以下不属于电算化会计档案的是（　　）。

A. 会计凭证　　B. 会计账簿

C. 软件公司的源程序　　D. 磁盘数据

二、多项选择题

1. 会计软件实施前，需清理和规范会计业务工作内容包括（　　）。

A. 会计核算程序的规范化

B. 会计科目、部门、人员、往来单位、固定资产、存货等编码

C. 凭证和账簿的规范化

D. 成本核算方法的规范化

E. 岗位职责的确定

2. 会计软件实施流程包括（　　）。

A. 确定会计电算化总体规划，制定实施计划

B. 确定会计电算化系统，配备会计软件及其运行环境

C. 会计软件试运行

D. 正式运行

E. 系统运行维护

3. 在选购通用商品化会计软件时，需要注意的是（　　）。

A. 会计软件的系统环境　　B. 会计软件的功能

C. 会计软件的安全可靠性　　D. 会计软件的操作简便性

E. 会计软件的售后服务及价格

4. 会计软件安全保密控制的方法有（　　）。

A. 用户识别　　B. 建立日志文件

C. 建立数据存取保护制度　　D. 程序加密

E. 数据加密

5. 会计电算化系统的管理制度包括：会计电算化后的（　　）和会计档案管理制度及计算机账替代手工账的审批制度等。

A. 内部控制制度　　B. 人员管理制度

C. 使用管理制度　　D. 维护管理制度

E. 质量安全制度

6. 通常会计数据备份制度有（　　）。

A. 日备份　　　　　　　　B. 月备份
C. 季备份　　　　　　　　D. 半年备份
E. 年备份

7. 会计电算化人员可设置（　　）。
A. 电算主管　　　　　　　B. 软件操作员
C. 审核记账员　　　　　　D. 电算维护员
E. 会计档案保管员

8. 会计数据变成电子数据存在的缺点有（　　）。
A. 真实操作人员身份识别难
B. 电子数据和文件容易被篡改和毁坏
C. 数据修改不留痕迹
D. 计算机对不合理的业务缺乏识别能力
E. 如果数据输入错误就会造成错误的重复性和连续性

9. 以下属于电算化会计档案的是（　　）。
A. 会计凭证　　　　　　　B. 会计账簿
C. 会计报表　　　　　　　D. 磁盘数据
E. 购买软件的使用手册、合同、软件

10. 会计电算化后的日常使用管理包括（　　）。
A. 操作管理　　　　　　　B. 系统的硬件管理
C. 系统的软件管理　　　　D. 会计档案管理
E. 系统的实施管理

三、判断题

1.（　　）会计电算化后，会计人员的分工和职能和手工会计处理时相同。

2.（　　）会计软件试运行一般至少进行 3 个月，并且计算机账和手工账保持一致。

3.（　　）会计电算化岗位可以一岗多人，也可以一人多岗。

4.（　　）会计数据输入是会计电算化使用过程中的最重要的部分。

5.（　　）实行会计电算化后只用保存电子档案。

6.（　　）会计电算化系统开发的文档资料，视同会计档案保管。

7.（　　）会计科目、总账等会计档案的保管期为两个会计年度。

8.（　　）会计电算化的内部控制可分为一般控制和应用控制。

9.（　　）初次使用会计软件或者升级原有会计软件，都需经过试运行阶段。

10.（　　）存储在硬盘上的会计数据必须建立软盘、光盘或其他存储介质的备份副本。

第三章

系统管理与基础设置

【内容导航】

用友 ERP-U8 应用系统是由多个子系统构成的，各子系统本身既具有相对独立的功能，彼此之间又具有紧密的联系，例如，它们共用一个企业数据库，拥有公共的基础信息、相同的账套和年度账，各子系统操作员的设置及权限分配也由系统统一进行。让我们从这些共用信息的设置开始学起吧！

【学习目标】

- 了解系统管理模块与其他子系统的关系
- 掌握系统管理模块的主要功能
- 掌握账套管理和权限管理的操作方法
- 了解企业门户的功能及其与其他子系统的关系
- 掌握各子系统的启用方法
- 理解基础档案设置的先后顺序
- 掌握基础档案设置的操作方法

第一节 系统管理

·基本理论·

用友 ERP-U8 应用系统由多个子系统组成，在一体化管理应用模式下，系统为各子系统提供了一个公共平台来对整个系统的公共任务进行统一管理，这个公共平台即为系统管理模块。系统管理不仅为各子系统提供公共的账套、年度账以及其他相关的基础数据，还对各子系统的操作员及其权限分配进行统一设置，具体说来，系统管理模块的主要功能包括以下几个部分。

一、账套管理

账套就是运行财务软件为企业建立的一套账簿文件的总称。每一个企业（或核算部门）的数据在系统内部都体现为一个账套。在用友 ERP-U8 应用系统中，可以分别为多个企业（或企业内部多个独立核算的部门）建账，且各账套数据之间相互独立，互不影响。

账套管理包括账套的建立、修改、引入、输出、删除等。

二、年度账管理

年度账是账套中存放的企业不同年度的会计数据。账套和年度账的主要区别是：账套是年度账的上级，账套是由年度账组成的。有账套就有年度账，一个账套可以有多个年度的年度账。

年度账的管理包括年度账的建立、引入、输出和结转上年数据、清空年度数据等。

三、权限管理

权限管理主要是指对操作员及其操作权限的集中管理。此功能一方面可以避免与业务无关的人员进入系统，另一方面又能协调各子系统的操作管理，保障操作流程的顺畅和会计数据的安全。

权限管理包括定义角色、设置用户和设置功能权限等。

角色是指在企业管理中拥有某一类职能的组织，这个角色组织可以是实际的部门，也可以是拥有同一类职能的人构成的虚拟组织。用户是指有权限登录系统，对应用系统进行操作的人员，即通常意义上的“操作员”。

为了适应企业精细化管理的需要，用友 ERP-U8 应用系统提供的权限管理功能也更加细化，共分为三个层次：功能级权限管理、数据级权限管理和金额级权限管理。功能级权限主要是指对应用系统各功能模块相关业务的操作权限，例如，赋予用户王明对［100 培训演示账套］中总账模块中凭证处理的权限；若要设定王明只能录入某一种类别的凭证，则要进行数据级权限的设置；若要再进行权限细分，设置其只能录入某一金额限额以下的凭证，还要进行金额级权限的设置。

四、安全管理

安全管理是指系统提供的一套保证系统运行和数据存储安全的保障机制，主要包括设置数据自动备份、清除异常任务、升级数据库以及实时监控等。

·应用案例·

石家庄方大有限责任公司（简称方大公司）成立于2008年5月，2010年1月正式启用账套，账套号为300，结账时间为每月最后一个自然日。该公司位于石家庄东开发区天山大街300号，是一家主要生产电子设备和通讯器材的工业企业。该企业使用2007年新会计制度科目，选择人民币（RMB）为记账本位币，有外币业务，进行经济业务处理时，需要对存货、客户和供应商进行分类。建账时会计科目编码级次为4-2-2-2-2，其他分类编码方案默认系统设置，该企业对存货数量、单价小数位定为2。

企业财务部门共有三人：(1) 账套主管李明（001）负责财务软件运行环境的建立以及各项初始设置工作；对财务软件的日常运行进行管理，监督并保证系统的有效、安全运行；负责系统的凭证审核、记账、账簿查询、月末结账、报表管理及财务分析工作。具有系统所有模块的全部权限。(2) 会计王芳（002）负责总账系统的凭证管理以及固定资产和工资模块管理工作。具有“总账—凭证—凭证处理、查询凭证、打印凭证、科目汇总、摘要汇总表、常用凭证、凭证复制”权限，具有“总账—期末—转账设置、转账生成”权限，具有“固定资产”、“工资管理”模块的全部权限。(3) 出纳马可（003）负责库存现金和银行账管理工作。具有“总账—凭证—出纳签字”权限，具有“总账—出纳”的全部权限。

·应用指南·

一、系统管理的启动与注册

【操作步骤】

1. 启动计算机后，单击“开始”/“程序”/“用友 ERP-U8 普及版 V3.0”/“系统服务”/“系统管理”，进入“用友 ERP-U8［系统管理］”窗口。

2. 单击“系统”/“注册”，打开“注册［系统管理］”对话框，如图3—1所示。

3. 单击“操作员”文本框，输入用友 ERP-U8 默认的系统管理员“admin”，密码默认为空，点击“确定”后完成注册。

二、创建账套

【操作步骤】

1. 以系统管理员的身份进入系统管理后，在系统管理界面单击“账套”/“建立”，如图3—2所示。

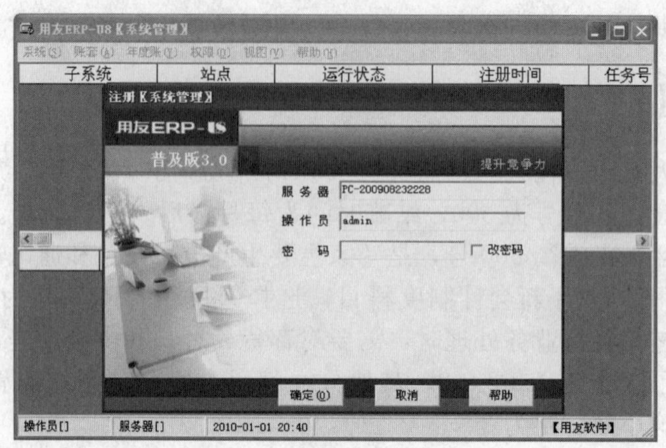

图 3—1

图 3—2

2. 在“账套信息”对话框中输入账套信息：账套号为“300”，账套名称为“石家庄方大有限责任公司”，启用会计期为“2010 年 1 月”，如图 3—3 所示。

栏目说明：

(1) 已存账套：系统将已存在的账套以下拉列表的形式显示，用户只能查看，通过查看确定企业准备新建的账套号是否可用。

(2) 账套号：必须输入项，用来输入新建账套的编号，取值范围为 001～999，一般 998 和 999 为系统演示账套号，用户尽量不要选用。

(3) 账套名称：必须输入项，用来输入新建账套的名称，一般为企业（或内部独立核算单位）名称，不能超过 40 个字符。

(4) 账套路径：用来确定新建账套保存的位置，用户可手动修改。

(5) 启用会计期：必须输入项，用来输入新建账套将被启用的时间，系统默

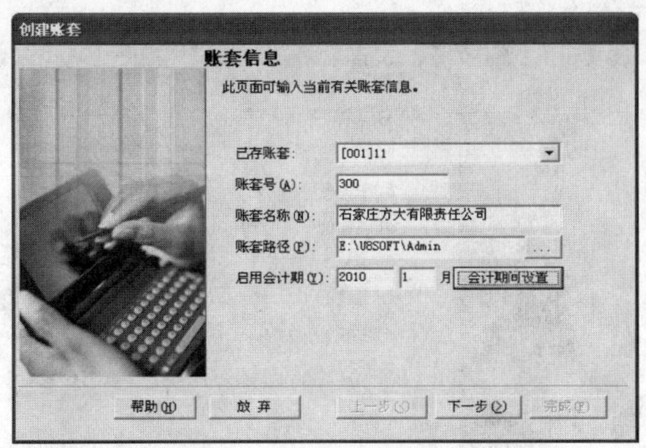

图 3—3

认为计算机的系统时间。

3. 单击“下一步”按钮，进入“单位信息”对话框，输入单位信息。单位名称为“石家庄方大有限责任公司”，单位简称为“方大公司”，单位地址为“石家庄东开发区天山大街 300 号”，如图 3—4 所示。

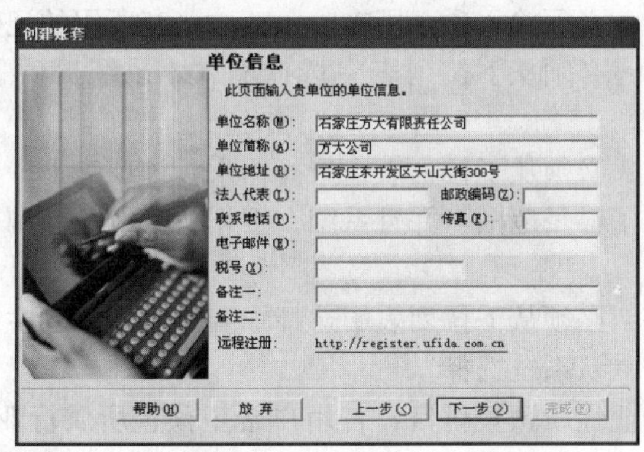

图 3—4

栏目说明：

(1) 单位名称：必须输入项，是用户单位的全称。单位全称只有在打印发票时使用，其余情况全部使用简称。

(2) 单位简称：用户单位的简称，最好输入。

(3) 其他项目属于任选项。

4. 单击“下一步”按钮，进入“核算类型”对话框，输入单位基本核算信息。本币代码为“RMB”，本币名称为“人民币”，企业类型为“工业”，行业性质为“2007 年新会计制度科目”，选中“按行业性质预置科目”复选框，如图 3—5 所示。

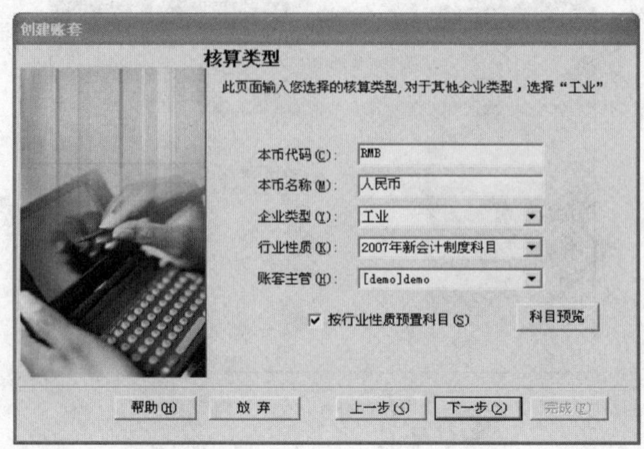

图 3—5

栏目说明：

(1) 本币代码：必须输入项，用来输入新建账套所用的记账本位币的代码。

(2) 本币名称：必须输入项，用来输入新建账套所用的记账本位币的名称。

(3) 企业类型：必须从下拉列表中选择输入。系统提供了工业、商业两种类型。

(4) 行业性质：必须从下拉列表中选择输入，该项为下一步是否“按行业性质预置科目”确定了科目范围，并且系统会根据所选行业预制一些行业的特定方法和报表。

(5) 账套主管：必须从下拉列表中选择输入。对于账套主管的设置和定义将在后面详述，此处默认系统选择。

(6) 是否按行业性质预置科目：若用户希望预置所属行业的标准一级科目，则选中该项；否则，由用户自己增加所有级次的会计科目。

5. 单击“下一步”按钮，进入“基础信息”对话框，输入单位基础信息。分别选中“存货是否分类”、“客户是否分类”、“供应商是否分类”、“有无外币核算”。单击“完成”按钮，系统提示“可以创建账套了么?”，选择“是”，如图 3—6 所示。

6. 在“分类编码方案”对话框中，根据单位制定的编码方案进行设置。科目编码级次为 4-2-2-2-2，其他采用系统默认。单击“保存”按钮，再单击“退出”按钮，如图 3—7 所示。

7. 在“数据精度定义”对话框中，根据单位要求确定所有的小数位。此处采用系统默认。单击“确认”按钮。新账套创建成功后可以进行系统启用的设置。如图 3—8、图 3—9 所示。

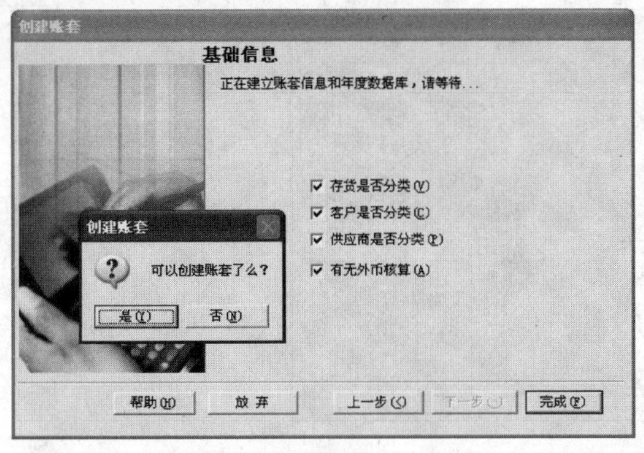

图 3—6

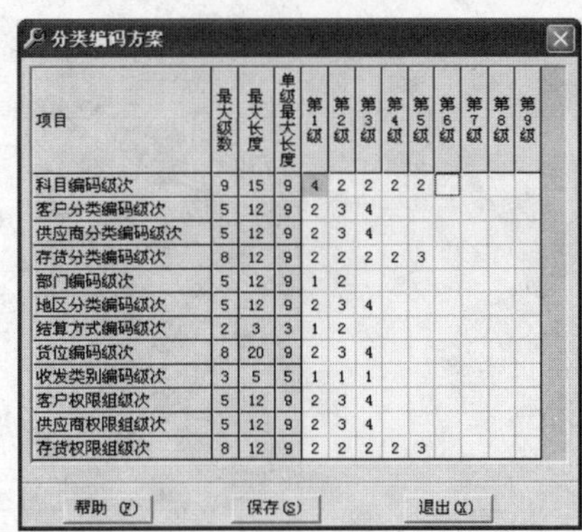

项目	最大级数	最大长度	单级最大长度	第1级	第2级	第3级	第4级	第5级	第6级	第7级	第8级	第9级
科目编码级次	9	15	9	4	2	2	2	2				
客户分类编码级次	5	12	9	2	3	4						
供应商分类编码级次	5	12	9	2	3	4						
存货分类编码级次	8	12	9	2	2	2	2	3				
部门编码级次	5	12	9	1	2							
地区分类编码级次	5	12	9	2	3	4						
结算方式编码级次	2	3	3	1	2							
货位编码级次	8	20	9	2	3	4						
收发类别编码级次	3	5	5	1	1	1						
客户权限组级次	5	12	9	2	3	4						
供应商权限组级次	5	12	9	2	3	4						
存货权限组级次	8	12	9	2	2	2	2	3				

图 3—7

图 3—8

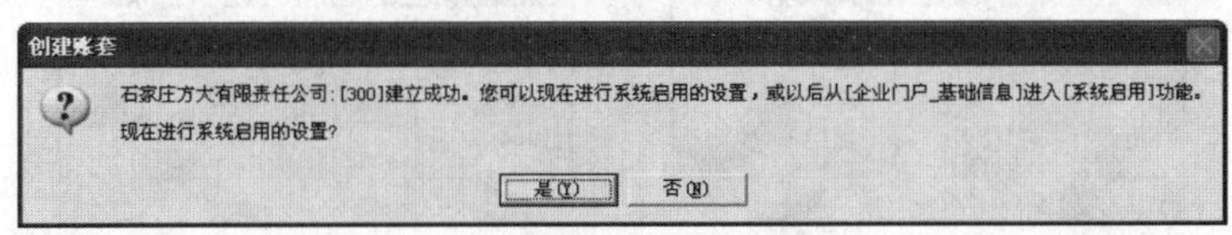

图 3—9

提示：

在上述“创建账套”界面，单击“是”可以立即进行系统启用的设置，也可以单击“否”先结束建账过程，之后在企业门户中的基础信息中再进行设置。

三、增加用户

【操作步骤】

1. 以系统管理员的身份进入系统管理后，在系统管理界面单击“权限”/“用户”，如图 3—10 所示。

2. 在“用户管理”对话框，单击“增加”按钮，进入“增加用户”对话框，输入编号“001”、姓名“李明”、所属部门“财务部”，单击“增加”按钮保存此用户信息，如图 3—11 所示。重复上面的操作继续增加其他用户。

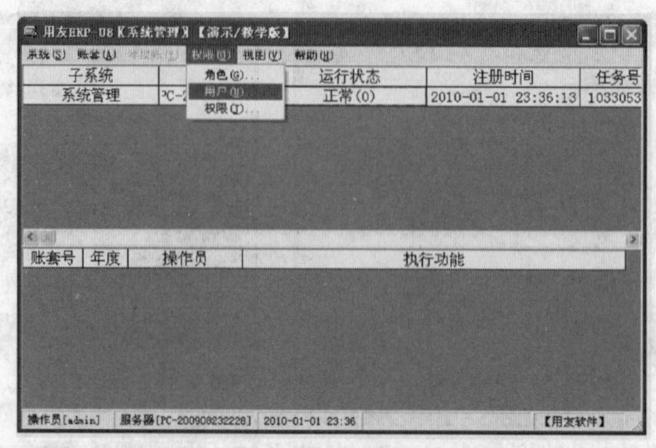

图 3—10

栏目说明：

（1）编号：必须输入项，不能输入数字之外的非法字符，不能与系统内已存在的编号重复。

（2）姓名：必须输入项，不能输入数字、字母、汉字之外的非法字符。

（3）口令：为该操作员进行系统登录时使用的口令，可为空，为保密起见，输入时以“＊”显示。

3. 若要修改用户信息，在“用户管理”对话框中，先单击选中要修改的用户，再单击“修改”按钮，进入“修改用户信息”对话框，如图 3—12 所示。

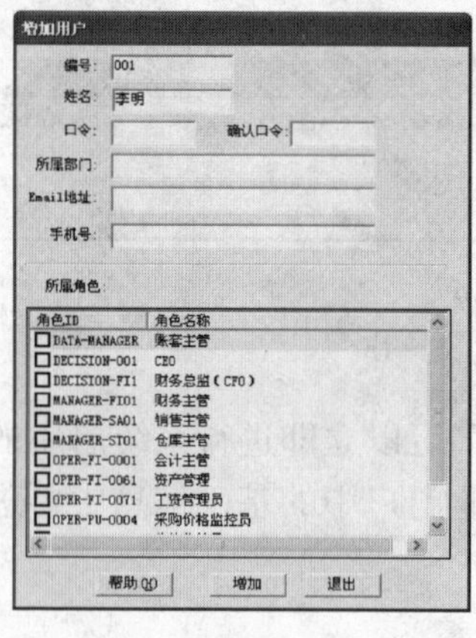

图 3—11

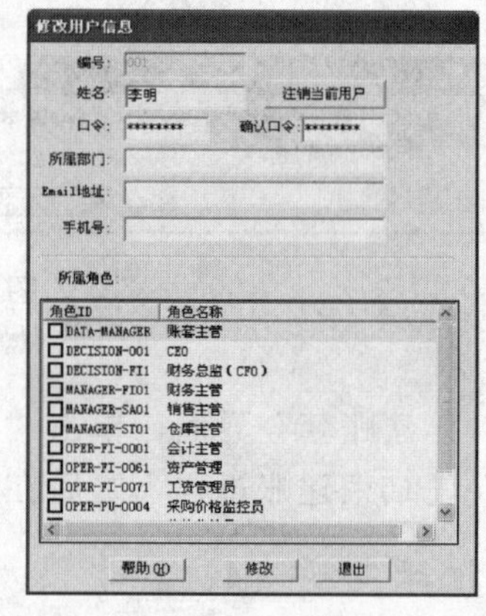

图 3—12

提示：

（1）角色设置可比照用户设置进行。

（2）用户和角色的设置可以不分先后顺序，但对于自动传递权限来说，应该首先设置角色，然后分配权限，最后进行用户的设置。

（3）编号不能修改。若要修改编号，只能删除该用户后再重新输入。

(4) 已启用的用户只能修改口令、所属部门、E-mail、手机号和所属角色等信息。

(5) 如需暂时停止使用该用户，可以单击“注销当前用户”按钮，之后，该按钮变为“启用当前用户”。

4. 若要删除用户信息，在“用户管理”对话框中，先单击选中要删除的用户，再单击“删除”按钮，系统提示确认删除用户信息，选择“是”，如图3—13所示。

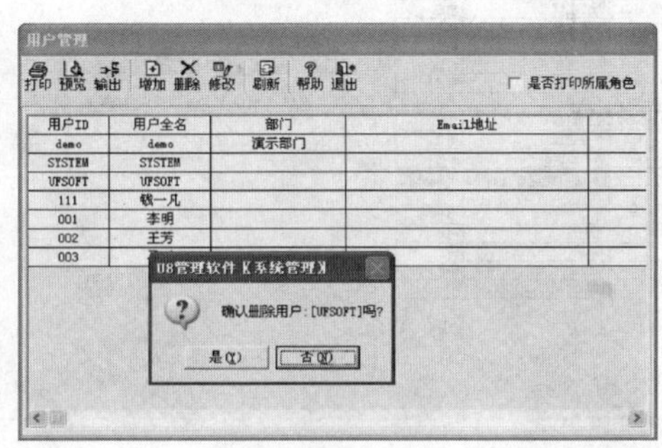

图 3—13

提示：

已启用的用户不能删除。

四、财务授权

【操作步骤】

1. 以系统管理员的身份进入系统管理后，在系统管理界面单击“权限”/“权限”，如图 3—14 所示。

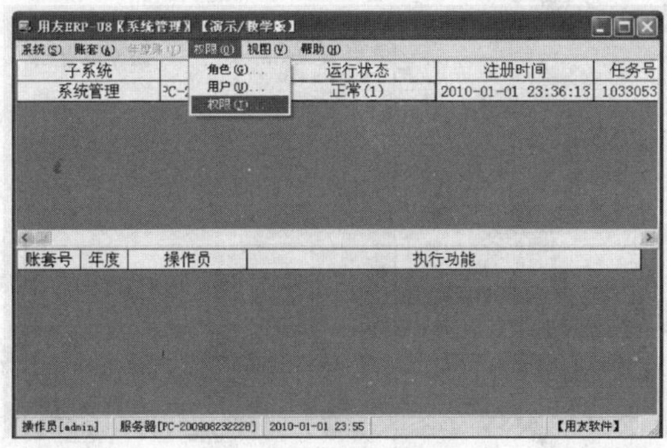

图 3—14

2. 设置账套主管。在“操作员权限”对话框中，从左侧的操作员列表中选择操作员“李明”，从右上角的账套下拉列表中选择账套“［300］石家庄方大有限责任公司”，单击选中“账套主管”复选框，系统弹出提示信息，选择“是”，如图 3—15 所示，则李明拥有［300］账套 2010 年年度账所有操作权限。

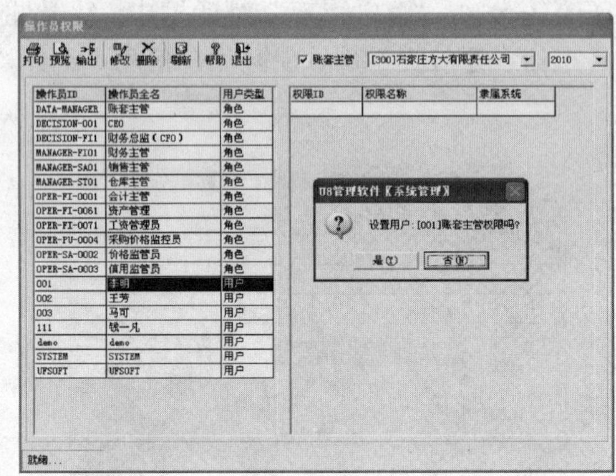

图 3—15

3. 增加或修改操作员权限。在“操作员权限”对话框中，从左侧的操作员列表中选择操作员“王芳”，从右上角的账套下拉列表中选择账套“［300］石家庄方大有限责任公司”，单击“修改”按钮，系统弹出“增加和调整权限”对话框，单击“(GL) 总账”前的“+”图标，展开“设置”和“凭证”项目，选中“凭证处理”、“查询凭证”、“打印凭证”、“科目汇总”、“摘要汇总表”、“常用凭证”、“凭证复制”权限，展开总账中“期末”项目，选中“转账设置”、“转账生成”；选中“固定资产”、“工资管理”。如图 3—16 所示。

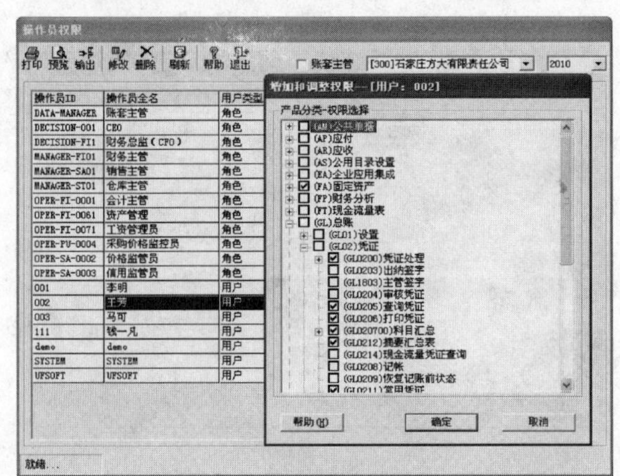

图 3—16

4. 重复上述操作，授予操作员马可拥有“总账—凭证—出纳签字”和“总账—出纳”的全部权限，如图 3—17 所示。

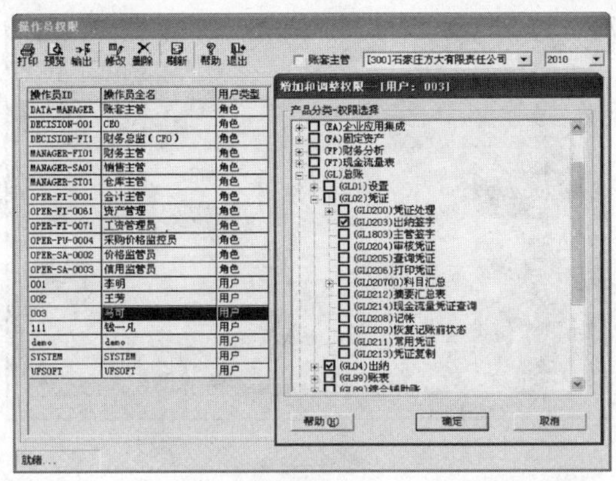

图 3—17

提示：

(1) 只有以系统管理员（admin）的身份注册才能设置账套主管。如果以账套主管的身份注册，只能分配所辖账套子系统的操作权限。

(2) 一个账套可以有多个账套主管。

(3) 在“系统管理”模块中分配的权限只是功能级权限，数据级权限和金额级权限的分配需在“企业门户”中进行，且这两种权限的分配必须在系统管理的功能级权限分配之后才能进行。

五、账套数据的备份

【操作步骤】

1. 以系统管理员身份进入系统管理后，在系统管理界面单击“账套/输出”，如图 3—18 所示。

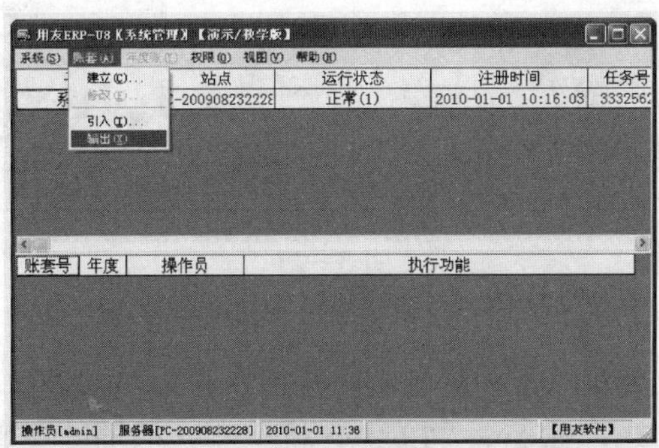

图 3—18

2. 在“账套输出”对话框中，从“账套号”下拉列表中选择需要输出的账套“［300］石家庄方大有限责任公司”，单击“确认”按钮，如图 3—19 所示。

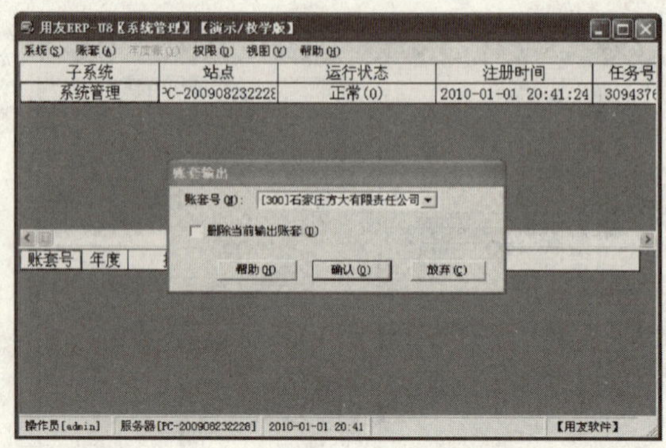

图 3—19

3. 系统自动将账套内的数据进行拷贝，并显示拷贝进程，如图 3—20 所示。数据拷贝完毕后，系统弹出“选择备份目标”对话框，在该对话框的下拉列表中选择用于存放账套数据备份的驱动器及所在目录并双击打开，单击“确认”按钮，系统提示账套备份成功，如图 3—21 所示。

图 3—20

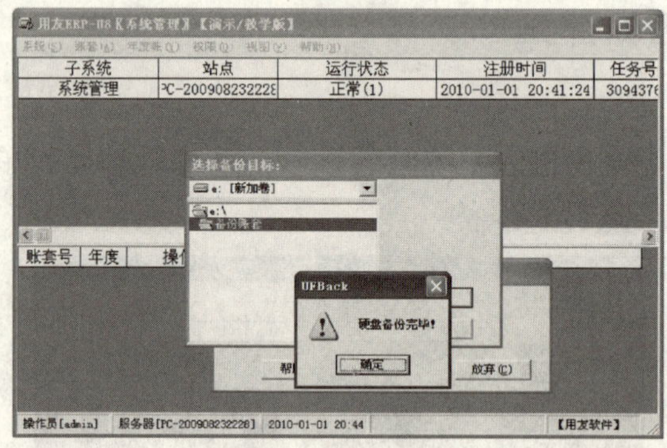

图 3—21

提示：

（1）只有系统管理员（admin）才有权进行账套的输出。

（2）若要删除账套，在图 3—19 中，将“删除当前输出账套”复选框同时选中，在输出完成后系统将弹出“真要删除该账套吗?”，单击“是”后系统将账套数据从用友 ERP—U8 应用系统中删除。

六、账套数据的恢复

【操作步骤】

1. 以系统管理员身份注册进入系统管理后，在系统管理界面单击“账套”/“引入”，如图 3—22 所示。

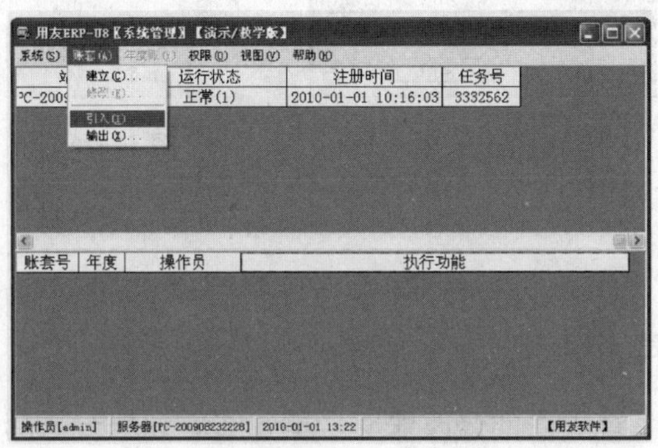

图 3—22

2. 在“引入账套数据”对话框中，选择要引入的账套数据备份文件后单击“打开”按钮，弹出系统提示信息，如图 3—23、图 3—24 所示。

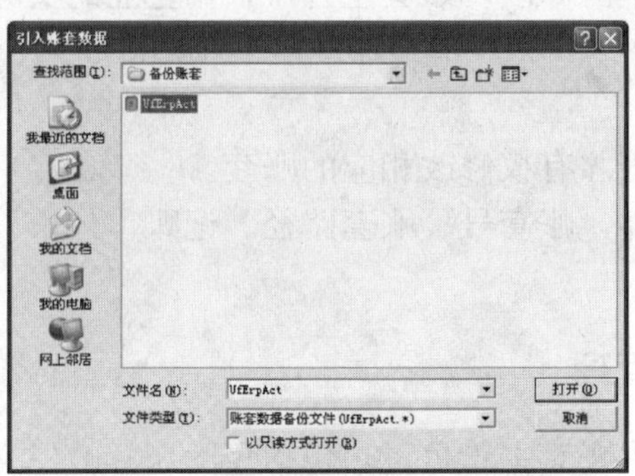

图 3—23

图 3—24

3. 若需重新指定引入账套的存放路径，单击“是”按钮，若采用系统默认路径，单击“否”按钮。

4. 如果欲引入账套的账套号与系统内已有的账套号重复，系统将弹出提示信息，如图 3—25 所示。单击“否”，取消账套引入操作；单击“是”，开始引入账套，稍后系统提示“账套引入成功!”，如图 3—26 所示。

图 3—25

图 3—26

·知识拓展·

一、修改账套

用户可以通过系统提供的修改账套功能，查看和修改账套信息。只有账套主管可以修改其具有权限的年度账套中的信息，系统管理员无权修改账套。

以账套主管的身份注册，选择相应的账套，进入系统管理，单击“账套”/“修改”，打开“修改账套”窗口，该窗口显示内容与“创建账套”窗口显示内容一致，只是部分数据不能修改。账套主管可根据企业的实际情况，对允许修改的数据进行修改。

提示：

（1）只有账套主管才有权修改相应的账套。

（2）账套一旦建立，账套号、账套路径、记账本位币、企业类型、行业性质等项目不能修改。

二、年度账的管理

年度账套的管理由账套主管负责，包括年度账套的建立、引入、输出、结转上年数据和清空年度数据等。

年度账的建立是在已有上年度账套的基础上，通过年度账建立，在每个会计期间结束时自动将上年度账的基本档案信息结转到新的年度账中。

年度账的引入和输出与账套的引入和输出的含义基本一致，都是对数据的恢复与备份，所不同的是年度账操作中的引入和输出的对象是账套中的某一年度的年度账，而账套操作中的引入和输出的对象是整个账套。

结转上年数据是指在年末启用新年度账时，将上年度中的相关账户的余额及其他信息结转到新年度账中，以保证会计核算的连续性。

当某年度账中错误太多，或用户不希望将上年度的余额或其他信息全部结转下一年度时，可以使用清空年度数据功能。“清空”并不是将年度账中的数据全部清除，而会保留一些信息，如基础信息、系统预置的科目报表等。

·一点就通·

系统管理员和账套主管在系统管理中拥有不同的权限，其主要区别如表3—1所示。

表3—1　　系统管理员和账套主管权限的区别

主要功能	功能选项	功能细项	系统管理员权限	账套主管权限
账套管理	建立		√	×
	修改		×	√
	引入		√	×
	输出和删除		√	×
年度账管理	建立		×	√
	引入		×	√
	输出		×	√
	结转上年数据		×	√
	清空年度数据		×	√
权限管理	角色		√	×
	用户		√	×
	权限	设置所有操作员权限	√	×
		设置所辖账套操作员权限		√
安全管理	数据自动备份	设置账套数据备份计划	√	×
		设置年度账数据备份计划	√	√
	升级数据库		√	√
	清除异常任务		√	×
	实时监控		√	×

第二节　基础设置

·基本理论·

系统管理员建立好账套后，单位的操作员就可以进入到此账套进行下一步的设置，为日常业务处理的顺利进行打下基础。用友ERP-U8普及版V3.0应用系统中设立了“企业门户”，操作员可以登录“企业门户”/“设置”进行各子系统的启用、设置各项基础档案、数据权限划分等操作。主要功能包括以下几个部分。

一、基本信息设置

基本信息设置包括系统启用、编码方案及数据精度设置。

(1) 系统启用。用于已安装系统的启用，并记录启用日期和启用人。启用系统可采用两种途径。

第一，系统管理员创建一个新账套后，自动进入系统启用界面，可以完成创建账套和系统启用。参见本章第一节。

第二，账套主管由“企业门户/设置/基本信息”进入，可以进行系统启用。

(2) 编码方案及数据精度设置。编码方案及数据精度设置的设置方法参见本章第一节。

二、基础档案

为满足本单位业务处理的需要，工作人员要根据实际情况把手工资料进行加工整理，在软件中设置为各项基础档案。具体包括机构设置、往来单位、存货、财务、收付结算及业务等内容，其设置顺序如图 3—27 所示。

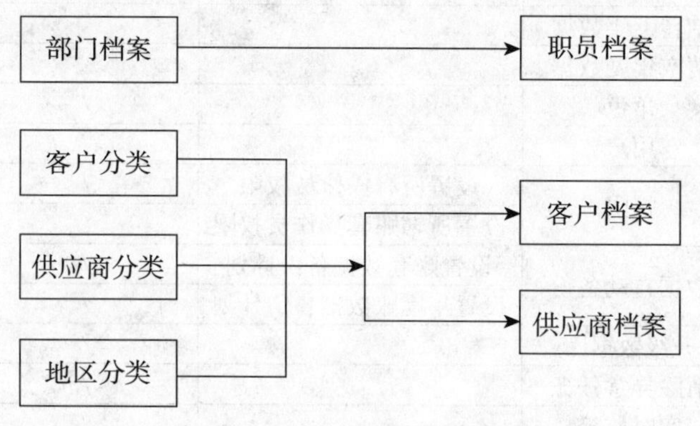

图 3—27　基础档案设置顺序

(1) 部门档案。设置企业各个职能部门的信息，部门是指使用单位下辖的具有分别进行财务核算或业务管理要求的单元体，可以是实际中的部门机构，也可以是虚拟的核算单元。

(2) 职员档案。设置企业各职能部门中需要进行核算和业务管理的职员信息。必须先设置好部门档案才能在这些部门下设置相应的职员档案。如果企业没有对职员进行核算和管理要求，可以不设置职员档案。

(3) 地区分类。企业可以根据自身管理要求对客户、供应商的所属地区进行相应的分类，以便对业务数据进行统计、分析。

(4) 客户分类。企业可以根据自身管理的需要对客户进行分类管理，建立客户分类体系。设置客户分类后，根据不同的分类建立客户档案。如果企业没有对客户进行分类管理的需求，可以在建账时选择不进行客户分类。

（5）供应商分类。企业可以根据自身管理的需要对供应商进行分类管理，建立供应商分类体系。设置供应商分类后，根据不同的分类建立供应商档案。如果企业没有对供应商进行分类管理的需求，可以在建账时选择不进行供应商分类。

（6）客户档案。设置往来客户的档案信息，以便于对客户资料管理和业务数据的录入、统计、分析。如果建立账套时选择了客户分类，则必须在设置完成客户分类后才能编辑客户档案。

（7）供应商档案。设置往来供应商的档案信息，以便于对供应商资料管理和业务数据的录入、统计、分析。如果建立账套时选择了供应商分类，则必须在设置完成供应商分类后才能编辑供应商档案。

·应用案例·

一、组织结构及负责人结构

方大公司的组织结构及负责人结构如图 3—28 所示。

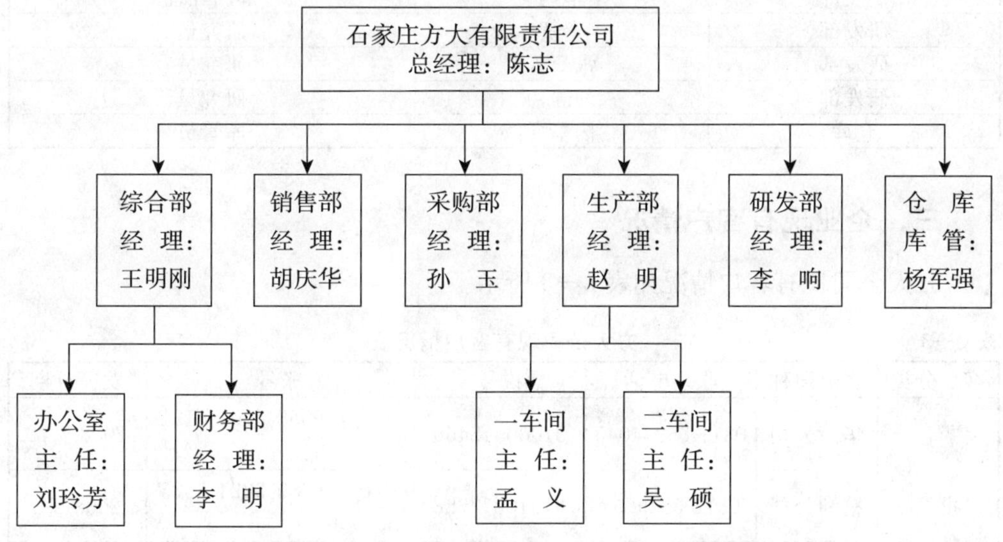

图 3—28 方大公司组织结构及负责人结构图

二、企管人员名册

方大公司的企管人员名册如表 3—2 所示。

表 3—2　　方大公司企管人员名册表

部门名称	职员姓名	职务
总经理办公室	陈志	总经理
综合部	王明刚	部门经理
综合部	王星	科员
办公室	刘玲芳	办公室主任
办公室	齐杰	科员
办公室	孙叶	科员
财务部	李明	部门经理
财务部	王芳	会计
财务部	马可	出纳
销售部	胡庆华	部门经理
销售部	赵亮	业务员
销售部	孟明	业务员
采购部	孙玉	部门经理
采购部	魏光阳	业务员
采购部	张川军	业务员
生产部	赵明	部门经理
一车间	孟义	车间主任
二车间	吴硕	车间主任
研发部	李响	部门经理
研发部	李贺	研究员
研发部	张蕊蕊	研究员
研发部	刘静初	研究员
仓库	杨军强	库管员

三、企业现有客户情况

方大公司现有客户情况如表 3—3 所示。

表 3—3　　方大公司现有客户情况表

客户分类	客户简称	联系电话	税号	账号	发展日期
批发	华荣公司	0311-85934045	31000315466	工行：9558 8004 1121 7878776	2008-5-12
	精利公司	0312-5849558	31010877788	中行：9689 3224 5675 330966	2008-9-2
	北峰公司	010-35458949	50437804563	工行：9558 8025 5567 3349076	2009-1-25
零售	昌为公司	021-58693502	23950456458	农行：4226 7560 0676 3402073	2008-5-2
	海天公司	0311-83989569	79503464793	中行：9689 6708 2198 301215	2008-12-17

续前表

客户分类	客户简称	联系电话	税号	账号	发展日期
代理	利益公司	020-58390058	31500012366	建行：6608 5583 9563 1585635	2009-9-6
	新月公司	0315-6983957	31545245399	招行：5457 6766 0997 2289036	2009-10-9

四、企业现有供应商情况

方大公司现有供应商情况如表 3—4 所示。

表 3—4　　方大公司现有供应商情况表

供应商分类	供应商简称	联系电话	税号	账号
重点	永和公司	0311-89695038	31009568403	工行：9558 8654 3559 7845296
	胜利公司	0318-7045395	31694559035	中行：9689 3756 5675 768456
	天南公司	010-59456036	50478220563	工行：9558 8025 5906 3387012
普通	希科公司	021-96459302	23962456896	农行：4226 7098 0676 5621073
	开元公司	0311-87960045	31563464838	中行：9689 7708 2156 305662
	美佳公司	0316-2894568	39023423901	建行：6608 2321 6546 4545682

五、结算方式

方大公司的结算方式如表 3—5 所示。

表 3—5　　方大公司结算方式表

结算方式名称	票据管理	结算方式名称	票据管理
支票结算	是	汇兑	否
——现金支票	是	汇票	否
——转账支票	是	——银行承兑汇票	否
托收承付	否	——商业承兑汇票	否
本票	否	委托收款	否

·应用指南·

一、系统的启用

【操作步骤】

1. 单击“开始”/“程序”/“用友 ERP-U8 普及版 V3.0”/“企业门户”，以账套主管身份注册进入，如图 3—29 和图 3—30 所示。

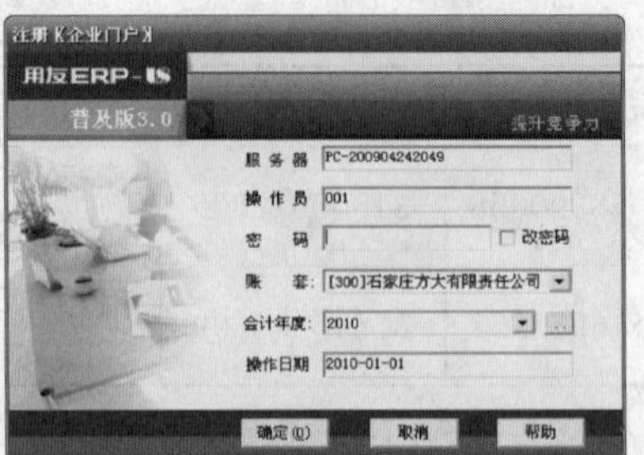

图 3—29

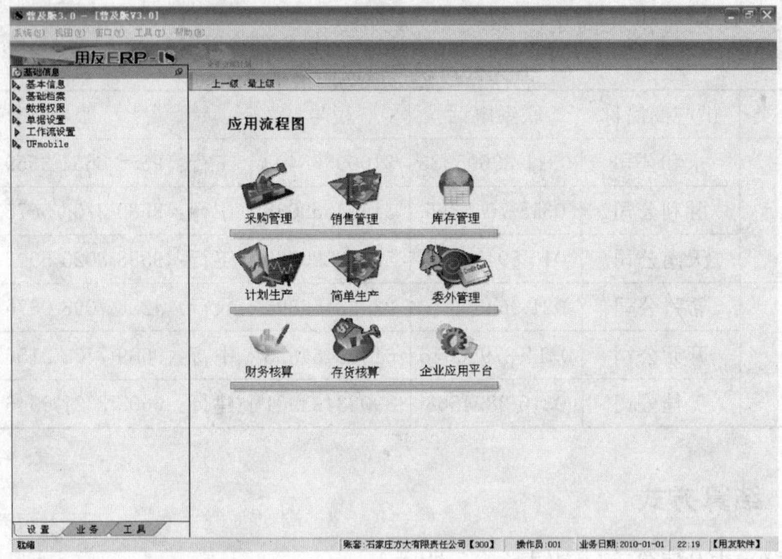

图 3—30

提示：

系统管理员不能登录企业门户进行业务处理。

2. 单击“设置”/“基本信息”/“系统启用”，进行子系统启用时间设置，本案例在2010年1月1日启用总账、工资管理、固定资产三个子系统。如图3—31所示。

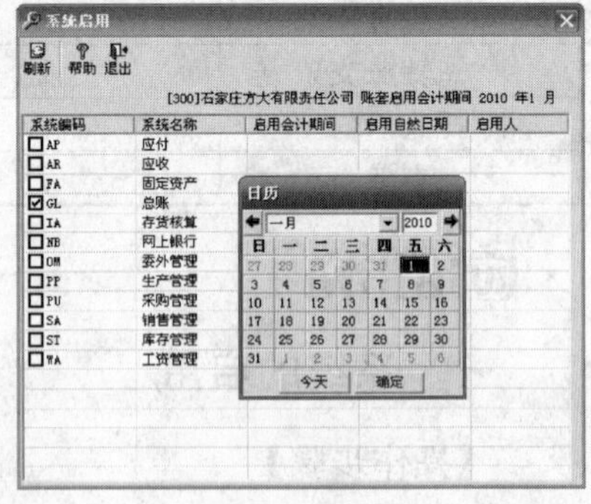

图 3—31

提示：

(1) 要使用一个系统必须先进行启用，未启用的系统不能登录。

(2) 各系统的启用日期必须大于或等于账套的启用日期。

二、设置部门档案

【操作步骤】

1. 选择“设置”/“基础档案”/“机构设置”/“部门档案”，进入“部门档案”编辑窗口。

2. 单击“增加”按钮，输入部门编码、部门名称等信息，单击“保存”按钮。结果如图 3—32 所示。

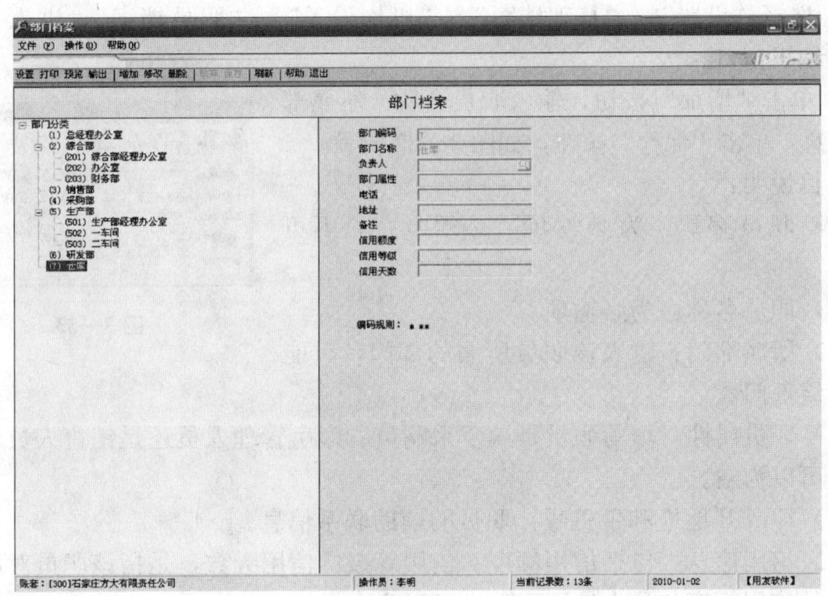

图 3—32

栏目说明：

(1) 部门编码：为必输项，必须唯一，须符合编码级次原则，不可修改。

(2) 部门名称：为必输项。

(3) 负责人、电话、地址、备注等部门的辅助信息，可以为空。

(4) 部门属性：输入车间、采购部门、销售部门等部门分类属性，可以为空。

(5) 信用信息：包括信用额度、信用等级、信用天数，是指该部门对本部门负责的客户的信用额度和最大信用天数，可以为空。

提示：

(1) 部门档案不一定与企业实际的职能部门相对应，可将需要进行财务核算或业务管理的部门设置为部门档案。用户根据实际情况可灵活设置虚拟部门，如为方便核算退休人员的工资，可以增加实际中不存在的“退休部”。

(2) 部门档案中的上下级关系，相当于部门的分类，以便于进行数据汇总，而非实际中的管辖关系。只有处于最末级的部门档案才能够增加职员档案。

（3）增加部门档案时，无法进行负责人的设置，这是因为负责人资料来源于属于该部门的职员档案，可待设置完职员档案后，再进行部门档案的修改操作，选择部门负责人保存即可。

三、设置职员档案

【操作步骤】

1. 选择“设置”/“基础档案”/“机构设置”/“职员档案”，进入“职员档案”编辑窗口。

2. 单击“增加”按钮，输入职员名称、所属部门等信息，单击“保存”按钮，如图 3—33 所示。

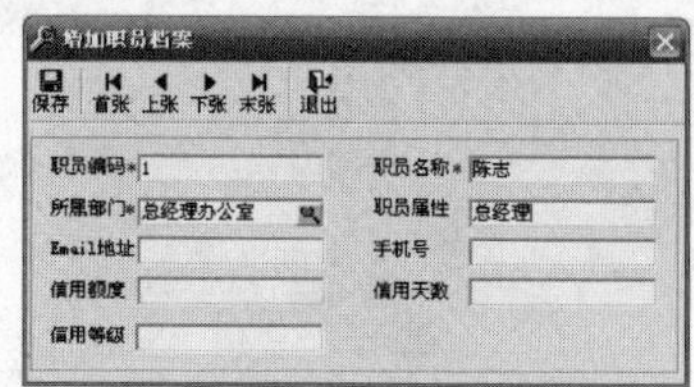

图 3—33

栏目说明：

（1）职员编码：为必输项，必须唯一，不可修改。

（2）职员名称：为必输项。

（3）所属部门：输入该职员所属的部门，只能选定末级部门。

（4）职员属性：填写职员是属于采购员、库房管理人员还是销售人员等人员属性，可以为空。

（5）E-mail 地址和手机号：职员的辅助联系信息。

（6）信用信息：包括信用额度、信用等级、信用天数，是指该职员对所负责的客户的信用额度和最大信用天数，可以为空。

提示：

只有对于那些需要进行核算和业务管理的人员，有必要为其设置职员档案。注意不要将职员档案和系统管理中设置的用户混为一谈。

四、设置地区分类

【操作步骤】

1. 选择“设置”/“基础档案”/“往来单位”/“地区分类”，进入“地区分类”编辑窗口。

2. 单击“增加”按钮，输入类别编码、类别名称等信息，单击“保存”按钮。结果如图 3—34 所示。

栏目说明：

（1）类别编码：为必输项，必须唯一，须符合编码级次原则，不可修改。

（2）类别名称：可以是汉字或英文字母，为必输项。

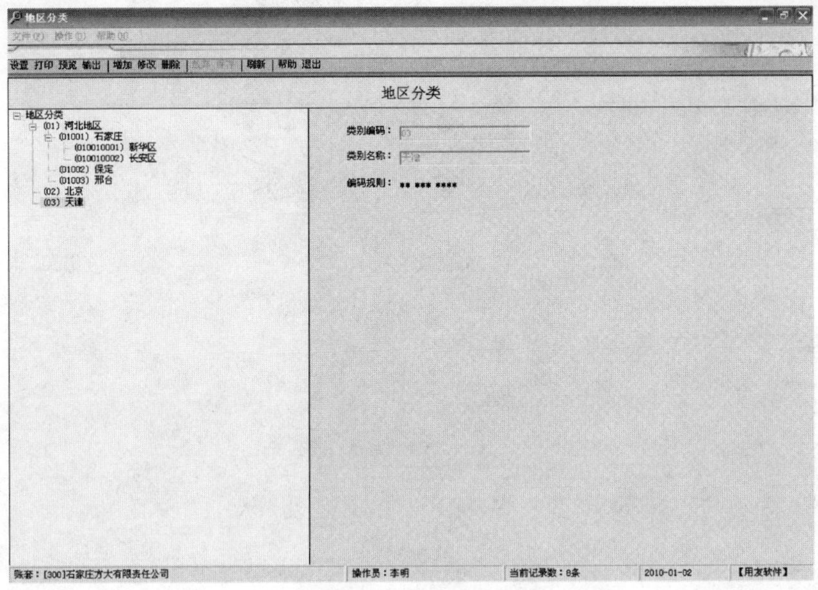

图 3—34

提示：

没有对客户及供应商进行地区分类管理需求的用户可以不使用本功能。

五、设置客户分类

【操作步骤】

1. 选择“设置”/“基础档案”/“往来单位”/“客户分类”，进入“客户分类”编辑窗口。

2. 单击“增加”按钮，输入类别编码、类别名称等信息，单击“保存”按钮。结果如图 3—35 所示。

栏目说明：

(1) 类别编码：为必输项，必须唯一，须符合编码级次原则，不可修改。

(2) 类别名称：可以是汉字或英文字母，为必输项。

提示：

在建账过程中设置基础信息时，选择“客户是否分类”选项，该功能才能使用。

六、设置客户档案

【操作步骤】

1. 选择“设置”/“基础档案”/“往来单位”/“客户档案”，进入“客户

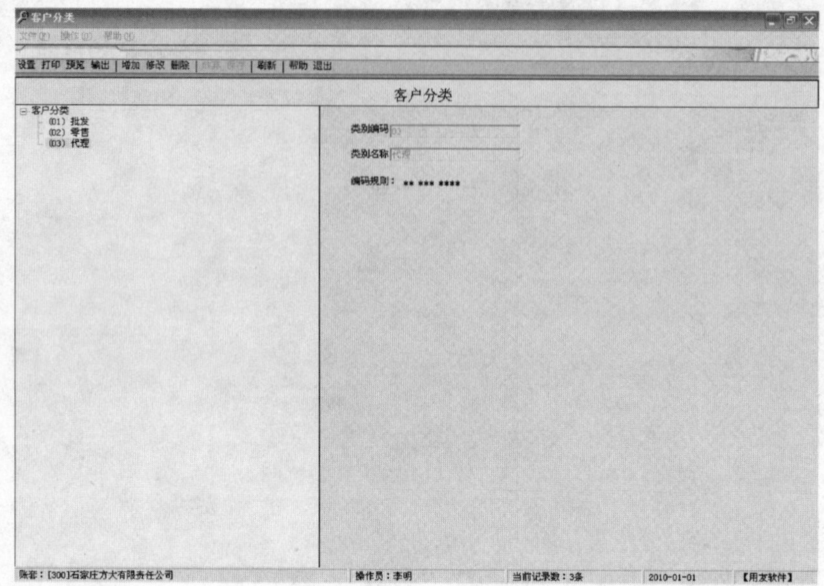

图 3—35

档案”编辑窗口。

2. 单击“增加”按钮，在“增加客户档案”对话框中选择“基本”选项卡，输入客户编码、客户名称、客户简称、所属分类等信息，如图 3—36 所示。

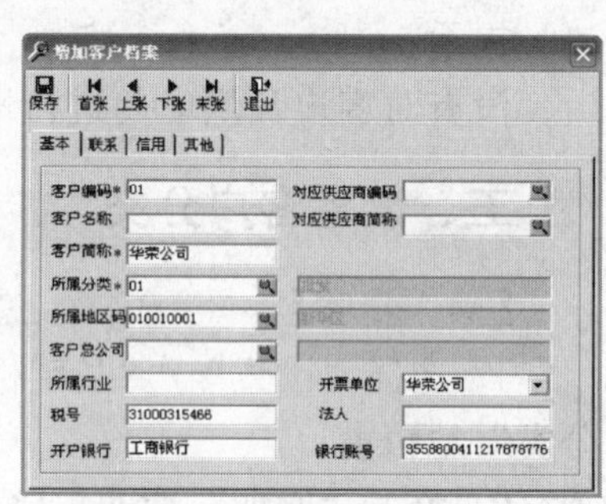

图 3—36

栏目说明：

图 3—36 中带“*”的项目为必填项。

（1）客户编码：可用数字或字符表示，最多可输入 20 位数字或字符，保存后不可修改。

（2）客户简称：可以是汉字或英文字母，最多可写 30 个汉字或 60 个字符。客户简称用于业务单据和账表的屏幕显示。

（3）所属分类：输入该客户所属的分类，只能选定末级分类。

（4）对应供应商编码与简称：当某公司既是客户又是供应商时，需为其建立客户档案与供应商档案，并在此建立对应关系。

3. 选择“联系”选项卡，输入联系电话等信息，如图 3—37 所示。

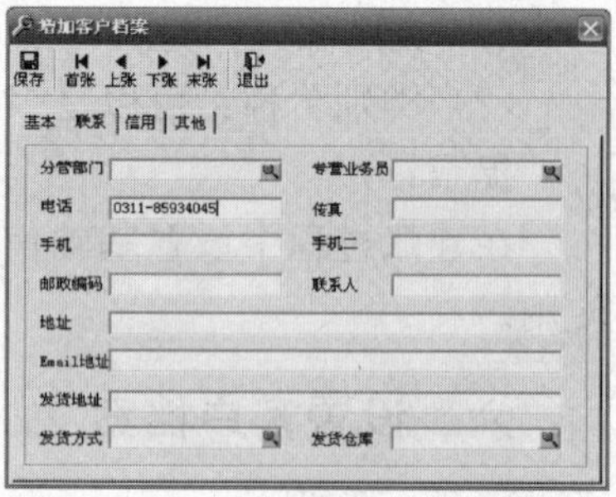

图 3—37

栏目说明：

图 3—37 中的内容可用于销售发票、销售发货单中客户相关信息的屏幕显示和打印输出。

4. 选择“信用”选项卡，输入相关信息，如图 3—38 所示。

5. 选择“其他”选项卡，输入相关信息，单击“保存”按钮，如图 3—39 所示。

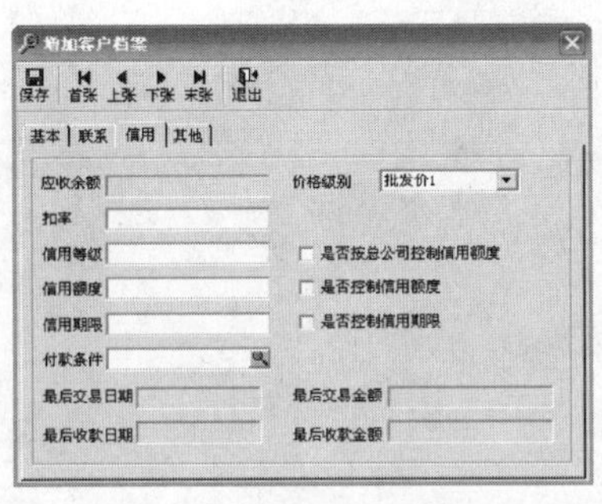

图 3—38

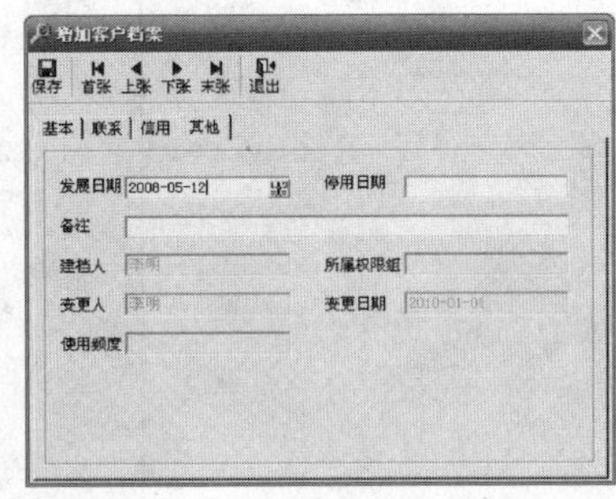

图 3—39

栏目说明：

图 3—39 中的发展日期是指与该客户建立供货关系的时间。

七、设置供应商分类及供应商档案

供应商分类及供应商档案的设置方法参照客户分类及客户档案的设置。

八、设置结算方式

【操作步骤】

1. 选择“设置”/“基础档案”/“收付结算”/“结算方式”，进入“结算方式”编辑窗口。

2. 单击“增加”按钮，输入结算方式编码、结算方式名称。结果如图 3—40 所示。

栏目说明：

(1) 结算方式编码：可以数字 0～9 或字符 A～Z 表示，须符合编码方案。

(2) 结算方式名称：结算方式名称最多可写 6 个汉字（或 12 个字符）。

(3) 票据管理标志：用户可根据实际情况，通过单击复选框来选择该结算方式下的票据是否要进行票据管理。

提示：

票据管理选项与总账系统出纳管理中支票登记簿的使用相关。

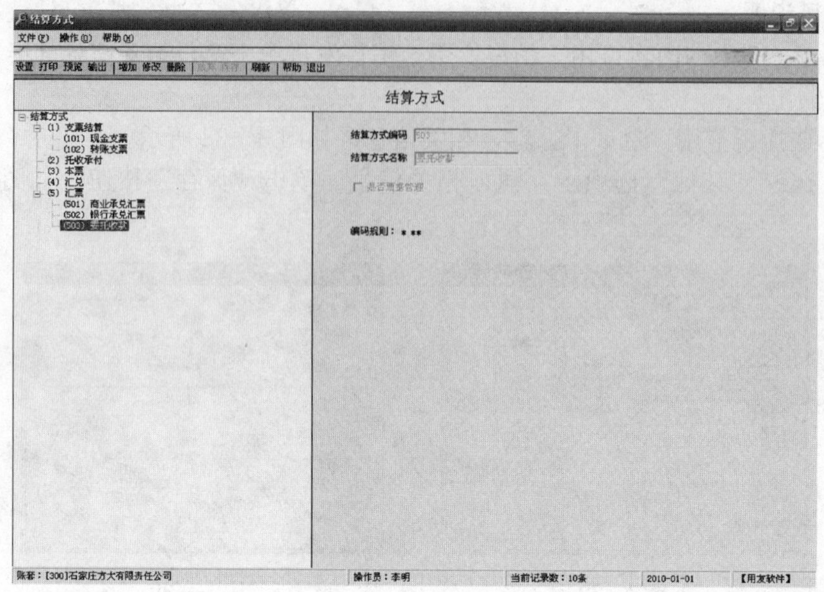

图 3—40

· 知识拓展 ·

基础档案中除以上介绍的项目外，还有许多内容，如针对财务处理进行的会计科目设置、凭证类别设置、外币设置及项目设置等与总账系统密切相关，设置方法在第五章进行介绍；对于存货进行的计量单位设置、存货分类设置、存货档案设置，对于购销存业务进行的仓库档案设置、收发类别设置、采购与销售类型设置等，主要服务于供应链各子系统及应收、应付款管理系统，企业需根据实际情况进行设置，在此不再一一进行介绍。

此外，企业门户还有单据设置功能，用户可根据系统预置的单据模板，定义本企业所需要的单据格式。可对报账中心、采购、存货、库存、项目管理、销售、应收、应付模块中的各种单据进行格式设计及制定各种单据类型的编码生成原则。

· 本章小结 ·

本章内容主要包括：

1. 系统管理模块的主要功能：账套管理、年度账管理、权限管理、安全管理。

2. 系统管理模块的操作流程：系统管理员注册进入→创建账套→增加用户

→财务授权→数据备份。

3. 企业门户中基础信息的设置与各项基础档案的设置顺序与方法。

·思考题·

1. 用友 ERP-U8 普及版 V3.0 的建账过程是什么？

2. 设置各项基础档案的作用是什么？

习题

一、单项选择题

1.（　　）有权在系统中建立企业账套。

A. 企业老总　　B. 系统管理员

C. 账套主管　　D. 财务总监

2.（　　）有权在系统中修改企业账套。

A. 企业老总　　B. 系统管理员

C. 账套主管　　D. 财务总监

3. 下列账套信息不能修改的是（　　）。

A. 启用会计期　　B. 账套名称

C. 单位名称　　D. 企业类型

4. 对账套的管理，系统管理员无权进行的是（　　）。

A. 创建账套　　B. 修改账套

C. 引入账套　　D. 删除账套

5. 清空年度数据是指（　　）。

A. 将年度账数据全部删除　　B. 将年度账的发生额删除，只保留余额

C. 将账套数据全部删除　　D. 保留一些信息，如基础设置等

二、多项选择题

1. 系统管理员可以进行的操作有（　　）。

A. 创建账套　　B. 修改账套

C. 增加用户　　D. 进行系统启用

2. 账套主管可以进行的操作有（　　）。

A. 创建账套　　B. 修改账套

C. 增加用户　　D. 进行系统启用

3. 账套创建过程中，基础信息设置中包括的分类信息有（　　）。

A. 地区分类　　B. 客户分类

C. 存货分类　　D. 部门分类

4. 账套创建过程中必须输入的项目有（　　）。

A. 账套名称　　B. 单位名称

C. 单位简称　　D. 本币名称

5. 用户的设置包括（　　）等内容。

A. 编号　　B. 姓名

C. 密码　　D. 权限

三、判断题

1.（　　）系统管理模块只有系统管理员才可以登录，其他人都无权登录。

2.（　　）一个账套只能设置一个账套主管。

3.（　　）单位名称是区分系统内不同账套的唯一标志。

4.（　　）账套主管自动拥有所辖账套所有模块的操作权限。

5.（　　）账套输出和年度账输出的内容完全一样。

6.（　　）各系统的启用日期必须大于或等于账套的启用日期。

7.（　　）建账时如果未启用子系统，系统管理员也可登录企业门户进行系统的启用。

8.（　　）如果建立账套时要求进行客户分类，则录入客户档案前必须先设置客户分类。

9.（　　）设置职员档案时必须录入单位所有职员的信息。

10.（　　）部门档案与单位实际部门不一定完全对应。

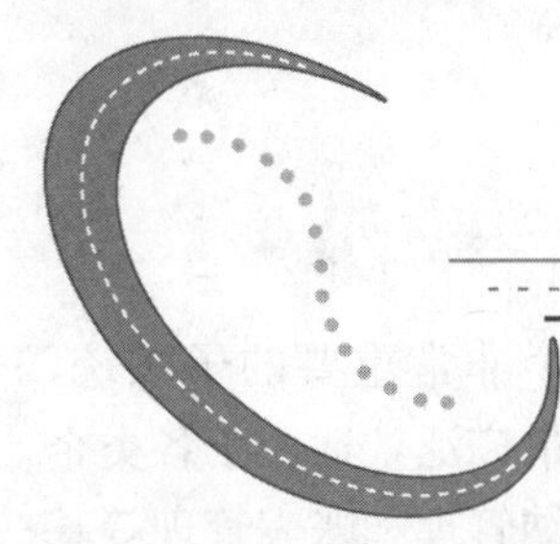

第四章

账务处理系统

【内容导航】

账务处理系统就是建立科目体系，输入和处理各种记账凭证，完成记账、结账及对账工作，查询、输出各种账表。账务处理系统是会计电算化信息系统的一个子系统，在整个会计电算化信息系统中既是中枢，又是基本的系统。它也是整个会计核算系统的数据交换中心，其他各子系统的数据必须传输到账务处理系统中，同时账务处理系统还要把本系统中的某些数据传输给其他子系统。大多数单位的会计电算化工作都是从账务处理系统开始的。

【学习目标】

- 了解账务处理系统与其他子系统的关系
- 掌握账务处理系统的主要功能
- 掌握账务系统初始设置的主要内容和操作方法
- 掌握日常业务处理的主要内容和操作方法
- 掌握期末处理的内容和操作方法
- 理解出纳管理的内容和操作方法
- 了解账表管理的内容和操作方法

第一节　初始设置

·基本理论·

账务处理系统，又称总账系统，是会计信息系统的一个非常重要的子系统，是用友 ERP-U8 应用系统中的基础内容，在实际工作中运用最广泛，适用于各类企事业单位。账务处理系统主要提供凭证处理、期末转账、出纳管理和账表管理等基本核算功能，并提供部门、个人、客户、供应商和项目核算等辅助管理功能。

账务处理系统中的初始设置是应用总账的基础工作，总账系统的初始设置就是结合本企业的实际情况，将一个通用的账务核算系统改造为适合本企业核算要求的专用账务核算系统。初始设置包括系统控制参数设置、会计科目设置、凭证类别设置、项目目录设置及录入期初余额等。

一、系统控制参数的设置

初次启动总账系统时，需要设置总账系统核算的各种参数，使其满足本企业的具体核算要求。总账系统的参数设置决定总账系统的输入控制、处理方式、数据流向、输出格式等，设定后一般不能随意更改，总账系统启用后，系统内预设了一系列总账系统处理控制参数，企业可根据实际情况进行更改，包括凭证、账簿、会计日历、其他四个选项卡。

二、会计科目的设置

会计科目是填制会计凭证、登记会计账簿、编制会计报表的基础。会计科目是一个完整的体系。企业在建立会计科目时，一方面要符合系统要求，另一方面应结合企业的实际情况，在必须符合国家会计制度的规定下，进行相应的设置。软件系统事先预设了一级会计科目，我们只需要进一步设定满足操作的下级科目即可。

会计科目设置的完整性影响着会计工作的顺利实施，会计科目设置的层次深度直接影响会计核算的详细、准确程度。会计科目的设置包括增加会计科目、修改会计科目、删除会计科目、指定会计科目等。

三、凭证类别的设置

根据单位核算和管理的要求，需要对记账凭证进行分类。总账系统提供了设置凭证类别的功能，以利于管理、记账和汇总。但是，无论如何分类都不会影响记账的结果。

四、项目目录的设置

一个企业项目核算的种类可能有很多种，如在建工程、对外投资、在产品成本、合同订单等。为了满足企业的实际需要，可定义多类项目核算，将具有相同特性的一类项目定义成一个项目大类。

五、期初余额的录入

为了保证会计数据的连续完整，并与手工账簿数据相衔接，如果是第一次使用账务处理系统，必须使用“录入期初余额”功能，将各种基础数据输入系统。

现将结合具体案例阐述总账系统的初始设置过程。

·应用案例·

一、企业内部会计制度

方大公司内部会计制度具体包括：

（1）企业采用复式记账凭证，分收款凭证、付款凭证和转账凭证三种，凭证编号由系统自动生成，对记账凭证进行序时控制。

（2）使用银行科目制单时，对票据管理的结算方式进行登记。

（3）允许修改、作废他人填制的凭证。

（4）涉及现金、银行科目的凭证必须经由出纳人员核对签字后才能记账。

（5）对外币业务采用浮动汇率方式进行核算。

（6）开设总分类账、明细分类账、日记账，明细账打印按年排页。

（7）计算中，数量小数位精确到小数点后 2 位，单价小数位精确到小数点后 4 位。

（8）对应收账款采用余额百分比法计提坏账准备，坏账准备金率为 5‰。对其他各项应收款项不计提坏账准备。

二、会计科目及期初余额表

方大公司 2010 年 1 月份会计科目及期初余额表如表 4—1 所示。

表 4—1　　2010 年 1 月份会计科目及期初余额表　　单位：元

2008 年 12 月 31 日余额				
科目名称	辅助核算	方向	币别/计量	期末余额
库存现金	日记账	借		450
银行存款	银行账、日记账	借		310 256

续前表

2008 年 12 月 31 日余额				
科目名称	辅助核算	方向	币别/计量	期末余额
工行存款	银行账、日记账	借		310 256
中行存款	银行账、日记账	借	美元	
应收账款	客户往来	借		260 000
其他应收款	个人往来	借		2 000
坏账准备		贷		1 300
预付账款	供应商往来	借		
原材料		借		646 000
生产用材料				620 000
其他原材料				26 000
库存商品	数量金额	借		544 000
计算机	数量金额			520 000
			台	104 台
电话机	数量金额			24 000
			台	100 台
固定资产		借		8 250 000
累计折旧		贷		1 032 000
无形资产		借		58 500
短期借款		贷		200 000
应付账款	供应商往来	贷		276 850
暂估应付	供应商往来	贷		
应付供应商	供应商往来	贷		276 850
预收账款	客户往来	贷		
应付职工薪酬		贷		
应交税费		贷		
应交增值税		贷		
进项税额		贷		
销项税额		贷		
其他应付款		贷		2 100
实收资本		贷		7 500 000
资本公积		贷		362 700
盈余公积		贷		445 800
法定盈余公积		贷		222 900
任意盈余公积		贷		222 900
本年利润		贷		
利润分配		贷		267 621
未分配利润		贷		267 621
生产成本		借		17 165

续前表

2008年12月31日余额				
科目名称	辅助核算	方向	币别/计量	期末余额
基本生产成本	项目核算	借		17 165
直接材料	项目核算	借		10 000
直接人工	项目核算	借		4 000
制造费用	项目核算	借		3 165
其他	项目核算	借		
辅助生产成本		借		
制造费用		借		
工资		借		
折旧		借		
其他		借		
主营业务收入	数量金额	贷		
计算机	数量金额	贷		
			台	
电话机	数量金额	贷		
			台	
其他业务收入		贷		
主营业务成本	数量金额	借		
计算机	数量金额	借		
			台	
电话机	数量金额	借		
			台	
营业税金及附加		借		
销售费用		借		
管理费用	部门核算	借		
工资	部门核算	借		
福利费	部门核算	借		
办公费	部门核算	借		
差旅费	部门核算	借		
招待费	部门核算	借		
折旧费	部门核算	借		
其他	部门核算	借		
财务费用		借		
利息费用		借		
汇兑损益		借		

三、月初期初余额明细表

(1)“1122 应收账款”辅助账期初余额(如表 4—2 所示)。

表 4—2　　**"1122 应收账款"辅助账期初余额**　　单位：元

日期	凭证号数	客户	摘要	方向	金额	业务员	票号	票据日期
2009.12.20	转-10	华荣公司	销售商品	借	46 800	赵亮	0016576	
2009.12.25	转-15	精利公司	销售商品	借	200 000	孟义	0022451	
2009.12.28	转-20	新月公司	销售商品	借	13 200	赵亮	0022458	

（2）"1221 其他应收款"辅助账期初余额（如表 4—3 所示）。

表 4—3　　**"1221 其他应收款"辅助账期初余额**　　单位：元

日期	凭证号数	部门名称	个人名称	摘要	方向	金额
2009.12.28	付-6	公司办公室	陈志	出差借款	借	2 000

（3）"2202 应付账款"辅助账期初余额（如表 4—4 所示）。

表 4—4　　**"2202 应付账款"辅助账期初余额**　　单位：元

日期	凭证号数	供应商	摘要	方向	金额	业务员	票号	票据日期
2009.12.20	转-20	永和公司	采购材料	贷	270 000	魏光阳	1156	
2009.12.25	转-20	开元公司	采购材料	贷	6 850	张川军	1158	

四、月初在产品成本

方大公司 2010 年 1 月初在产品成本如表 4—5 所示。

表 4—5　　**月初在产品成本**　　单位：元

项目	直接材料	直接人工	制造费用	其他	合计
计算机	8 500	3 400	2 000		13 900
电话机	1 500	600	1 165		3 265
合计	10 000	4 000	3 165		17 165

五、项目核算

方大公司采用项目核算的内容如表 4—6 所示。

表 4—6　　**项目核算**

项目设置步骤	设置内容
项目大类	产品成本核算
核算科目	基本生产成本 直接材料 直接人工 制造费用 其他

续前表

项目设置步骤	设置内容
项目分类	1. 自制产品 2. 委托加工产品
项目名称	101 计算机　不结算　所属分类　1 102 电话机　不结算　所属分类　1 201 打印机　不结算　所属分类　2

·应用指南·

一、系统控制参数的设置

【操作步骤】

1. 以账套主管的身份登录账套，操作日期为“2010-01-01”。

2. 在“企业门户”窗口中选择“业务”页签，执行“财务会计”/“总账”命令，执行“设置”/“选项”命令，进入“选项”对话框。

3. 单击“凭证”选项卡命令，根据案例所给资料，在“制单序时控制”中选择“制单序时控制”、“支票控制”、“允许修改、作废他人填制的凭证”。

4. “在凭证编号方式”中选择“系统编号”。

5. 在“凭证控制”中选择“出纳凭证必须经由出纳签字”、“打印凭证页脚姓名”。

6. 在“外币核算”中选择“浮动汇率”，如图 4—1 所示。

7. 在“选项”窗口，依次单击“账簿”、“会计日历”、“其他”选项卡，对相关参数按案例资料进行设置。结果分别如图 4—2、图 4—3、图 4—4 所示。

8. 设置完毕，单击“确定”按钮，返回“企业门户”窗口。

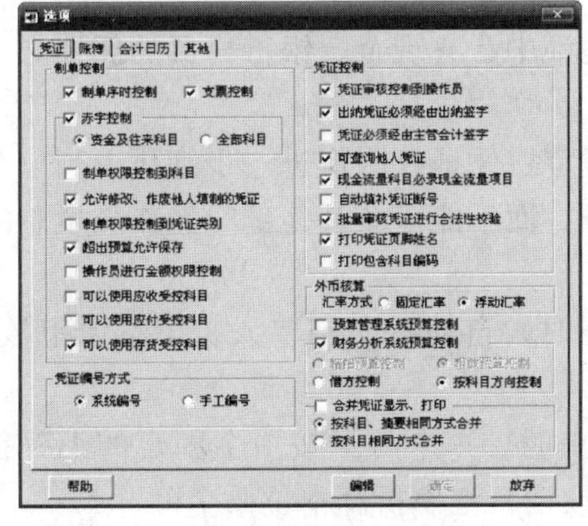

图 4—1

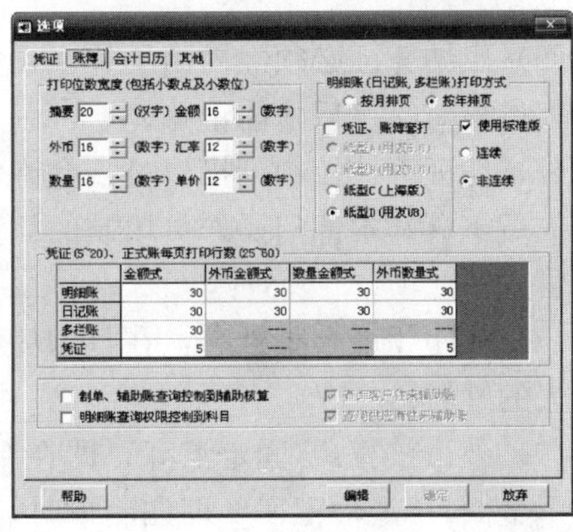

图 4—2

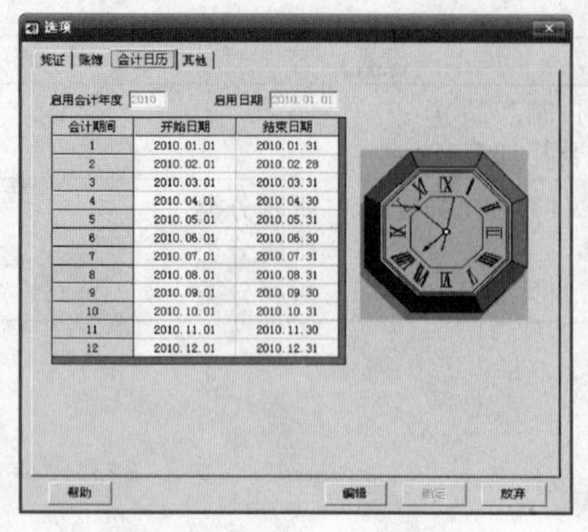

图 4—3

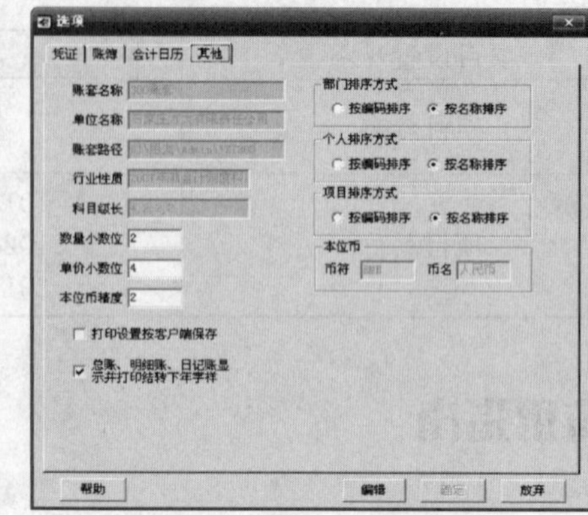

图 4—4

栏目说明：

（1）制单序时控制：此项和“系统编号”选项联用，制单时凭证编号必须按日期顺序排列，否则凭证会出现假丢失现象。

（2）支票控制：在制单时使用银行科目编制凭证时，若录入了未在支票登记的支票号，系统将提供登记支票登记簿的功能。

（3）赤字控制：在制单时，当“资金及往来科目”或“全部科目”的最新余额出现负数时，系统予以提示。

（4）允许修改、作废他人填制的凭证：在制单时可修改或作废别人填制的凭证。

（5）可以使用应收（应付）受控科目：一般来说，为了防止重复制单，应只允许账务处理系统的受控系统来使用该科目进行制单，账务处理系统是不能使用该科目进行制单的，但如果用户希望在总账系统中也能使用此科目，应选择此项。

（6）出纳凭证必须经由出纳签字：凭证中含有现金、银行科目的凭证必须由出纳人员核对签字后才能记账。

（7）凭证审核控制到操作员：允许对审核凭证权限作进一步细化，当只允许某操作员审核其本部门操作员填制的凭证，而不能审核其他部门操作员填制的凭证，可选择此项。

（8）打印凭证页脚姓名：在打印凭证时，自动打印制单人、出纳、审核人、记账人的姓名。

（9）外币核算：“固定汇率”即在制单时，一个月只按一个固定的汇率折算本位币金额；“浮动汇率”即在制单时，按当日汇率折算本位币金额。

（10）明细账（日记账、多栏账）打印方式：按月排页，打印时从所选月份范围的起始月份起将明细账按顺序排页，再从第一页开始将其打印输出，起始页号为“1”页；按年排页，打印时从本会计年度的第一个会计月份开始将明细账按顺序排页，再将打印月份范围所在的页打印输出，若所选月份不是第一个月，打印页号有可能不是从“1”页开始。

二、会计科目的设置

（一）增加会计科目

【操作步骤】

1. 在“企业门户”窗口选择“设置”页签，执行“基础档案”/“财务”/“会计科目”命令，打开“会计科目”窗口，如图 4—5 所示。

会计科目

文件(F) 编辑(E) 查看(V) 工具(T)

打印 预览 输出 | 增加 删除 | 查找 修改 | 定义 | 帮助 退出

科目级长 4-2-2-2　　科目个数 156

全部 | 资产 | 负债 | 共同 | 权益 | 成本 | 损益

级次	科目编码	科目名称	外币币种	辅助核算
1	1001	库存现金		
1	1002	银行存款		
1	1003	存放中央银行款项		
1	1011	存放同业		
1	1012	其他货币资金		
1	1021	结算备付金		
1	1031	存出保证金		
1	1101	交易性金融资产		
1	1111	买入返售金融资产		

图 4—5

2. 单击“增加”按钮，进入“会计科目 _ 新增”对话框，输入科目编码“100202”，科目中文名称“中行存款”，根据业务要求，账页格式设为“外币金额式”，选中“外币核算”及“日记账”和“银行账”两个复选框，单击“确定”按钮，如图 4—6 所示。

3. 重复上述操作步骤，可增加其他会计科目。如“100201 工行存款”，结果如图 4—7 所示。

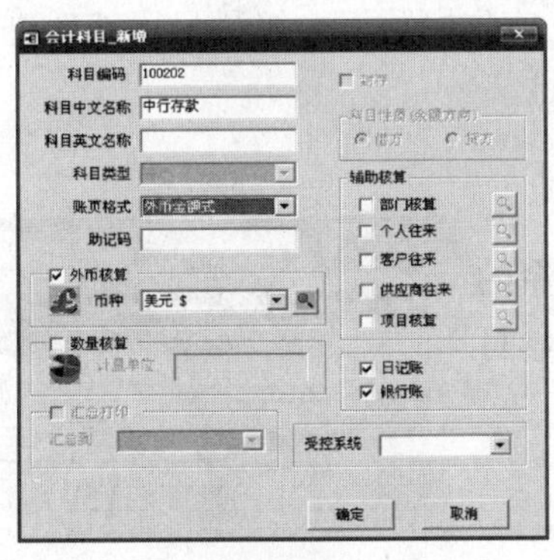

图 4—6

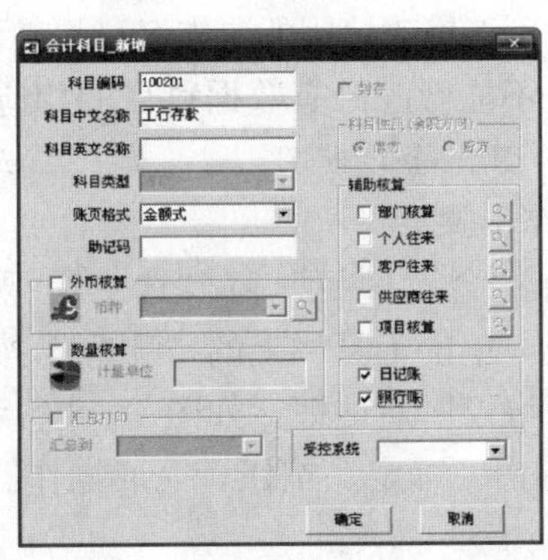

图 4—7

提示：

（1）增加会计科目时，要遵循先建上级再建下级的原则，会计科目编码不能重复，编码长度及每级位数要符合编码规则。

（2）会计科目一经使用，不允许作科目升级处理，只能增加同级会计科目，而不能再增设下级会计科目。

（3）增加明细科目时，系统默认其类型与上级科目保持一致。

栏目说明：

（1）科目编码：一级科目编码按财政部规定，明细科目编码按照参数设置中对科目编码级次和级长的规定进行设置。一般情况下，同级科目按顺序排列，以序号作为本级科目编码再加上上级科目编码，组成本级科目的全编码。

（2）科目中文名称：是指会计科目的汉字名称。输入科目名称时尽量避免重名，以免影响科目运用的准确性。

（3）科目类型：是按照科目性质对会计科目进行的划分。按照会计制度规定，分为资产、负债、共同、权益、成本、损益六类。

（4）账页格式：规定每个科目的会计账页格式，一般有金额式、外币金额式、数量金额式、数量外币式四种。

（5）辅助核算：辅助核算标识一般要求设在最底层的科目上，但为了查询或出账方便，其上级也可以设置。辅助核算一经定义并已使用，则不要进行随意的修改，以免造成账簿数据的混乱。

（二）修改会计科目

【操作步骤】

1. 在“会计科目”窗口选中需要修改的会计科目，单击工具栏上的“修改”按钮，进入“会计科目_修改”对话框。

2. 选择要修改的内容进行修改后，单击“确定”按钮，完成操作。

提示：

（1）不能修改使用的非末级科目编码，应先删除下一级科目，然后进行修改。

（2）不能修改已有数据科目的相应属性。

（三）删除会计科目

【操作步骤】

1. 在“会计科目”窗口选中需要删除的会计科目，单击工具栏上的“删除”按钮，打开“删除记录”对话框，如图4—8所示。

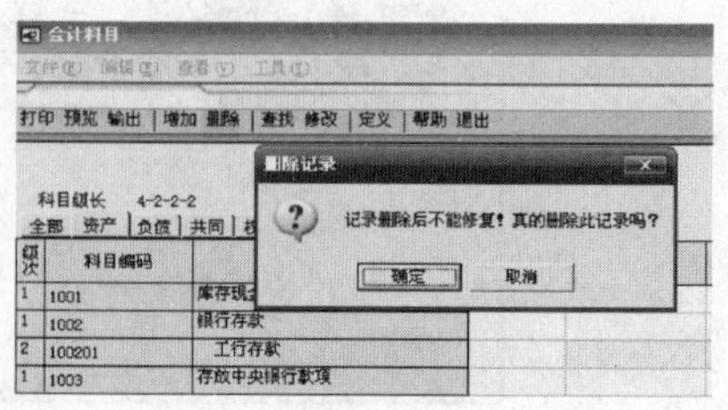

图4—8

2. 单击“确定”按钮，完成操作。

提示：

（1）已制单或已录入期初余额的会计科

目，不能删除。

（2）被指定为现金、银行科目的会计科目不能删除，必须取消指定后才能删除。

（3）删除科目后不能自动恢复，可通过增加功能来完成。

（四）指定会计科目

【操作步骤】

1. 在“会计科目”窗口选择“编辑”菜单，单击“指定科目”对话框。

2. 选择“现金总账科目”后，在“待选科目”列表框中选中“1001 库存现金”，单击“＞”按钮，将其添加到“已选科目”列表框中，如图 4—9 所示，单击“确认”按钮即可。

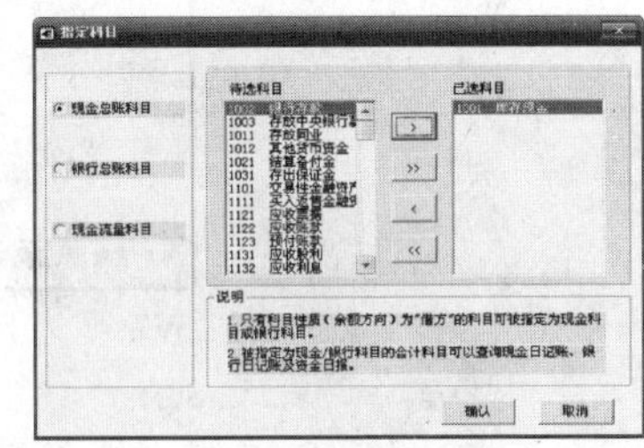

图 4—9

3. 参照第 2 步骤，继续将“1002 银行存款”科目指定为“银行总账科目”。

提示：

（1）指定会计科目是指定出纳的专管科目。

（2）被指定为现金、银行总账科目的会计科目在出纳功能中才可查询现金、银行日记账，进行银行对账，才能执行出纳签字，从而实现现金、银行管理的保密性。

（3）一般情况下，现金科目要设为日记账，银行存款科目要设为银行账和日记账。

三、凭证类别的设置

【操作步骤】

1. 在“企业门户”窗口选择“设置”页签，执行“基础档案”/“财务”/“凭证类别”命令，进入“凭证类别预置”对话框。选择“收款凭证 付款凭证 转账凭证”，如图 4—10 所示。

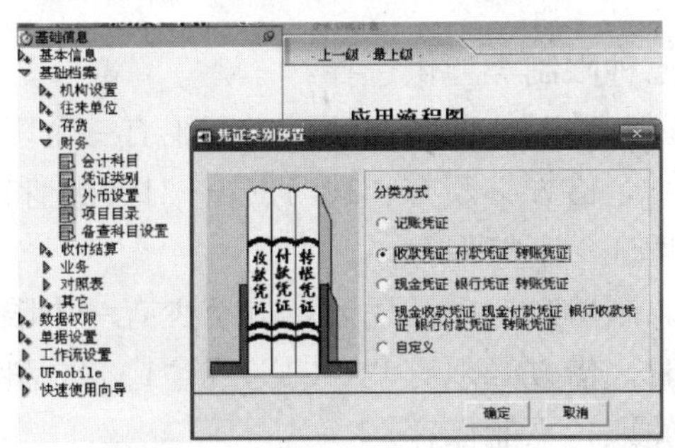

图 4—10

2. 单击“确定”按钮后，进入“凭证类别”对话框。单击“修改”按钮，双击“收款凭证”的限制类型，选择“借方必有”在“限制科目”栏中单击限制科目参照按钮，选择“1001，100201，100202”（也可直接输入），单击“确认”按钮即可，如图 4—11 所示。

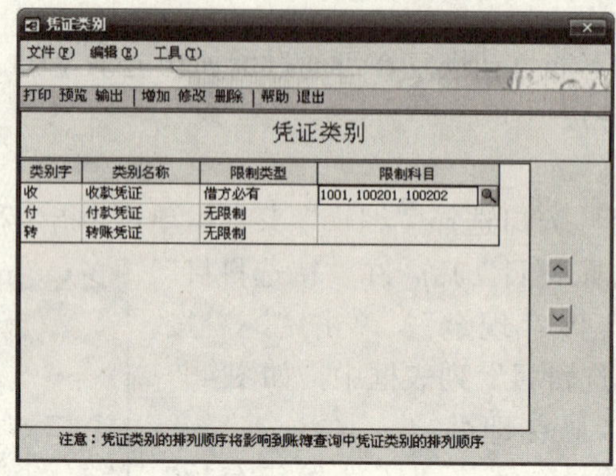

图 4—11

3. 参照第 2 步骤，继续完成“付款凭证”及“转账凭证”的“限制类型”和“限制科目”的设置。

提示：

(1) 若某企业选择收、付、转凭证分类，应设置相应限制类型（如表 4—7 所示）。

表 4—7　　凭证类型

类别字	类别名称	限制类型	限制科目
收	收款凭证	借方必有	1001，1002
付	付款凭证	贷方必有	1001，1002
转	转账凭证	凭证必无	1001，1002

(2) 系统有以下七种限制类型供选择：

第一，借方必有。制单时，此类凭证借方至少有一个限制科目有发生额。当操作员填制收款凭证时，借方必须有“1001”或“1002”科目中的至少一个，如果没有，则为不合法凭证，不能保存。

第二，贷方必有。制单时，此类凭证贷方至少有一个限制科目有发生额。当操作员填制付款凭证时，借方必须有“1001”或“1002”科目中的至少一个，如果没有，则为不合法凭证，不能保存。

第三，凭证必无。制单时，此类凭证无论借方还是贷方不可有任何一个限制科目有发生额。

第四，无限制。制单时，此类凭证可使用所有合法的科目，限制科目由用户输入，可以是任意级次的科目，科目之间用逗号分割，数量不限，也可参照输入，但不能重复输入。

第五，借方必无。借方必无是指金额发生在借方的科目集必须不包含借方必无科目。可在凭证保存时检查。

第六，贷方必无。贷方必无是指金额发生在贷方的科目集必须不包含贷方必无科目。可在凭证保存时检查。

第七，凭证必有。制单时，此类凭证无论借方还是贷方至少有一个限制科目有发生额。

(3) 限制科目之间的逗号必须在半角方式下输入。

(4) 已使用的凭证类别不能删除，也不能修改类别字。

(5) 若限制科目为非末级科目，则在制单时，其所有下级科目都将受到同样的限制。

(6) 可通过凭证类别列表右侧的调整上下箭头按钮，来调整凭证类别的前后顺序，以此决定明细账中账项的排列顺序。

四、项目目录的设置

(一) 定义项目大类

【操作步骤】

1. 在“企业门户”窗口选择“设置”页签，执行“基础档案”/“财务”/“项目目录”命令，进入“项目档案”对话框，如图 4—12 所示。

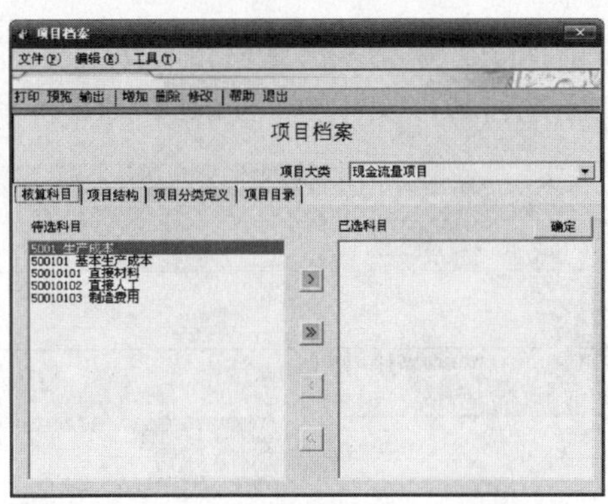

图 4—12

2. 单击“增加”按钮，进入“项目大类定义 _ 增加”对话框，输入新项目大类名称“产品成本核算”，选中“普通项目”。如图 4—13 所示。

3. 单击“下一步”按钮，定义项目级次，根据实际业务进行定义，假设采用系统的默认值。如图 4—14 所示。

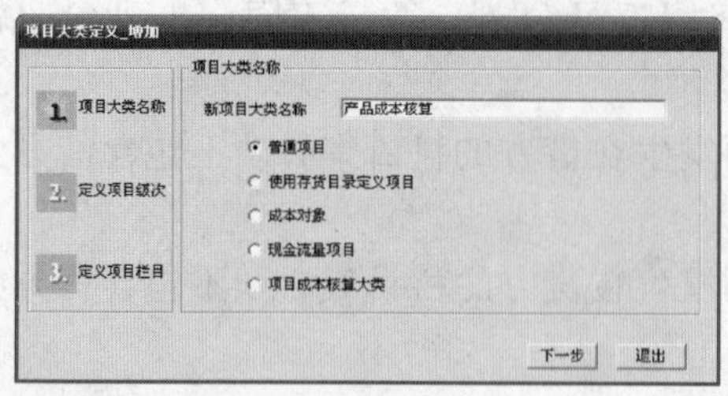

图 4—13

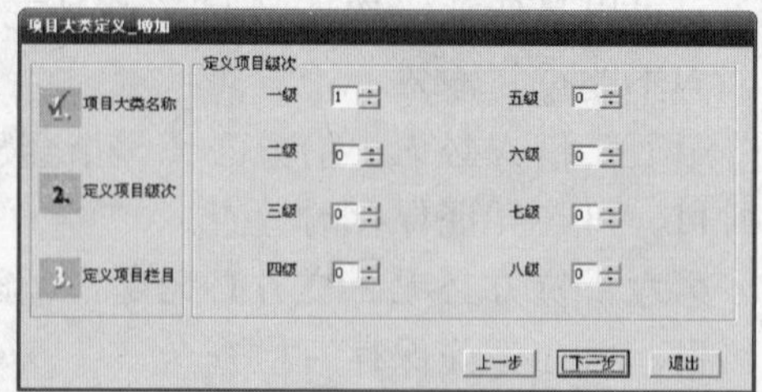

图 4—14

4. 单击“下一步”按钮，定义项目栏目，根据实际业务进行定义，假设采用系统的默认值，如图 4—15 所示。单击“完成”按钮，完成此操作。

提示：

（1）项目大类名称是该类项目的总称，而不是会计科目的名称。

（2）系统允许在同一单位中同时进行几个大类的项目核算。

（3）如果需要修改项目大类名称、项目级次、项目栏目等项目大类的有关信息，可单击工具栏上的“修改”按钮，进入项目大类修改向导，进行修改。

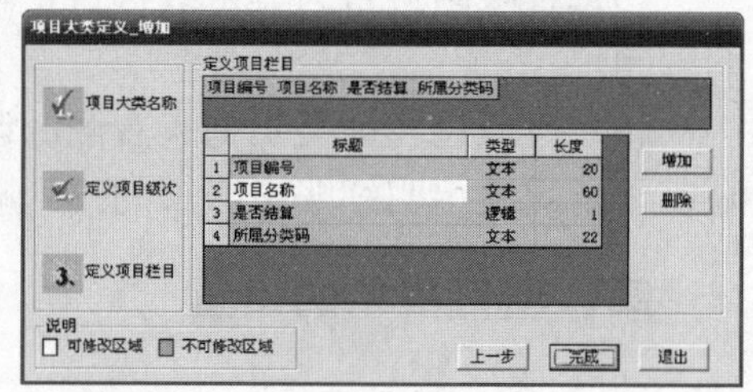

图 4—15

（二）指定核算科目

【操作步骤】

在“项目档案”对话框中，单击“核算科目”页签，将要核算的科目自“待选科目”文本框选入“已选科目”文本框，如图 4—16 所示。

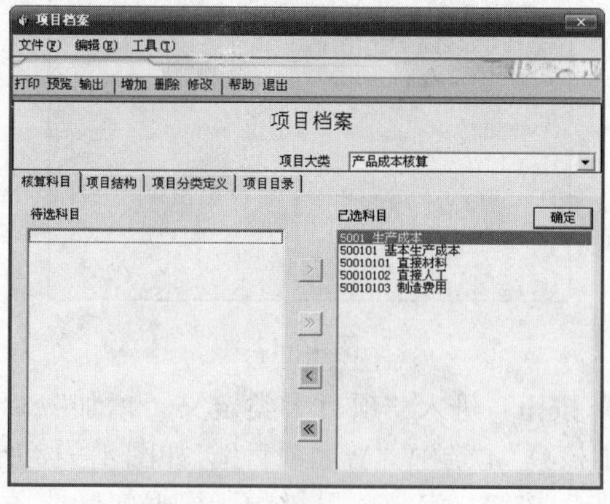

图 4—16

提示：

（1）指定核算科目是指具体指定需要进行项目核算的会计科目。

（2）进行此项操作，必须将需要进行项目核算的会计科目的辅助核算设置为“项目核算”。

（3）一个项目大类可以指定多个会计科目，一个会计科目只能指定给一个项目大类。

（三）定义项目分类

【操作步骤】

1. 在“项目档案”对话框中，单击“项目分类定义”选项卡，选择“项目大类”中的“产品成本核算”。

2. 单击右下角的“增加”按钮，输入分类编码“1”，分类名称“自制产品”，单击“确定”按钮，如图4—17所示。

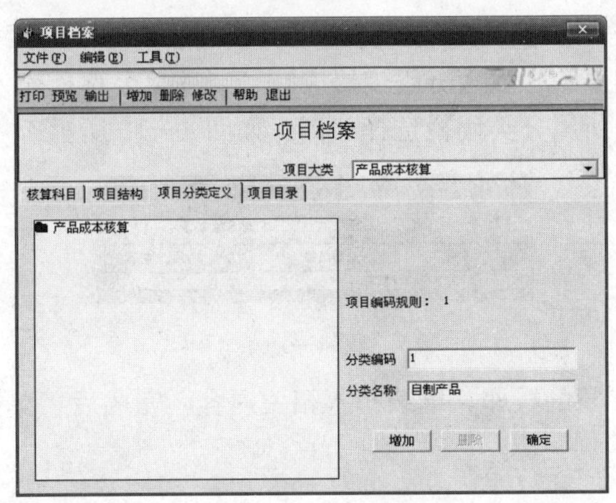

图 4—17

3. 重复第2步骤的操作，录入案例资料中的“2. 委托加工产品”。

提示：

（1）为便于统计，可以对同一项目大类下的项目进行进一步划分，即需要对项目进行分类。

（2）项目编码规则是根据分类编码自动设置的。

（3）分类编码必须唯一，注意不能隔级录入分类编码。

（四）定义项目目录

【操作步骤】

1. 在“项目档案”对话框中，单击“项目目录”选项卡，结果如图4—18所示。

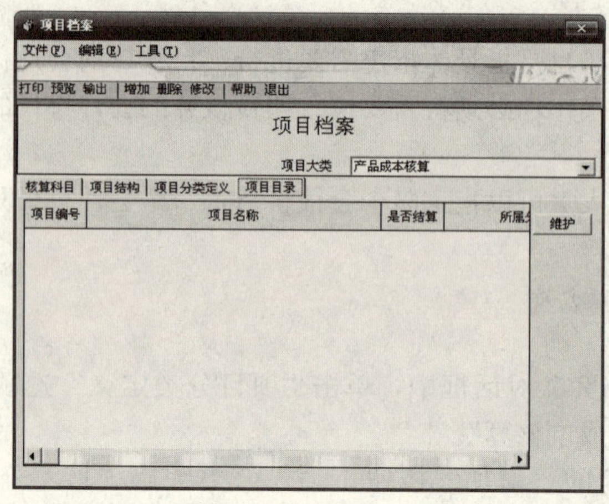

图 4—18

2. 单击右边的“维护”按钮。打开“项目目录维护”对话框，单击“增加”按钮，在“项目编号”栏输入分类编码“101”，项目名称栏输入“计算机”，“是否结算”栏为空，所属分类码栏选择“1”。如图 4—19 所示。

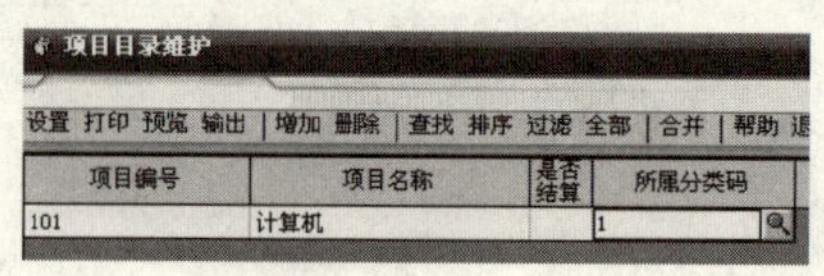

图 4—19

3. 重复第 2 步骤的操作，继续录入相关内容。完成后，单击“退出”按钮，返回。

提示：

(1) 定义项目目录的过程就是将各个大类中的具体项目输入系统的过程，该过程通过“维护”功能来实现。

(2) 若项目已结算，可双击“是否结算”栏，设置已结算标志。

(3) 每年年初应将已结算或不用的项目删除。

(4) 标识结算的项目不能再使用。

五、期初余额的录入

(一) 基本科目余额的录入

【操作步骤】

1. 在“企业门户”窗口中，选择“业务”页签，执行“财务会计”/“总账”命令，选择“设置”/“期初余额”。如图 4—20 所示。

2. 单击“期初余额”，进入“期初余额录入”窗口，将光标定在“库存现金”科目的“期初余额”栏（白色区域）。录入“450”。

3. 结合案例，录入“银行存款”科目余额。结果如图 4—21 所示。

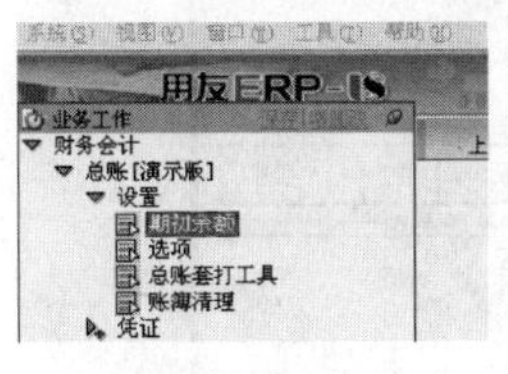

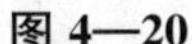
图 4—20

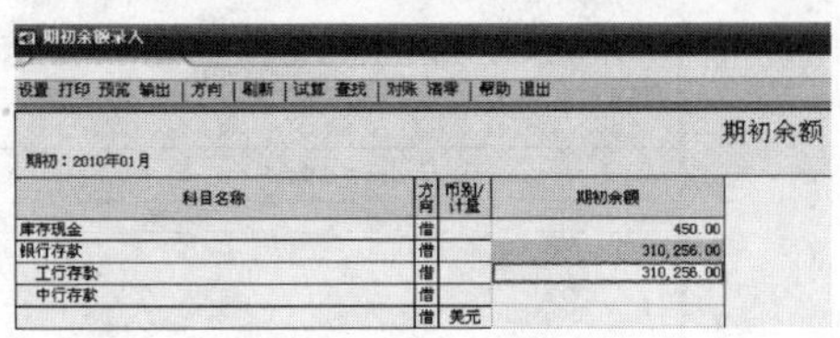

图 4—21

提示：

(1) 在期初余额录入界面，系统以不同的颜色标识不同的数据项，白色区域表示可直接录入数据，它们是末级科目的账务数据。

(2) 灰色区域为非末级科目，不允许直接录入，数据由系统根据下级科目自动汇总计算出来。

(3) 黄色区域是设置了辅助核算内容的科目，其数据需要在相应的辅助账窗口中操作。

(二) 辅助核算科目余额的录入

【操作步骤】

1. 在“期初余额录入”对话框中双击“应收账款”的“期初余额”栏（黄色区域），进入“客户往来期初”窗口，单击“增加”按钮，结合案例录入相关内容。如图 4—22 所示。

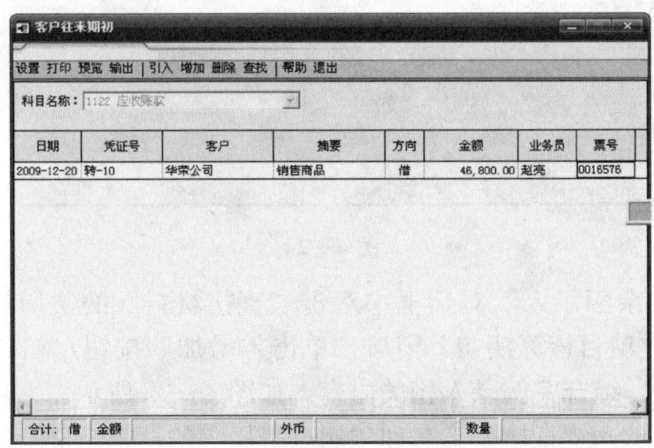

图 4—22

2. 在“期初余额录入”对话框中双击“应付账款”的“期初余额”栏（黄色区域），进入“供应商往来期初”窗口，单击“增加”按钮，结合案例录入相关内容。如图 4—23 所示。

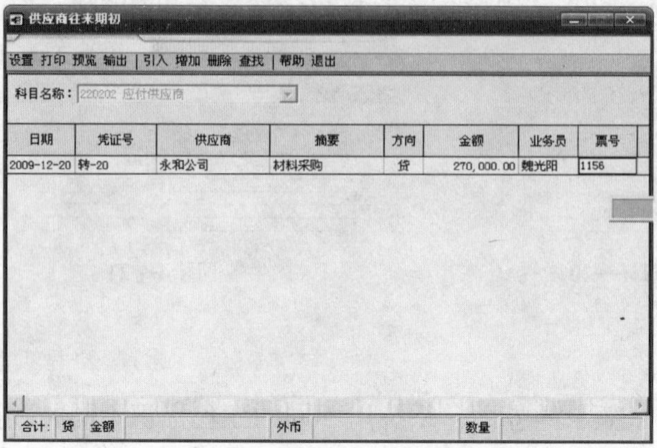

供应商往来期初

设置 打印 预览 输出 | 引入 增加 删除 查找 | 帮助 退出

科目名称：220202 应付供应商

日期	凭证号	供应商	摘要	方向	金额	业务员	票号
2009-12-20	转-20	永和公司	材料采购	贷	270,000.00	魏光阳	1156

合计: 贷 金额 外币 数量

图 4—23

3. 在“期初余额录入”对话框中双击“其他应收款”的“期初余额”栏（黄色区域），进入“个人往来期初”窗口，单击“增加”按钮，结合案例录入相关内容。如图 4—24 所示。

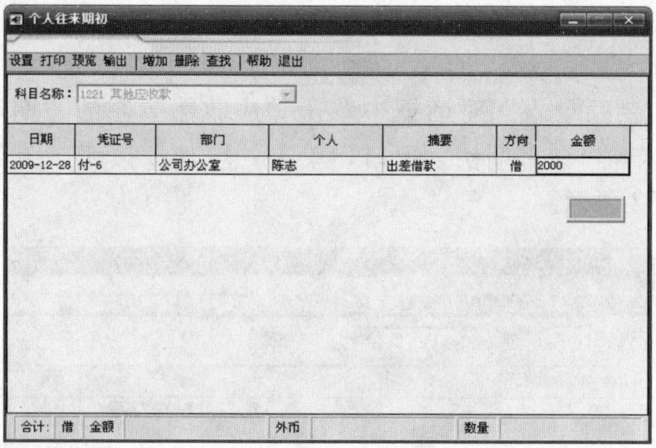

个人往来期初

设置 打印 预览 输出 | 增加 删除 查找 | 帮助 退出

科目名称：1221 其他应收款

日期	凭证号	部门	个人	摘要	方向	金额
2009-12-28	付-6	公司办公室	陈志	出差借款	借	2000

合计: 借 金额 外币 数量

图 4—24

4. 在“期初余额录入”对话框中双击“直接材料”的“期初余额”栏（黄色区域），进入“项目核算期初”窗口，单击“增加”按钮，在“项目”栏处单击“参照”窗口，结合案例录入相关内容。如图 4—25 所示。

重复此操作录入“直接人工”和“制造费用”的期初余额。

提示：

具有数量金额核算科目的期初余额录入，在“期初余额”对话框中，第一行录入金额，第二行录入数量。

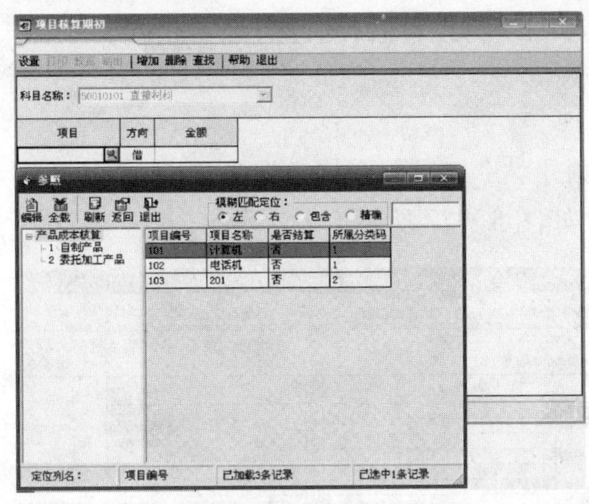

图 4—25

（三）余额方向的调整

案例：假设将“坏账准备”科目的余额方向由“贷”调整为“借”。

【操作步骤】

1. 在“期初余额录入”对话框中，选中需要调整余额方向的会计科目“坏账准备”，单击工具栏上的“方向”按钮。

2. 确定需要调整余额方向“贷→借”，选择“是”按钮，完成此操作。如图4—26 所示。

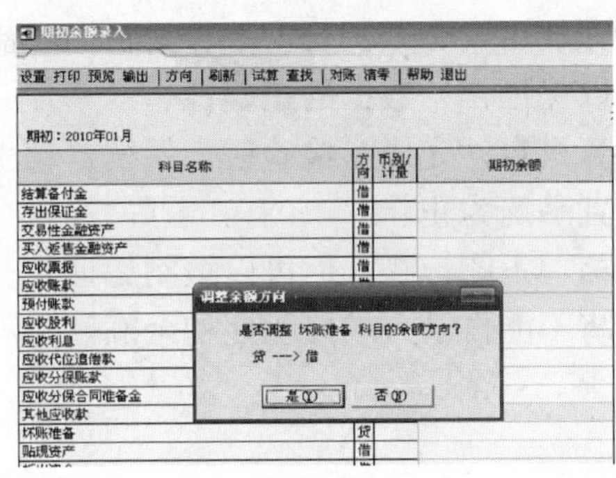

图 4—26

提示：

（1）一般情况下，系统默认资产类科目的余额方向为“借”，负债和所有者权益类科目的方向为“贷”。

（2）科目余额的方向应以科目属性或类型为标准，不能以当前科目的余额方向为标准。

（3）只能调整一级科目的余额方向，且必须在录入该科目及下级明细科目期初余额之前调整。

(4) 总账科目与其下级明细科目的方向必须相同。

(四) 试算平衡

【操作步骤】

1. 在“期初余额录入”对话框中，单击工具栏上的“试算”按钮。显示“期初试算平衡表”，如图 4—27 所示。

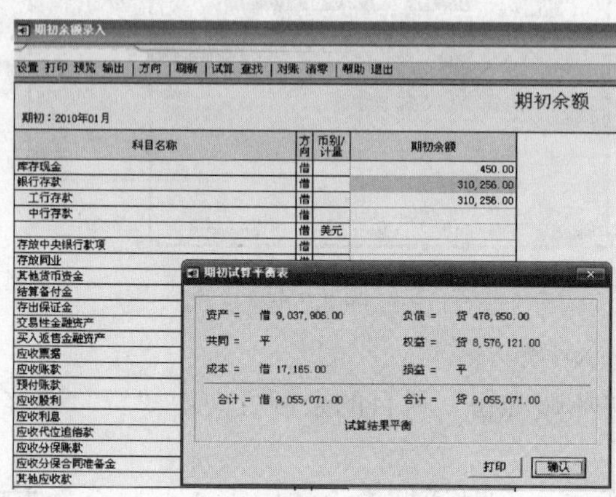

图 4—27

2. 单击“确认”按钮。

提示：

(1) 期初余额录入完成后，必须进行上下级科目间余额的试算平衡和一级会计科目余额试算平衡，以保证初始数据的正确性。

(2) 校验工作由计算机自动完成，检验后，系统自动生成一个检验报告，如果不平衡，需更正，直到平衡为止。

(3) 期初余额不平衡，不能记账，但可以填制凭证。

(4) 已经记过账，将不能再录入或修改期初余额，也不能执行“结转上年余额”的功能。

(五) 对账

【操作步骤】

1. 在“期初余额录入”对话框中，单击工具栏上的“对账”按钮，显示“期初对账”对话框。如图 4—28 所示。

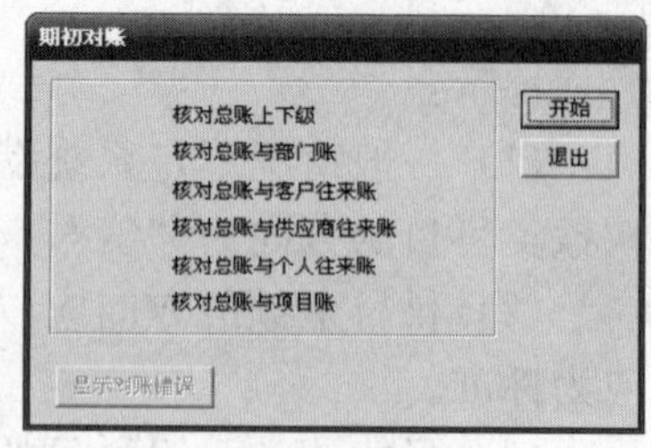

图 4—28

2. 单击“开始”按钮，对当前期初余额进行对账。如对账结果有误，单击“显示对账错误”按钮，系统把问题列出来，以便更正。

提示：

在进行期初设置时，不经意的改动，可能会导致总账与辅助总账、总账与明细账之间核对有误，因此系统提供对期初余额进行对账的功能，以做到账账核对，对错误数据及时修正。

·知识拓展·

一、复制会计科目

【操作步骤】

在“会计科目”窗口中选中被复制的会计科目，执行“编辑”/“复制”命令，打开“会计科目_新增”对话框，修改相应的科目编码和名称即可。

二、成批复制会计科目

如果某一科目的下级与另一个或几个科目的下级内容相同，还可以将某一科目的下级成批复制到另一个科目作为其下级。

【操作步骤】

1. 在“会计科目”窗口中选中“编辑”菜单，单击“成批复制”弹出“成批复制”对话框。

2. 在“成批复制”对话框中输入源科目编码“6001”，目标科目编码“6401”，如果需要将源科目的核算形式一起复制过去，应选择相应的核算形式，如“数量核算”。如图4—29所示。

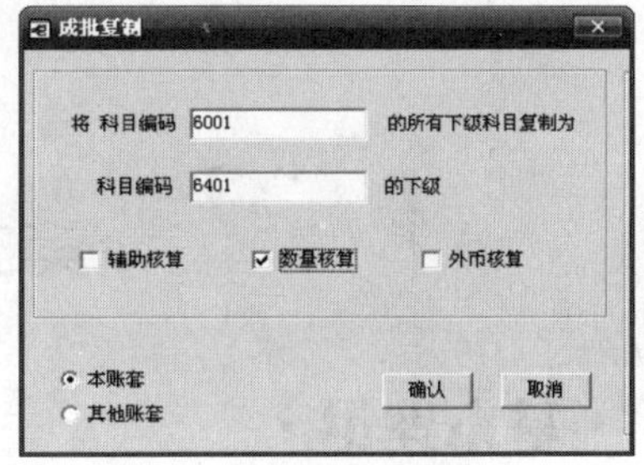

图4—29

提示：

(1) 源科目与目标科目的级次必须相同。

(2) 源科目的级次必须是非末级。

(3) 目标科目的级次必须是末级。

·一点就通·

一般说来，为了体现计算机管理的优势，在企业原有的会计科目基础上，应对以往的一些科目结构进行优化调整，以充分发挥计算机账务处理子系统提供的辅助核算功能，强化企业的核算和管理。

软件提供的辅助核算有五类：

(1) 部门核算。核算按部门分类的费用，如管理费用下的办公费、折旧费等。

(2) 个人往来。核算按个人考核的有关费用，如其他应收款下的差旅费等。

（3）客户往来。核算与客户之间的往来款项，如应收账款等。

（4）供应商往来。核算与供应商之间的往来款项，如应付账款等。

（5）项目核算。核算需要单独考核的项目支出，如研发支出、生产成本等。

【操作步骤】

1. 在“会计科目”窗口中选择“1221 其他应收款”，单击“修改”按钮，打开“会计科目 _ 修改”对话框。

2. 在“会计科目 _ 修改”对话框中选择“辅助核算”中的“个人往来”复选框，单击“确定”按钮完成操作。结果如图 4—30 所示。

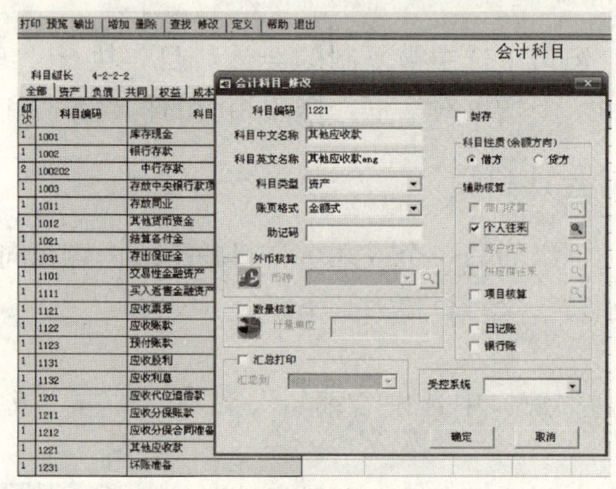

图 4—30

第二节　日常处理

·基本理论·

初始设置工作完成并经过试算和对账，在确认正确无误后，就可以进行日常处理工作了，账务系统中的日常处理工作是会计核算中最经常性的工作，主要包括凭证的处理及记账等工作。

一、凭证处理

记账凭证是登记账簿的依据，在实行计算机处理账务后，电子账簿的准确与完整完全依赖于记账凭证，因此确保凭证录入的准确与否，显得尤其重要。记账凭证是总账系统处理的起点，也是所有查询数据的最主要来源，日常业务处理首先从填制凭证开始。

凭证处理包括凭证的填制、查询、修改、冲销、作废及删除、凭证汇总等。

二、出纳签字

为了加强货币资金的管理，出纳人员需要利用系统提供的出纳签字功能对收款凭证和付款凭证进行核对，主要核对出纳凭证的出纳科目的金额正确与否。如有异议，应交与填制人员修改后再核对。从这一意义来说，出纳签字可以视为一种特殊的凭证审核操作。出纳签字功能适用于出纳人员不制作现金、银行凭证的情况。在这种情况下，现金、银行凭证均由其他会计人员填制，再经出纳人员在本功能中签字确认后，这些凭证才可以记账。

三、审核凭证

为了防止凭证填制过程中的错误，审核员应按照财会制度，对制单员填制的记账凭证进行检查核对，主要审核记账凭证是否与原始凭证相符，会计分录是否正确等，此后才能作为正式凭证进行记账处理。

四、记账

记账即登记账簿，它是以会计凭证为依据，将经济业务全面、系统、连续地记录到具有账户基本结构的账簿中去。记账凭证经过审核签字后，便可用来登记总账和明细账、日记账、部门账、往来账、项目账以及备查账等。只有经过审核无误的记账凭证才能进行记账。在电算化方式下，记账由具有记账权限的操作员发出记账指令，计算机按照预先设计的记账程序自动完成，不需要人工干预。

记账工作包括记账与取消记账。

·应用案例·

2010 年 1 月，方大公司的经济业务如下：

1. 2 日，财务部马可从工行提取现金 10 000 元备用，现金支票号为 0024557（附原始凭证：中国工商银行现金支票存根）。

2. 3 日，办公室孙叶购买了 200 元办公用品，出纳马可以现金付讫（附原始凭证：普通发票）。

3. 10 日，收到联美集团投资款 10 000 美元，汇率为 1∶8.275，转账支票号为 ZZ＄001［附原始凭证：中国银行进账单（收账通知）］。

4. 12 日，销售部赵亮收到华荣公司一张转账支票（转账支票号 0016576），金额为 46 800 元，用以偿还前欠货款［附原始凭证：中国工商银行进账单（收账通知）］。

5. 18 日，总经理陈志出差归来，报销差旅费 1 800 元，交回现金 200 元

［附原始凭证：差旅费报销单、收据（结算）］，票号为0024788。

6. 20日，一车间领用芯片10盒，单价1 200元，用于生产计算机（附原始凭证：领料单）。

7. 25日，向海天公司销售计算机10台，单价8 000元，增值税税率为17%，价税款合计93 600元，收到工行转账支票一张，票号为0019832［附原始凭证：产品出库单、增值税专用发票、中国工商银行进账单（收账通知）］。

·应用指南·

一、凭证处理

（一）填制凭证

记账凭证一般包括两部分：一是凭证头部分，包括凭证类别、凭证编号、制单日期和附单据数；二是凭证正文部分，包括摘要、科目名称、方向和金额等，如果有辅助核算，则应录入相应辅助核算的信息。

记账凭证的来源有三种：一是根据审核无误的原始单据直接在计算机上编制记账凭证，或是由人工编制记账凭证，再输入到计算机；二是从其他业务系统自动传递到总账系统中的凭证；三是从外部导入的凭证。

1. 辅助核算——银行科目

【操作步骤】

（1）以“002”会计王芳的身份登录系统，操作日期为“2010-01-31”。在“业务”页签下，单击“财务会计”/“总账”/“凭证”/“填制凭证”进入“填制凭证”对话框。

（2）单击“增加”按钮，激活“填制凭证”对话框。

（3）针对业务1，选择“付款凭证”选项，输入制单日期“2010.01.02”，输入附单据数“1”，如图4—31所示。

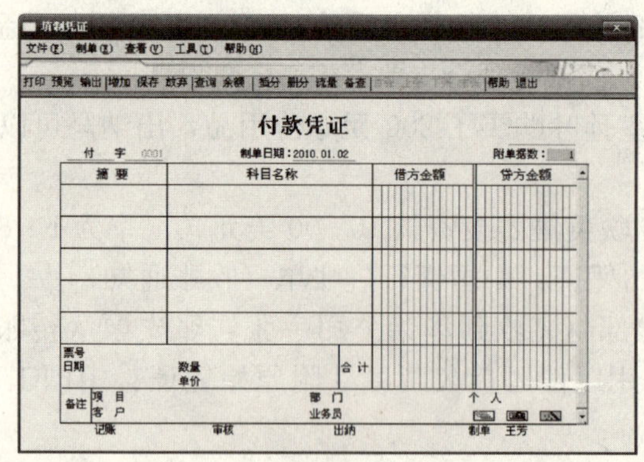

图4—31

栏目说明：

1）凭证类别：初始化时已定义好的凭证类别。

2）凭证编号：如果在“选项”中选择“系统编号”则由系统按时间顺序自动编号。否则，为手工编号，一般采用自动编号。

3）制单日期：制单日期应大于等于启用日期，不能超过业务日期，日期的正确与否影响经济业务在明细账和日记账中的顺序，所以日期应随凭证号递增而递增。

4）附单据数：是指本张凭证所附的原始单据张数。

（4）输入摘要“提现”，单击科目名称参照按钮，选择“1001 库存现金”（或直接输入科目名称“库存现金”）输入借方金额“10 000”，回车确认。

（5）摘要自动带到下一行，重复步骤 4 的操作，继续录入科目“100201 工行存款”，弹出“辅助项”对话框，选择结算方式“101 现金支票”，输入票号“0024557”，选择发生日期“2010.01.02”，如图 4—32 所示。

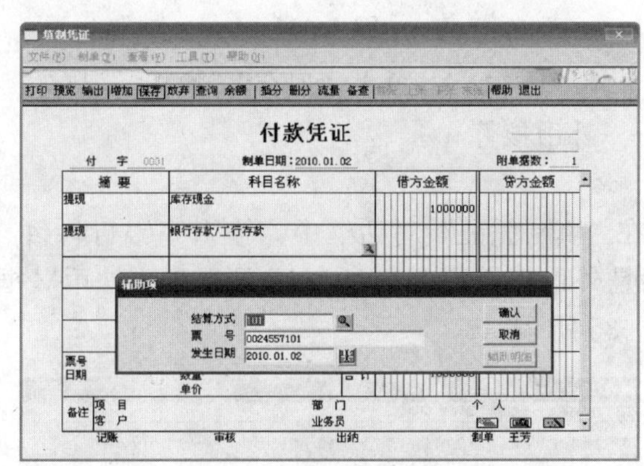

图 4—32

栏目说明：

1）摘要：对本业务内容的简要说明。正文中不同行的摘要可以相同也可以不同，每行的摘要将随其内容在明细账和日记账中出现。按回车键，系统将摘要自动复制到下一分录行，但不能为空。

2）科目名称：可参照选择输入，也可输入编码或直接录入科目名称。输入的科目编码必须在建立科目时已定义且为最末级科目。

3）金额：金额不能为零，红字以“－”号表示。可按“＝”键，最末行分录可取当前凭证借贷方金额的差额。

提示：

当前业务需要待核银行账，如果在初始设置时选择了支票控制，即该结算方式设为票据管理，银行辅助信息不能为空，并且该方式的票号应在支票登记簿中有记录。

(6) 凭证输入后，若此张支票尚未登记，则系统弹出“此支票尚未登记，是否登记?”提示信息对话框。如图 4—33 所示。

图 4—33

(7) 单击“是”按钮，弹出“票号登记”对话框。

(8) 依次输入领用日期、领用部门、姓名、收款人、限额、用途。如图 4—34 所示。

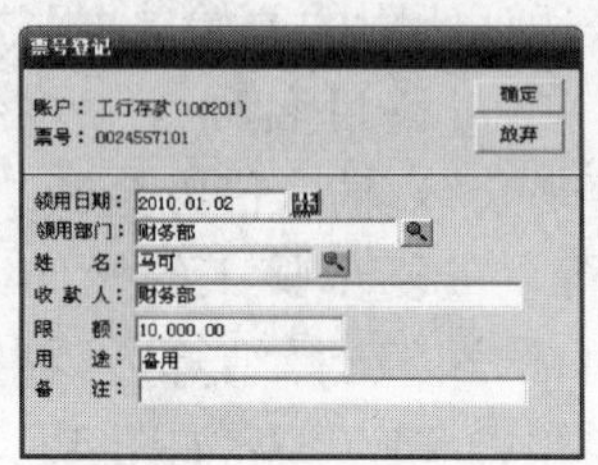

图 4—34

(9) 输入贷方金额“10 000”，单击“保存”，按钮，保存该凭证，完成操作。

2. 辅助核算——外币核算

【操作步骤】

针对业务 3，在“填制凭证”对话框中，输入完银行科目“辅助项”对话框后，由于该科目还是外币核算科目，所以还需要在“外币”框中输入外币金额“10 000”。如图 4—35 所示。

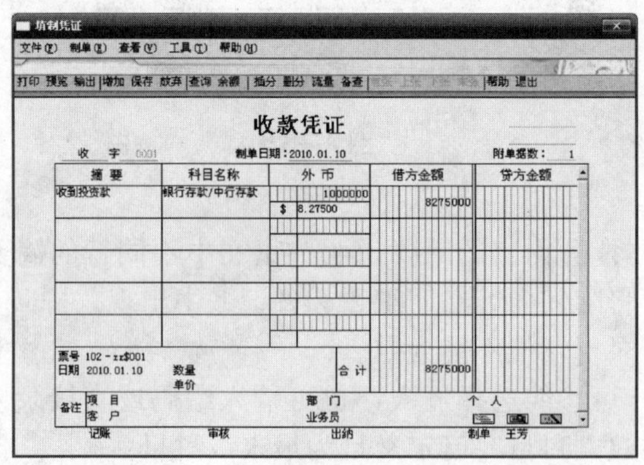

图 4—35

提示：

(1) 如果还有其他辅助核算，应先输入其他辅助核算，再输入外币信息。本例中应先输入银行科目辅助信息（可参照“辅助核算——银行科目”）。

（2）如果采用固定汇率，汇率栏中的内容不能输入或修改，是固定的；如采用浮动汇率，汇率栏中显示最近一次的汇率，可直接在汇率栏中修改。

3. 辅助核算——部门核算

【操作步骤】

针对业务 2，在“填制凭证”对话框中，选择科目“660203”，该科目为部门辅助核算，在“辅助项”对话框中输入辅助信息。如图 4—36 所示。

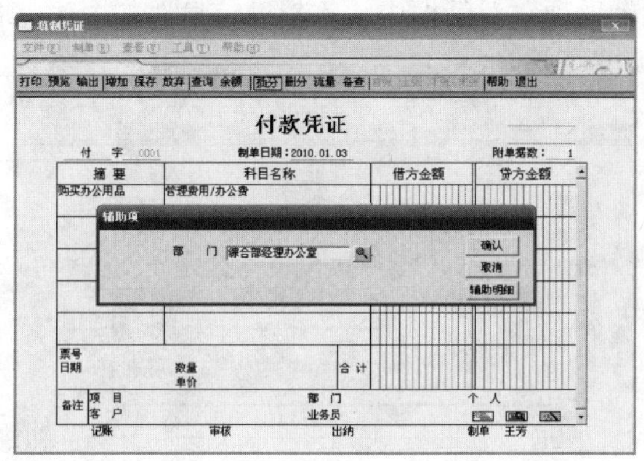

图 4—36

提示：

输入的部门名称必须在基础档案中已设置好，否则要求先进行定义，再进行制单。

4. 辅助核算——个人往来

【操作步骤】

针对业务 5，在“填制凭证”对话框中，选择科目“1221”，该科目为个人往来辅助核算，在“辅助项”对话框中输入辅助信息。如图 4—37 所示。

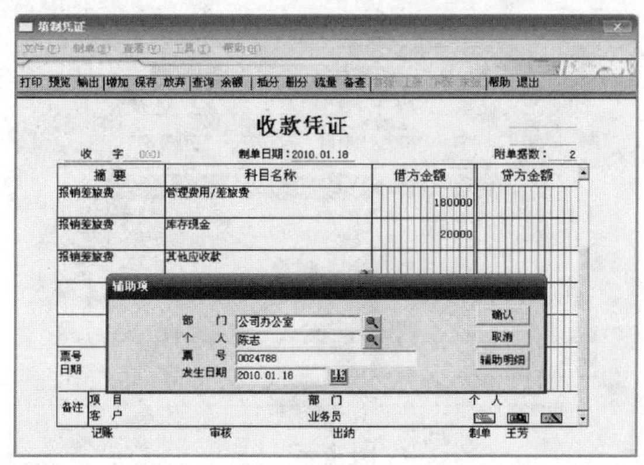

图 4—37

提示：

输入个人信息时，若不输入部门，系统将根据所输入的个人名称自动输入其所属部门。

5. 辅助核算——客户/供应商往来

【操作步骤】

针对业务 4，在“填制凭证”对话框中，选择科目“1122”，该科目为客户往来辅助核算，在“辅助项”对话框中输入辅助信息。如图 4—38 所示。

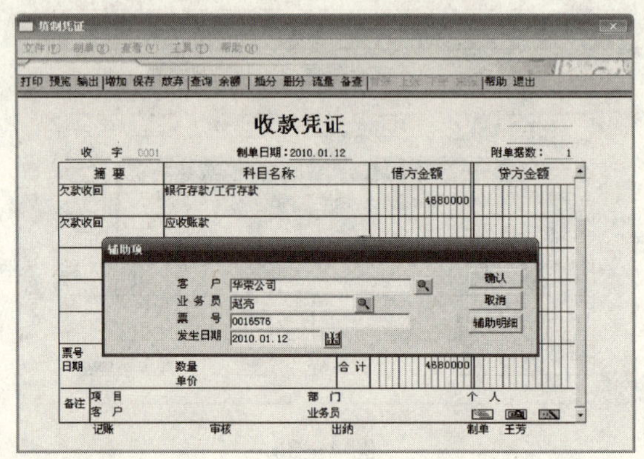

图 4—38

供应商往来辅助核算参照客户往来辅助核算操作。

6. 辅助核算——项目核算

【操作步骤】

针对业务 6，在“填制凭证”对话框中，选择科目“50010101”，该科目为项目辅助核算，在“辅助项”对话框中输入辅助信息。如图 4—39 所示。

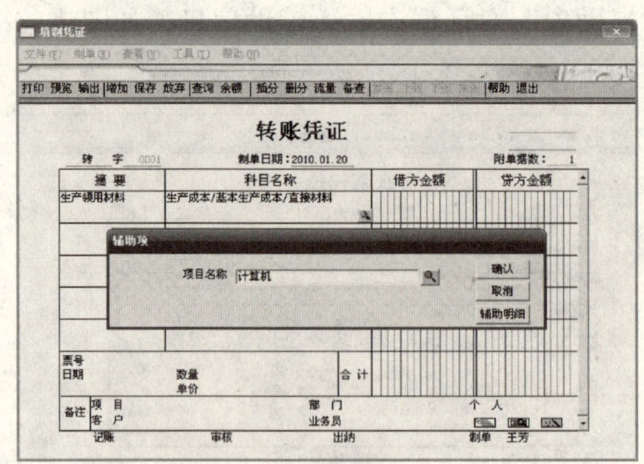

图 4—39

7. 辅助核算——数量核算

【操作步骤】

针对业务 7，在“填制凭证”对话框中，选择科目“600101”，该科目为项目辅助核算，在“辅助项”对话框中输入辅助信息。如图 4—40 所示。

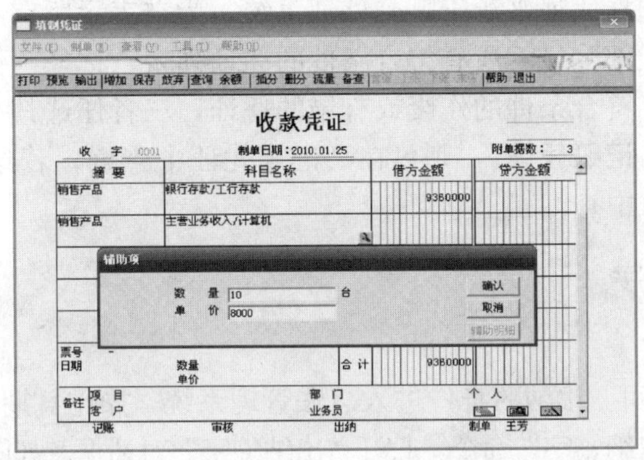

图 4—40

提示：

若不输入辅助信息，仍可以继续操作，但可能导致数量辅助账对账不平。

（二）查询凭证

在制单过程中，可以通过查询功能，对凭证进行查看，以利于随时了解经济业务发生的情况，保证所填制凭证的正确性。

【操作步骤】

1. 在“填制凭证”对话框中，单击“查询”按钮（或在“总账”窗口中，单击“凭证”/“查询凭证”菜单），打开“凭证查询”对话框。

2. 选择“凭证类别”的下拉列表框，选择要查询的凭证类别，输入凭证号，其他栏目可为空。单击“确认”按钮，即可找到符合条件的凭证。如图 4—41 所示。

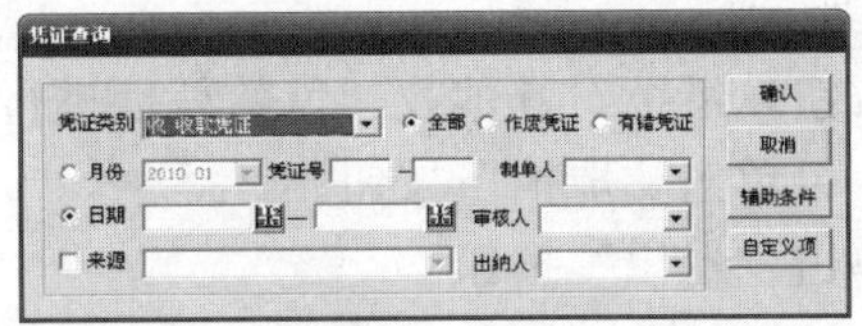

图 4—41

3. 在各会计分录间移动光标，备注栏将动态显示出该分录的辅助信息。

4. 当光标定位在凭证的某条分录上时，在“查看”菜单中单击“联查明细账”，显示此笔业务发生科目的明细账。

栏目说明：

（1）凭证类别：输入要查询的凭证类别，选择在凭证类别中定义的类别名称；如果要专门查询某一段时间的凭证，请选择“日期范围”，此时凭证号范围不可选。

（2）来源：选择凭证来源于哪个外部系统，为空表示所有系统的凭证。

（3）选择“全部”显示所有符合条件的凭证列表，选择“作废凭证”或“有错凭证”显示所有符合条件的作废或有错的凭证，三者任选其一。

（4）若选“已记账凭证”，则可在已记账凭证中查询；若选“未记账凭证”，则可在未记账凭证中查询。

二、出纳签字

【操作步骤】

1. 以“003 马可”出纳的身份进入总账管理系统，操作日期为：“2010. 01. 31”，执行“凭证”/“出纳签字”命令，打开“出纳签字”对话框。如图 4—42 所示。

2. 单击“全部”单选按钮，单击“确认”按钮。

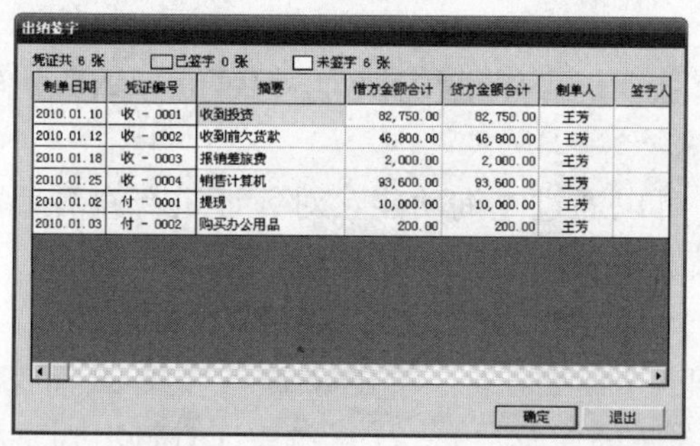

制单日期	凭证编号	摘要	借方金额合计	贷方金额合计	制单人	签字人
2010.01.10	收 - 0001	收到投资	82,750.00	82,750.00	王芳	
2010.01.12	收 - 0002	收到前欠货款	46,800.00	46,800.00	王芳	
2010.01.18	收 - 0003	报销差旅费	2,000.00	2,000.00	王芳	
2010.01.25	收 - 0004	销售计算机	93,600.00	93,600.00	王芳	
2010.01.02	付 - 0001	提现	10,000.00	10,000.00	王芳	
2010.01.03	付 - 0002	购买办公用品	200.00	200.00	王芳	

图 4—42

3. 在“出纳签字”对话框中，双击某一待签字的凭证或选中后单击“确定”按钮。在出现的凭证中单击“签字”按钮，凭证底部的“出纳”处自动签上出纳人的姓名。如图 4—43 所示。

4. 单击“下张”按钮，继续对其他收、付款凭证进行签字。

5. 如果取消签字，可单击“取消”按钮。

6. 完成操作后，单击“退出”按钮。

提示：

（1）要进行出纳签字，必须先在“会计科目”中设置指定出纳的专管科目。

（2）如果凭证是出纳凭证，并且在“选项”中选择了“出纳凭证必须经由出纳签字”，才能执行此功能。

（3）凭证一经签字，就不能被修改、删除，只有取消签字后，才可修改或

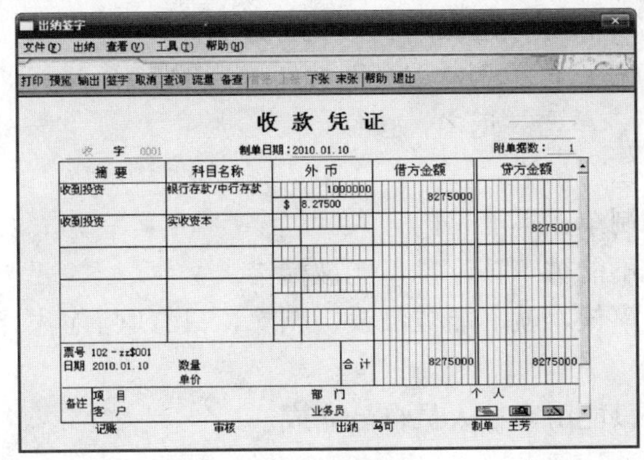

图 4—43

删除。

(4) 取消签字只能由出纳人员自己完成。

(5) 执行出纳签字功能可填补结算方式和票号。

(6) 在凭证合并状态下可进行出纳签字，但不能填补结算方式和票号。

三、审核凭证

【操作步骤】

1. 以“001 李明”账套主管的身份进入总账管理系统，操作日期为：“2010.01.31”，执行“凭证”/“审核凭证”命令，打开“审核凭证”对话框。

2. 单击“全部”单选按钮，单击“确认”按钮。

3. 在“审核凭证”对话框中，双击某一待审核的凭证或选中后单击“确定”按钮。在出现的凭证中单击“审核”按钮，凭证底部的“审核”处自动签上审核人的姓名。如图 4—44 所示。

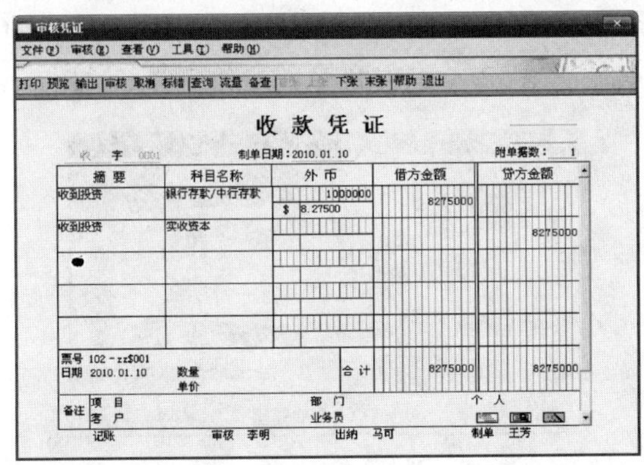

图 4—44

4. 单击“下张”按钮，继续对其他凭证进行审核。

5. 如果取消审核，可单击“取消”按钮。

6. 完成操作后，单击“退出”按钮。

提示：

（1）审核人和制单人不能是同一人。

（2）作废凭证不能被审核，也不能被标错。

（3）凭证一经审核，就不能被修改、删除，只有取消审核签字后，才可修改或删除。

（4）取消审核只能由审核人员自己完成。

四、记账

【操作步骤】

1. 以“001 李明”账套主管的身份进入总账管理系统，操作日期为：“2010.01.31”，执行“凭证”/“记账”命令，进入记账向导“1. 选择本次记账范围”对话框，系统默认为所有已审核并经出纳签字的凭证，如图 4—45 所示。

2. 单击“下一步”按钮进入记账向导“2. 记账报告”对话框，如图 4—46 所示。

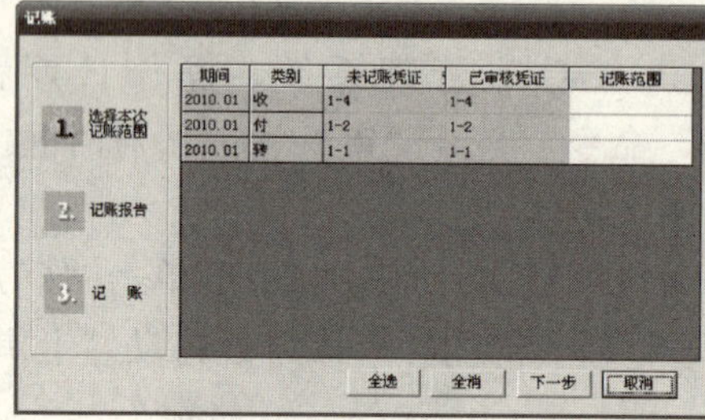

图 4—45

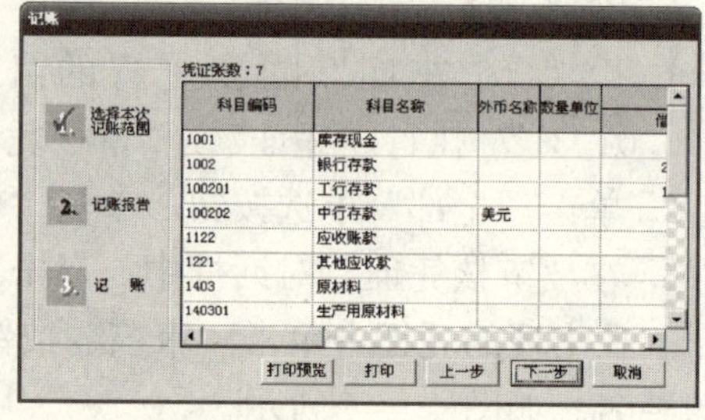

图 4—46

3. 单击“下一步”按钮进入记账向导“3. 记账”对话框，如图 4—47 所示。

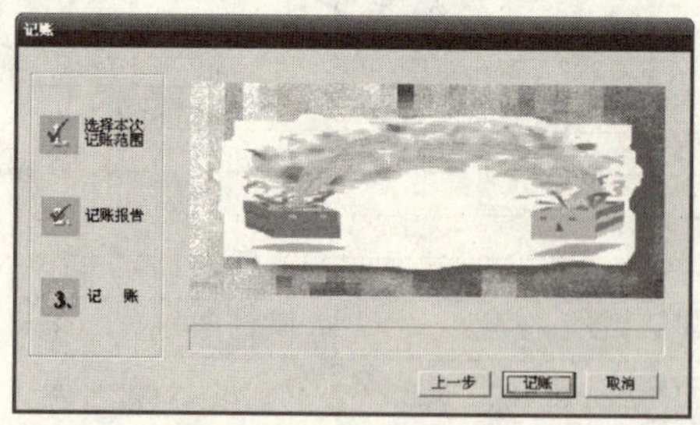

图 4—47

4. 单击“记账”按钮，显示“期初试算平衡表”对话框，如图 4—48 所示。

5. 单击“确认”按钮，系统开始登记有关的总账、明细账、辅助账。结束后，系统提示“记账完毕!”，如图 4—49 所示。

6. 单击“确定”按钮，完成操作。

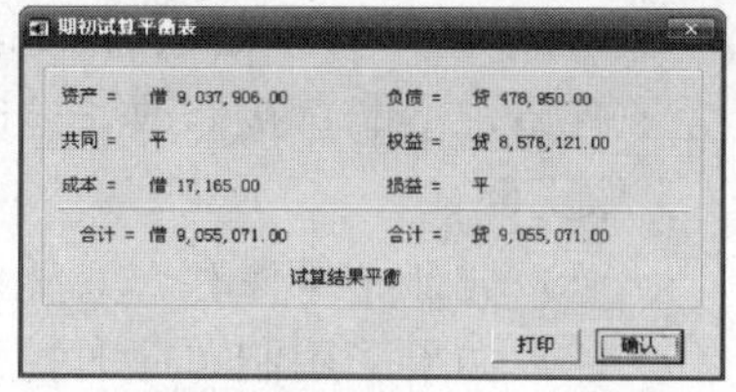

图 4—48

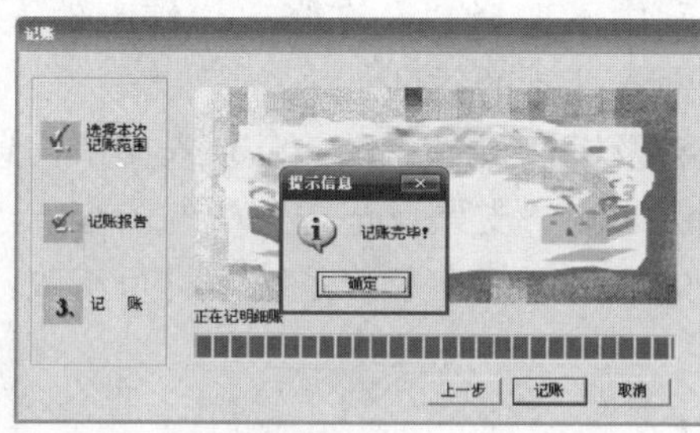

图 4—49

提示：

（1）第一次记账时，若期初余额试算不平衡，不能记账。

（2）未审核凭证不能参与记账，记账范围应小于等于已审核范围。

（3）作废凭证不需审核可直接参与记账。

（4）上月未记账，本月不能记账。

（5）记账过程中不得中断退出。

（6）记账过程中由于断电或其他原因造成中断的，系统将自动调用“恢复记账前状态”功能恢复数据，然后可再重新记账。

（7）本月可多次记账。

· 知识拓展 ·

一、修改凭证

在填制凭证的过程中，尽管系统提供了多种控制出错的措施，但出错在所难免。为了保证凭证的正确，系统提供了“修改”功能，分两种情况使用：

一种是已输入凭证但未审核的，在“填制凭证”对话框中通过编辑功能直接修改，但是凭证号不能修改。

另一种是已审核的凭证但未记账，应先取消审核，再在“填制凭证”对话框中通过编辑功能直接修改，但是凭证号不能修改。

以上两种方法可称为“无痕迹”修改。

“有痕迹”修改是通过保留错误凭证而修改凭证的方法。如发现已经记账的凭证有错，不能直接修改，这时对凭证采用有痕迹修改。

提示：

（1）凭证一旦保存，其凭证类别和凭证编号不能修改。

（2）如果采用制单序时控制，则在修改日期时，不能在上一张凭证的制单日期之前。

（3）如果在“选项”中不选择“允许修改、作废他人填制的凭证”权限控制，则不能修改或作废他人填制的凭证。

（4）如果某笔凭证涉及银行科目分录并已录入支票信息，并对该支票已做报销处理，进行修改将不会影响“支票登记簿”中的内容。

（5）外部系统传来的凭证不能在总账系统中进行修改，只能在生成该凭证的系统中进行修改。

二、冲销凭证

如发现已经审核记账的凭证有错，不能直接修改，这时需对凭证采用红字冲销的办法，进行“有痕迹”修改。

【操作步骤】

1. 在“填制凭证”对话框中，单击“制单”菜单下的“冲销凭证”菜单，打开“冲销凭证”对话框，如图4—50所示。

2. 输入月份、凭证类别、凭证号。单击“确定”按钮，系统自动生成一张金额为红字的冲销凭证。

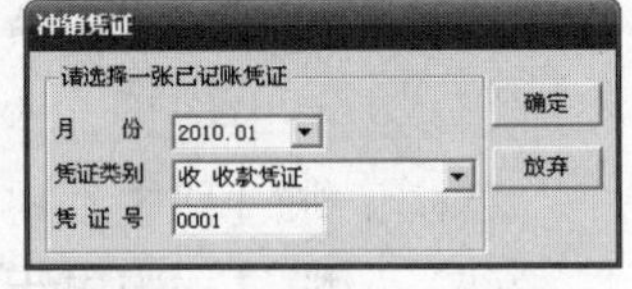

图4—50

提示：

（1）通过红字冲销法增加的凭证，应视同正常凭证进行保存与管理。

（2）生成红字冲销凭证后，需再编制一张正确的蓝字凭证进行补充。

三、作废与删除凭证

如有多余或非法的凭证需要作废时，系统提供了“作废/恢复”功能。

【操作步骤】

1. 在“填制凭证”对话框中，找到需作废的凭证，在“制单”菜单下，执行“作废/恢复”命令，结果如图4—51所示。

2. 重复执行“作废/恢复”命令，取消“作废”标记。

3. 如不想保留作废凭证，可执行“制单”菜单下的“整理凭证”命令。选择整理月份，单击“确定”按钮，如图4—52所示。

4. 弹出“作废凭证表”对话框，如图4—53所示。

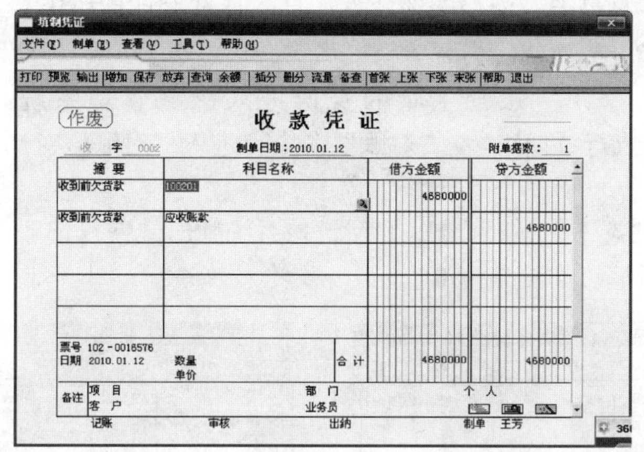

图 4—51

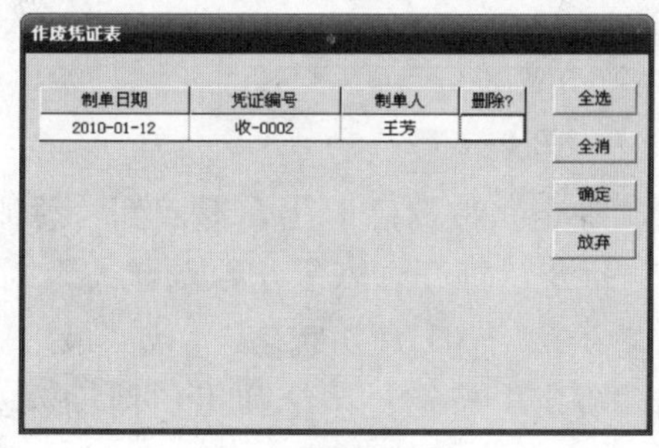

图 4—52　　　　图 4—53

5. 选择要彻底删除的作废凭证，双击“删除”栏，系统以“Y”标记。

6. 单击“确定”，如图 4—54 所示。

7. 单击“是”按钮，作废凭证彻底从数据库中删除，系统对剩下的凭证重新排号。

图 4—54

提示：

（1）需要整理已记账的凭证时，应先取消记账。

（2）作废凭证不能修改，不能审核。记账时，不对作废凭证作数据处理，相当于一张空凭证，但还保留凭证内容及编号。在账簿查询时，查不到作废凭证的数据。

四、取消记账

如果发现本月记账有错误或其他原因导致记账过程中断的，可调用“恢复记账前状态”功能，将本月数据恢复到记账前状态，可再重新记账。系统提供两种记账前状态：一是最后一次记账前状态，另一种是本月月初状态。

【操作步骤】

1. 以“001 李明”账套主管的身份进入总账管理系统，操作日期为：“2010.01.31”，执行“期末”/“对账”命令，进入“对账”对话框。如图4—55所示。

2. 在对账状态下，按“Ctrl+H”键，系统弹出“恢复记账前状态功能已被激活”提示对话框。如图4—56所示。

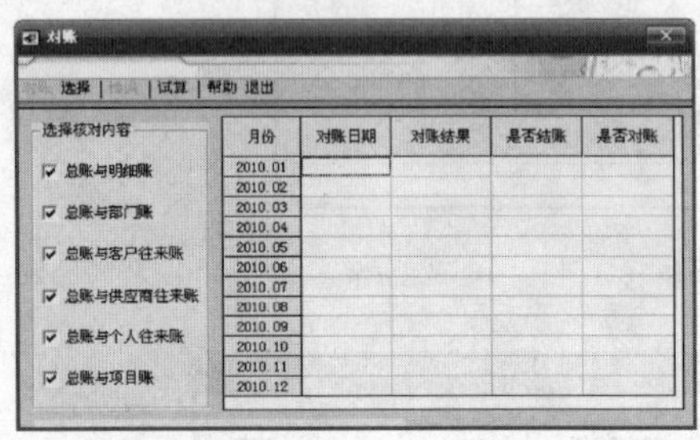

图4—55

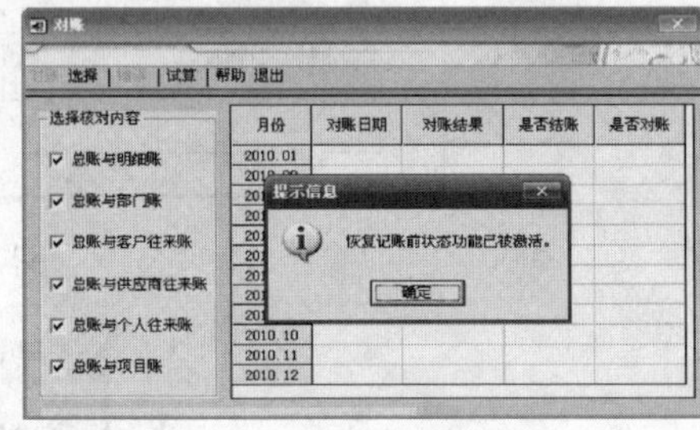

图4—56

3. 单击“确定”按钮后退出，返回到“总账”窗口，执行“凭证”/“恢复记账前状态”命令，打开“恢复记账前状态”对话框。如图4—57所示。

4. 选中“2010年01月初状态”（或“最近一次记账前状态”）单选按钮。

5. 单击“确定”按钮，系统弹出“请输入主管口令”提示对话框，输入账套主管的口令，如图4—58所示。

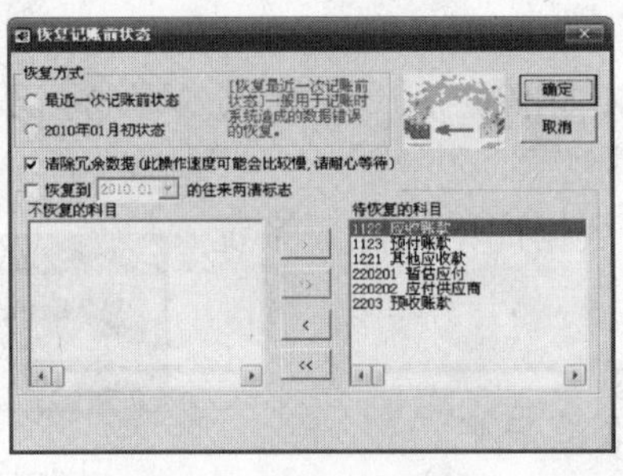

图4—57

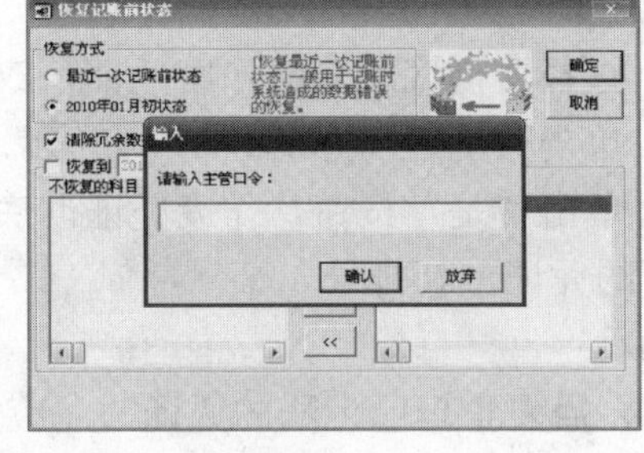

图4—58

6. 单击“确认”按钮，系统弹出“恢复记账完毕!”提示对话框，如图4—59所示。再单击“确定”按钮返回，完成操作。

提示：

（1）已结账月份不能取消记账。

（2）最近一次记账前状态：这种方式一般用于记账时系统造成的数据错误的恢复；本月月初状态：恢复到本月月初未记账时的状态，例如，如果登录时间为

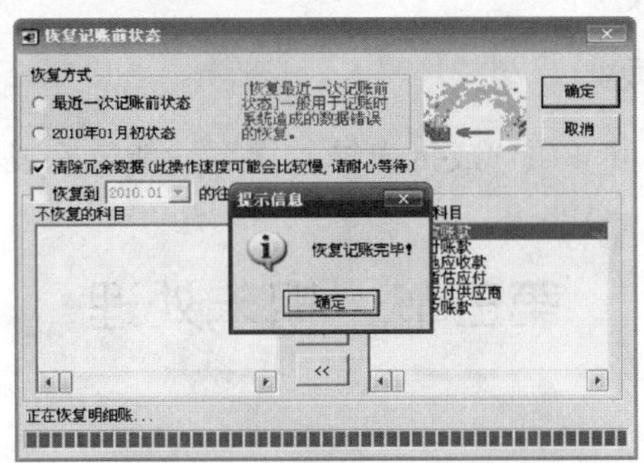

图 4—59

2003.6，则系统提示可恢复到 2003.6 初状态。

（3）在期末对账界面，按下“Ctrl＋H”键，显示“凭证”菜单中的“恢复记账前状态”功能，再次按下“Ctrl＋H”键隐藏此菜单。

·一点就通·

一、科目汇总

记账凭证全部输入完毕并进行审核签字后，可进行汇总并同时生成一张“科目汇总表”。进行汇总的凭证可以是已记账的，也可以是未记账的，财务人员在未记账前可随时查看企业当前的财务信息，了解企业的经营现状。

【操作步骤】

1. 执行“凭证”/“科目汇总”命令，打开“科目汇总”对话框，如图 4—60 所示。

2. 选择月份、凭证类别、范围，其他条件为空。单击“汇总”按钮，显示 2010 年 1 月份所有未记账的全部凭证。

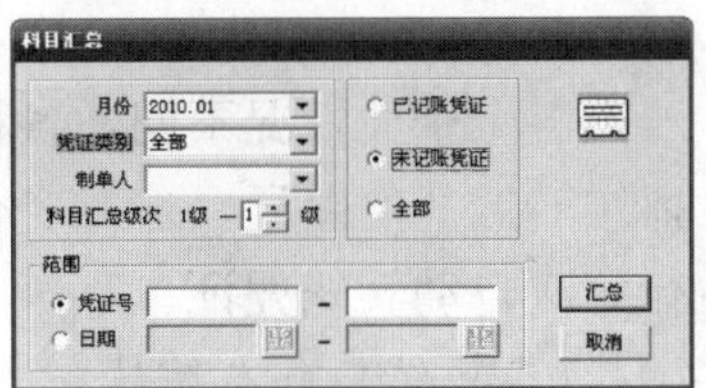

图 4—60

二、成批出纳签字

【操作步骤】

在“出纳签字”对话框中，执行“出纳”/“成批出纳签字”命令，完成对全部收、付款凭证的签字。

提示：

在确定凭证正确无误时，可使用成批出纳签字功能，以提高签字速度，但不提倡使用。

三、成批审核凭证

“成批审核凭证”可参照“成批出纳签字”功能，完成相应操作。

第三节　期末处理

·基本理论·

期末处理业务是在已经录入记账凭证并完成记账工作的基础上进行的。在每个会计期末都要完成一些特定的工作，主要包括：转账业务、对账及结账等。在手工会计工作中，会计期末工作很繁忙，而在会计电算化条件下，由于各会计期间的许多期末业务都具有较强的规律性，通过计算机来处理，不但提高了工作效率，而且加强了财务核算的规范性。

一、转账定义

转账分为外部转账和内部转账两种。外部转账是指将其他专项核算子系统生成的凭证转入总账系统中。内部转账是指在总账系统内部将某个或某几个会计科目中的余额或本期发生额结转到一个或多个会计科目中。

转账定义包括自定义结转、销售成本结转、汇兑损益结转和期间损益结转等。

（一）自定义结转

各个企业情况不同，各种计算方法也不完全相同，特别是对各类成本费用分摊结转方式的差异，造成各企业转账的不同。为了满足各企业的不同需要，可自行定义自动转账凭证。

（二）销售成本结转

销售成本结转是用月末库存商品销售数量乘以库存商品的平均单价来计算的，需要从库存商品科目中转入到主营业务成本中。库存商品科目、商品销售收入科目、商品销售成本科目的账页格式必须是“数量金额式”且应一一对应。

（三）汇兑损益结转

汇兑损益结转用于期末自动计算外币账户的汇兑损益，并在转账生成中自动生成转账凭证。

（四）期间损益结转

期间损益结转用于一个会计期间终了后将损益类科目的余额结转到本年利润科目中，从而及时反映企业的盈亏情况。

二、转账生成

在转账定义完成以后，就可以进行转账生成操作了，每月月末只需执行本功能就可快速生成转账凭证。一定要注意，由于转账是按照已记账的数据进行计算的，所以在进行月末转账工作之前，请务必将所有未记账凭证记账，在生成凭证的过程中遵循会计核算程序，特别是对于一组相关转账分录，否则数据将会出现错误。

三、对账

为保证数据的正确性与完整性，期末结账前要做好对账工作。对账主要是通过核对总账与明细账、总账与辅助账数据来完成账账核对的。一般来说，实行计算机记账，只要凭证输入正确，计算机不会发生对账不符的情况。但为了安全，防止计算机病毒和非法操作者对数据的破坏，应经常使用对账功能，并且应定期进行，至少每月在结账前进行一次。

四、结账

每月月末都要进行结账工作。在实行电算化之后，结账工作就简单多了。结账就是一种成批数据处理的过程，每月只结账一次。

·应用案例·

仍以方大公司为例，完成以下操作：

(1) 计提短期借款利息（年利息率为2.25%）；

(2) 计提坏账准备；

(3) 结转销售成本；

(4) 结转汇兑损益（期末汇率为8.200）；

(5) 结转期间损益。

·应用指南·

一、转账定义

(一) 自定义结转

【操作步骤】

1. 以“002 王芳”会计的身份登录总账管理系统，操作日期为“2010.01.31”，执行“期末”/“转账定义”/“自定义转账”命令，打开“自定义转账设置”对话框。

2. 单击“增加”按钮，在对话框中依次输入转账序号、转账说明并进行凭证类别的选择，如图 4—61 所示。

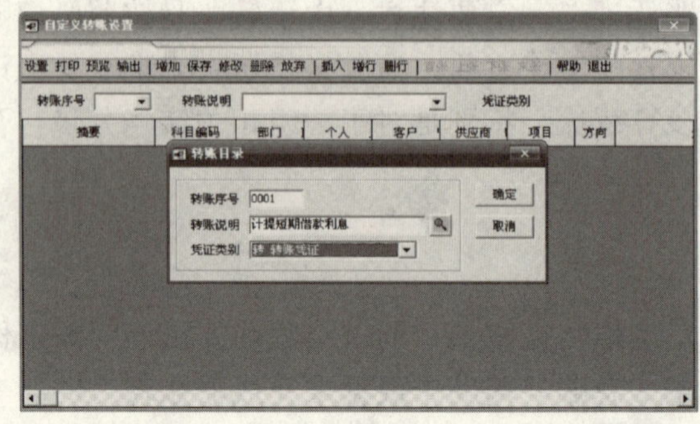

图 4—61

栏目说明：

转账序号是指转账凭证的代号，不是凭证序号。转账凭证的凭证序号在每月转账时自动生成。一张转账凭证对应一个转账序号。转账序号可任意定义，但只能输入数字 1～9，字母 A～Z，a～z，不能重号。

3. 单击“确定”按钮，继续定义，在“科目编码”中输入“660301”，在“方向”栏中选择“借”，在“金额公式”栏直接输入公式“JG ()”。如图 4—62 所示。

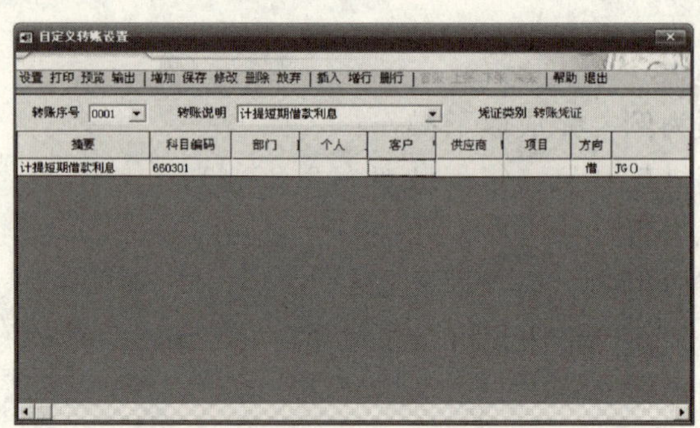

图 4—62

栏目说明：

（1）转账科目：可以为非末级，部门可为空，表示所有部门。

（2）金额公式：是指今后让系统生成凭证时，发生额的数据来源取数公式。有两种输入方法：一是直接输入计算公式，二是运用“公式向导”输入公式。

4. 单击“增行”按钮，继续定义，依次输入摘要、科目编码和方向等内容。

5. 双击“金额公式”文本框，打开“公式向导”对话框，选择公式名称“期末余额 QM ()”。如图 4—63 所示。

6. 单击“下一步”按钮，确认“期间”为“月”，“方向”为“贷”，选择“按默认值取数”单选按钮，选中“继续输入公式”复选框，再选择运算符“＊(乘)”，如图 4—64 所示。

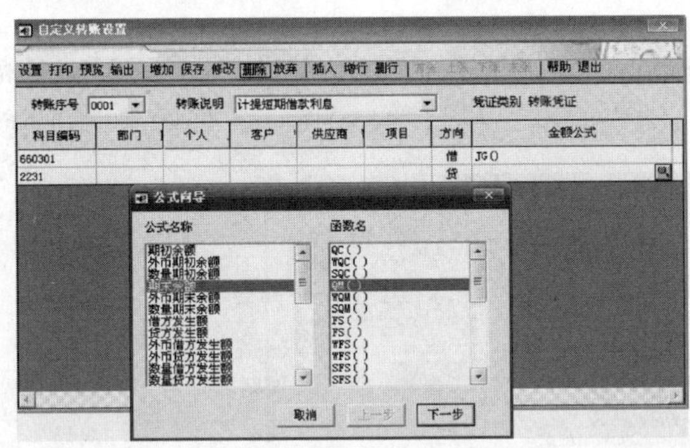

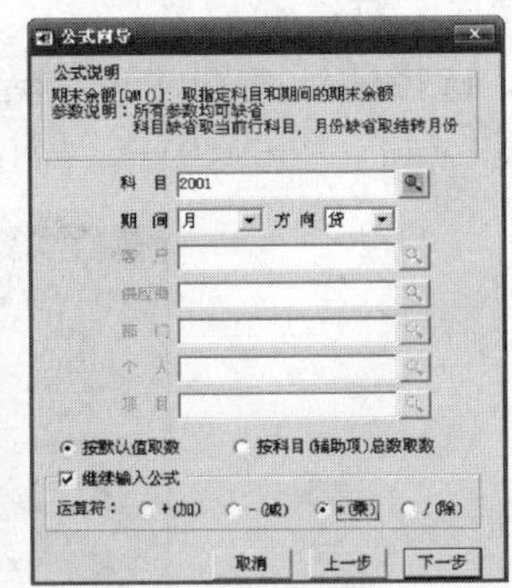

图 4—63　　　　图 4—64

7. 单击“下一步”按钮，选择“常数”。如图 4—65 所示。

8. 再单击“下一步”按钮，输入常数“0.0225”。如图 4—66 所示。

9. 选中“继续输入公式”复选框，再选择运算符“/ (除)”，如图 4—67 所示。

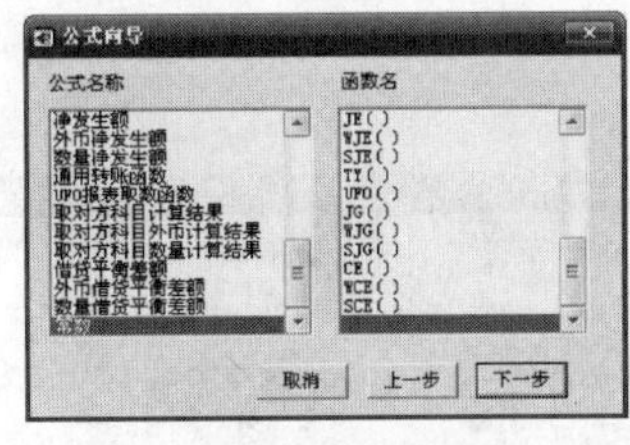

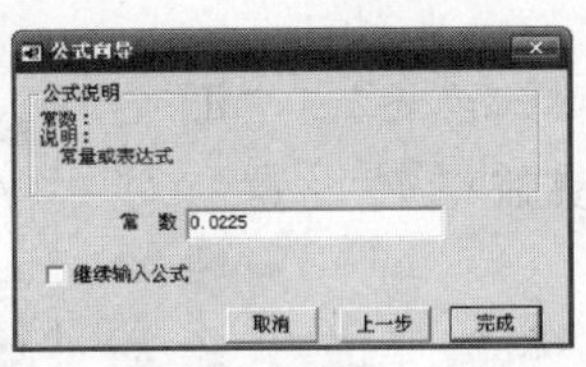

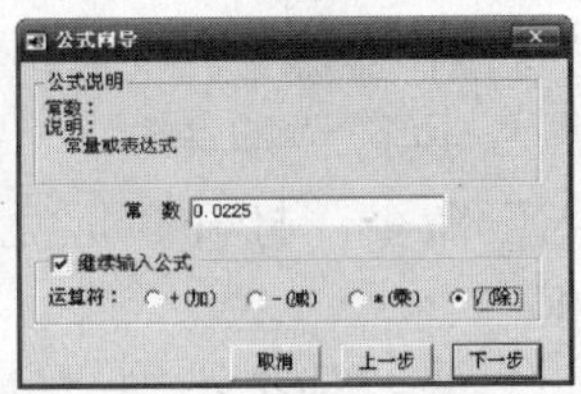

图 4—65　　　　图 4—66　　　　图 4—67

10. 再单击“下一步”按钮，输入常数“12”。单击“完成”按钮，返回图 4—62所示的界面，单击“保存”按钮，如图 4—68 所示。单击“退出”按钮，完成此操作。

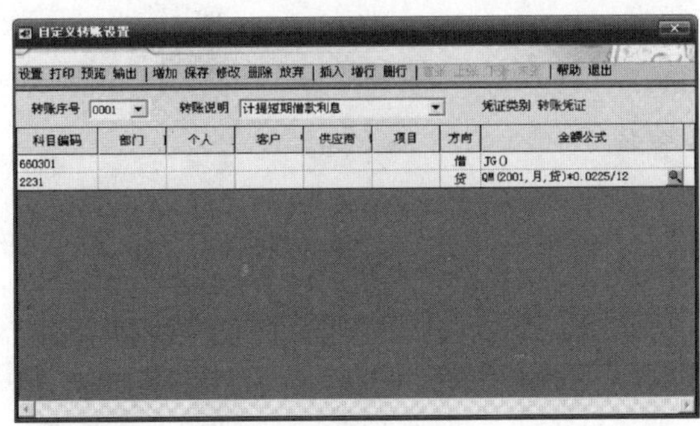

图 4—68

（二）销售成本结转

【操作步骤】

1. 执行“期末”/“转账定义”/“销售成本结转”命令，打开“销售成本结转设置”对话框。

2. 选择凭证类别“转　转账凭证”，“库存商品”科目“140501”，“商品销售收入”科目“600101”，“商品销售成本”科目“640101”，如图 4—69 所示。

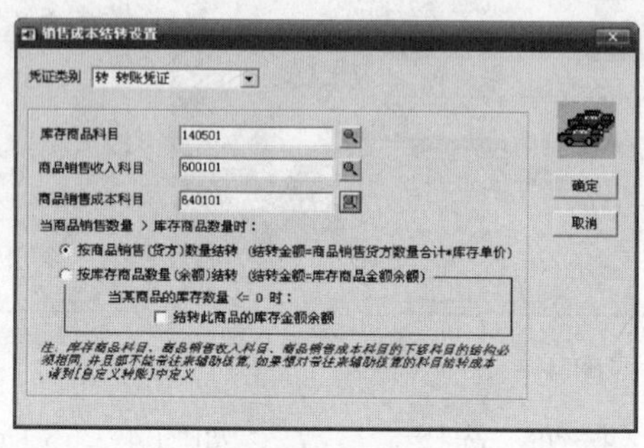

图 4—69

3. 再单击“确定”按钮，完成设置。

（三）汇兑损益结转

【操作步骤】

1. 执行“期末”/“转账定义”/“汇兑损益”命令，打开“汇兑损益结转设置”对话框。

2. 选择凭证类别“付　付账凭证”，输入“汇兑损益”科目“660302”，双击选项中“是否计算汇兑损益”，如图 4—70 所示。

3. 再单击“确定”按钮，完成设置。

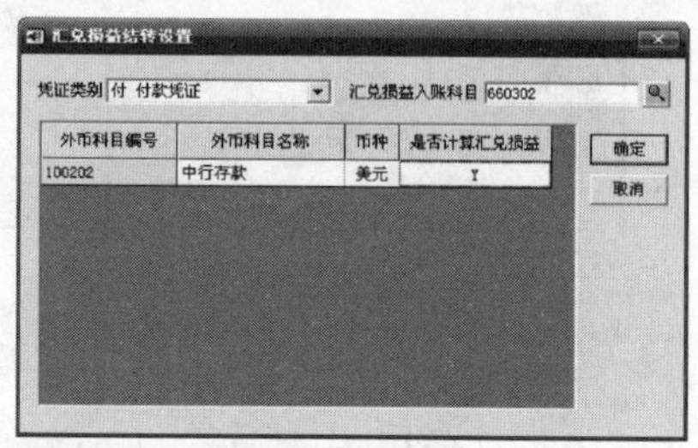

图 4—70

提示：

在此操作之前，以“001 李明”账套主管的身份，在“外币设置”选项中，输入期末汇率“8.200”。

（四）期间损益结转

【操作步骤】

1. 执行“期末”/“转账定义”/“期间损益”命令，打开“期间损益结转设置”对话框。

2. 选择凭证类别“转　转账凭证”，输入“本年利润”科目“4103”，如图 4—71 所示。

3. 再单击“确定”按钮，完成设置。

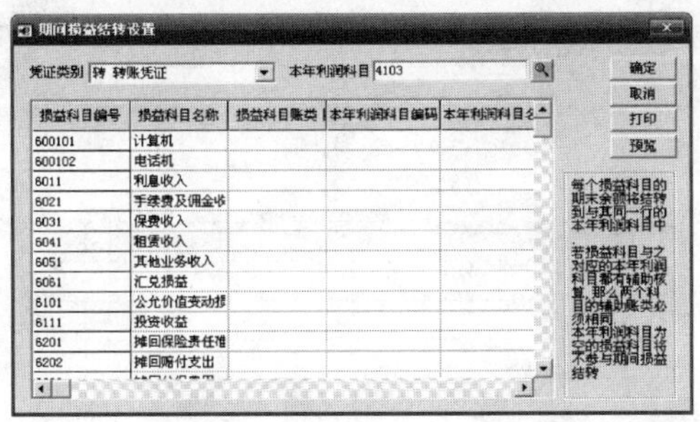

图 4—71

提示：

(1) 若损益类科目与“本年利润”科目都有辅助核算，则辅助账类必须相同。

(2) 每个损益类科目的期末余额将结转到与其同一行的“本年利润”科目中。

(3)“本年利润”科目为空的损益科目将不参与期间损益法经。

二、转账生成

(一) 自定义转账生成

【操作步骤】

1. 以“002 王芳”会计的身份登录总账管理系统，操作日期为“2010.01.31”，执行“期末”/“转账定义”/“转账生成”命令，打开“转账生成”对话框。

2. 选择“自定义转账”单选按钮，单击“全选”按钮，如图 4—72 所示。

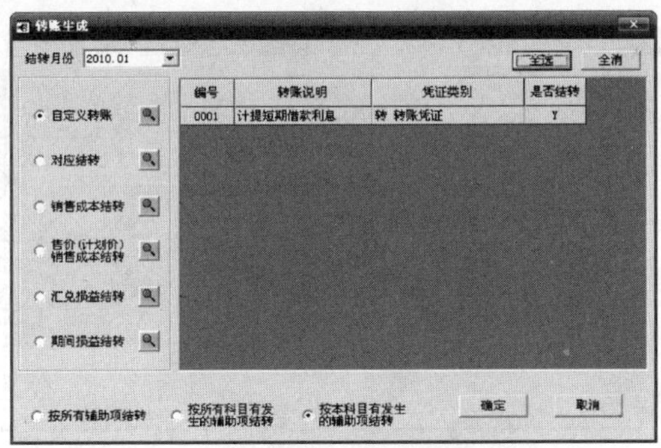

图 4—72

3. 单击“确定”按钮，生成自定义转账凭证，单击“保存”按钮，如图 4—73所示。

提示：

(1) 生成的凭证自动追加到未记账凭证中。

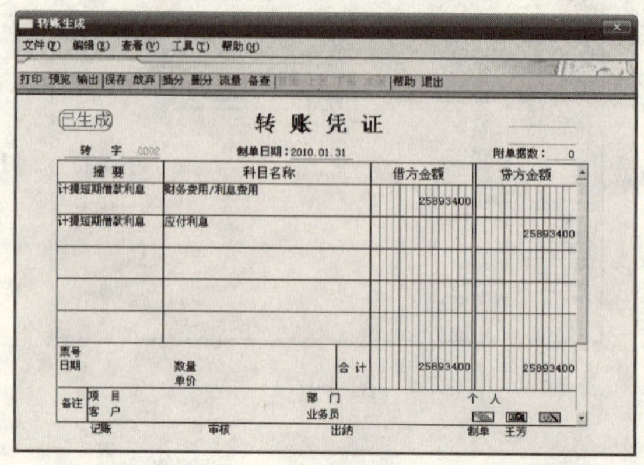

图 4—73

（2）生成的凭证必须执行审核、记账工作，否则会影响以后生成凭证数据的正确性。

（3）在生成凭证时，一定要注意转账业务应该发生的先后次序，以免造成数据错误。

（二）销售成本转账生成

【操作步骤】

1. 执行“期末”/“转账定义”/“转账生成”命令，打开“转账生成”对话框。

2. 选择“销售成本结转”单选按钮，单击“确定”按钮。显示“销售成本结转一览表”，如图 4—74 所示。

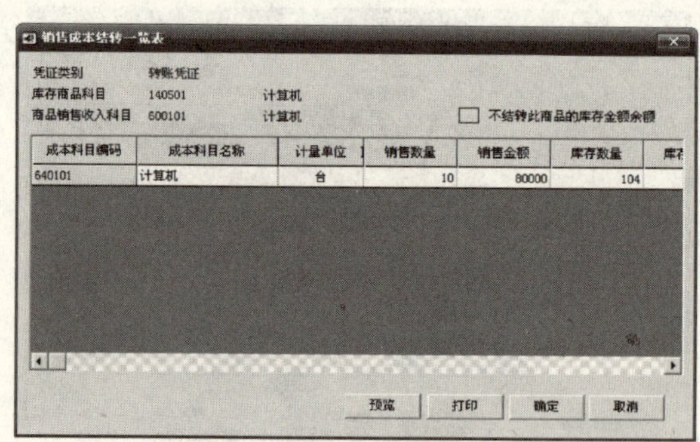

图 4—74

3. 单击“确定”按钮，生成销售成本转账凭证，单击“保存”按钮，如图 4—75 所示。

提示：

同样对生成的凭证执行审核、记账工作，以保证以后生成凭证数据的正

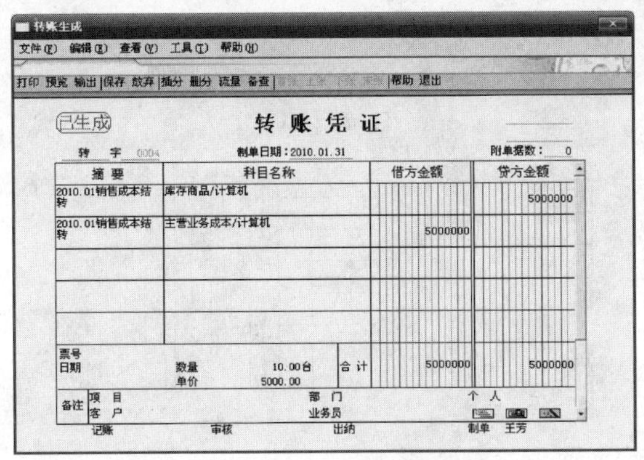

图 4—75

确性。

（三）汇兑损益转账生成

【操作步骤】

1. 执行“期末”/“转账定义”/“转账生成”命令，打开“转账生成”对话框。

2. 选择“汇兑损益结转”单选按钮，在“外币币种”下拉列表中选择“美元$”，选定要结转的转账分录，双击“是否结转”栏，单击“确定”按钮，如图 4—76 所示。

3. 单击“确定”按钮，显示“汇兑损益试算表”对话框，如图 4—77 所示。

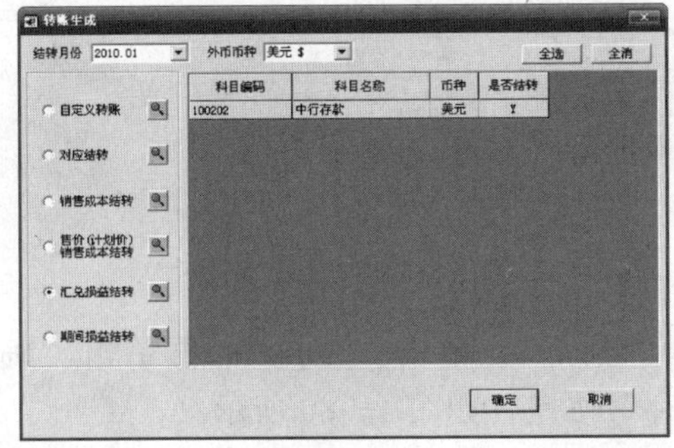

图 4—76

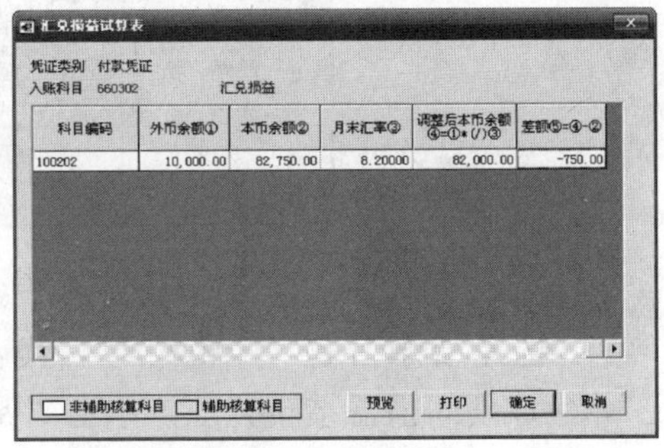

图 4—77

4. 单击“确定”按钮，生成汇兑损益转账凭证，单击“保存”按钮，如图 4—78 所示。

提示：

同样对生成的凭证执行审核、记账工作。

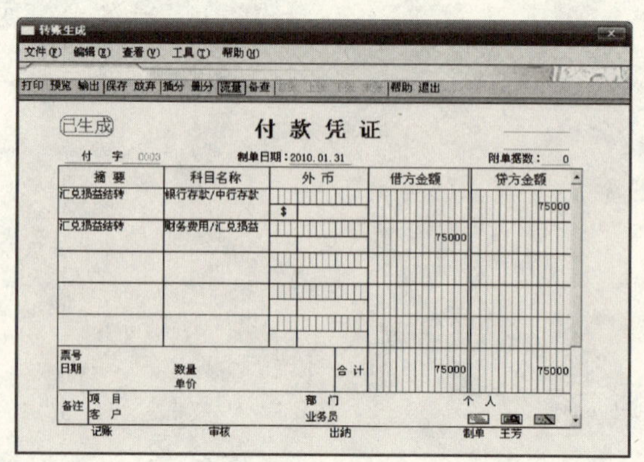

图 4—78

（四）期间损益转账生成

【操作步骤】

1. 执行“期末”/“转账定义”/“转账生成”命令，打开“转账生成”对话框。

2. 选择“期间损益结转”单选按钮，如图 4—79 所示。

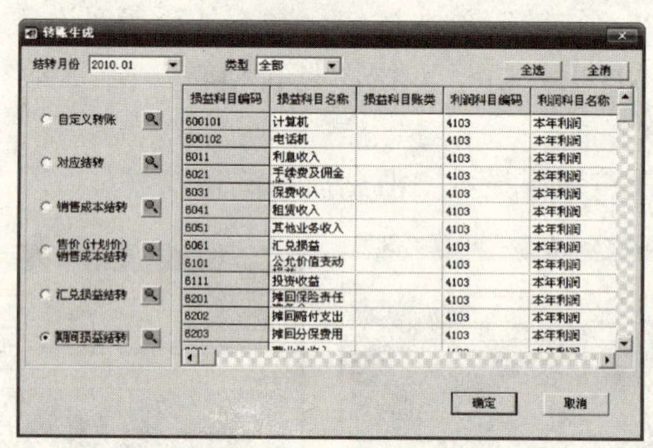

图 4—79

3. 选择结账月份“2010.01”，类型“全部”，单击“全选”，再单击“确定”，生成期间损益结转凭证，单击“保存”按钮，如图 4—80 所示。

提示：

（1）期间损益结转可按科目分别结转，也可按损益类型结转，又可按全部结转。具体结账方式视实际情况而定。

（2）在生成期间损益凭证之前，必须将所有未记凭证记账，否则可能造成数据错误。

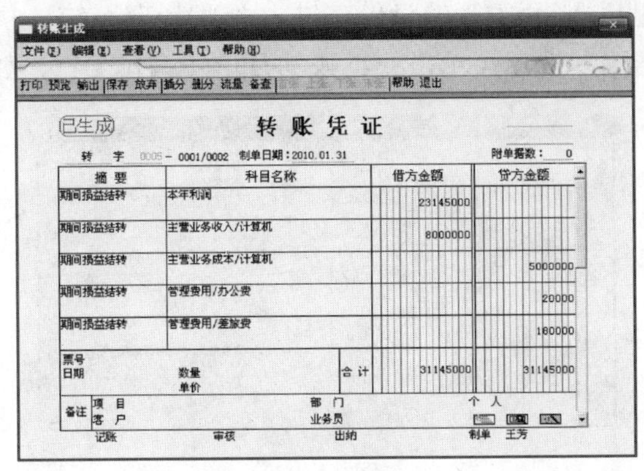

图 4—80

三、对账

【操作步骤】

1. 以“001 李明”账套主管的身份，进入总账管理系统，执行“期末”/“对账”，打开“对账”对话框。

2. 选中将要对账的月份“2010.01”，单击“选择”按钮或双击“是否对账”栏，单击“对账”按钮开始对账。结果如图 4—81 所示。

3. 单击“试算”按钮，显示“2010.01 试算平衡表”，如图 4—82 所示。如果平衡，单击“确认”按钮返回，再单击“退出”按钮，完成对账工作。

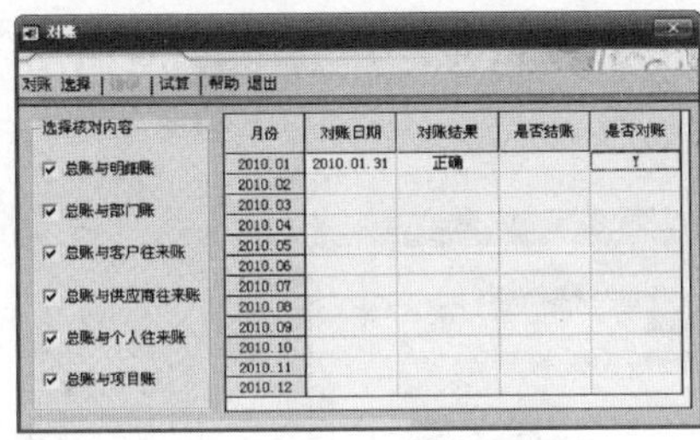

图 4—81

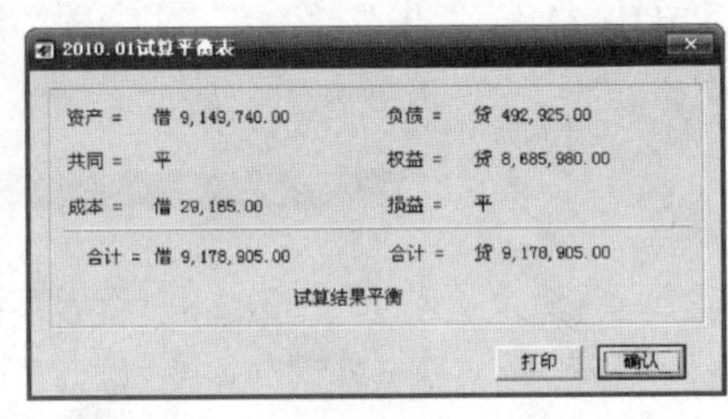

图 4—82

提示：

在“对账”功能中，有一个隐含的功能“恢复记账前状态”，当完成记账操作后，发现有误又不想通过其他方式修改时，可按“Ctrl＋H”键激活“恢复记账前状态”功能。

四、结账

【操作步骤】

1. 以“001 李明”账套主管的身份，进入总账管理系统，执行“期末”/“对账”，打开“开始结账”选项，单击要结账的月份“2010.01”，如图 4—83 所示。

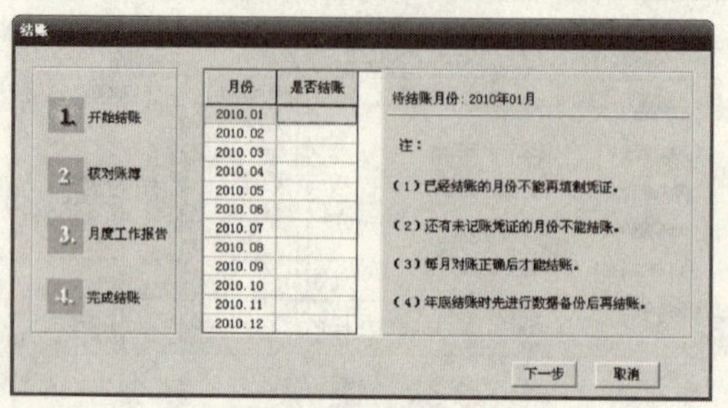

图 4—83

2. 单击“下一步”按钮，打开“核对账簿”选项，单击“对账”按钮，结果如图 4—84 所示。

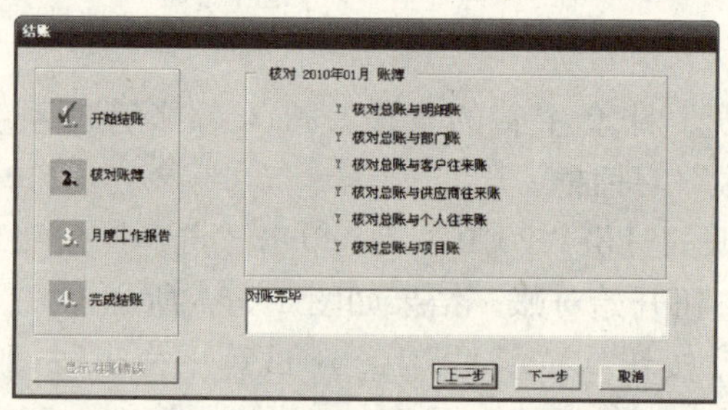

图 4—84

3. 单击“下一步”按钮，打开“月度工作报告”选项，结果如图 4—85 所示。

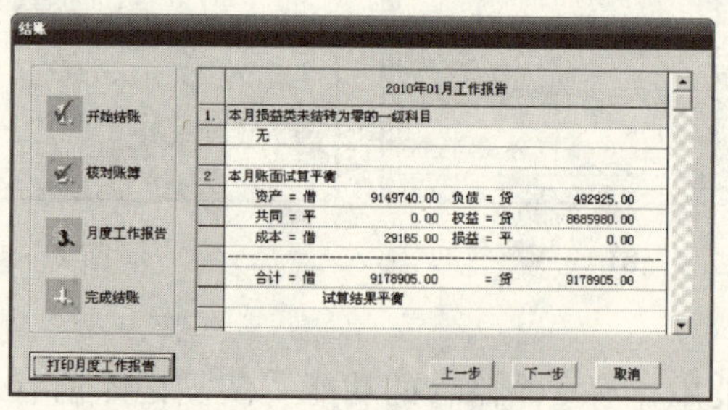

图 4—85

4. 单击“下一步”按钮，打开“完成结账”选项，结果如图 4—86 所示。

5. 单击“结账”按钮，完成结账工作。

提示：

图 4—86

（1）结账必须在月末进行，而且按月连续进行，每月只能结账一次。

（2）结账前，做好数据备份工作，以免数据被非正常操作破坏。

（3）结账时，所有的经济业务必须结算完毕，只要还有未审核及记账凭证，就不能结账。

（4）结账应由具有结账权限的人进行。

（5）上月未结账，则本月不能记账，但可以填制、审核凭证。

（6）已结账月份不能再填制凭证。

（7）若总账与明细账对账不符，则不能结账。

· 知识拓展 ·

结账完成后，由于非法操作或计算机病毒及其他原因可能会造成数据被破坏，这时可使用“取消结账”功能。

【操作步骤】

1. 以“001 李明”账套主管的身份，进入总账管理系统，在“结账”/“开始结账”选项中，选择要取消结账的月份“2010.01”，按“Ctrl＋Shift＋F6”键，结果如图 4—87 所示。

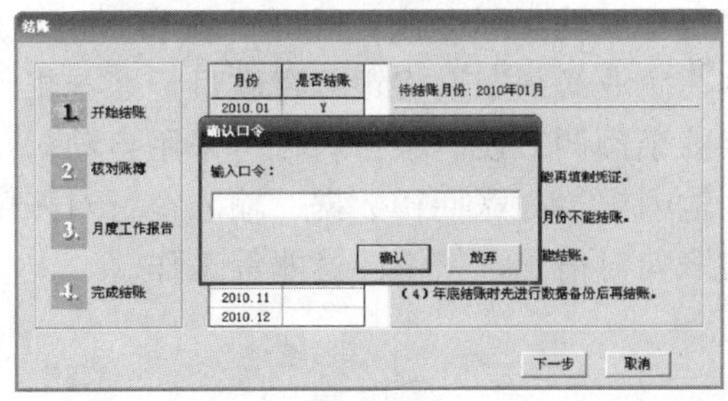

图 4—87

2. 输入账套主管的口令，单击“确认”按钮，完成取消结账工作。

提示：

取消结账只能由账套主管进行。

第四节　出纳管理

·基本理论·

出纳管理是账务处理系统为辅助出纳人员的管理工作而提供的一套核算和管理功能。它主要包括日记账的查询、支票登记簿的管理及进行银行对账等内容。

一、日记账查询

日记账包括现金日记账和银行存款日记账。在系统初始化时，库存现金科目和银行存款科目必须选择“日记账”标记，表明该科目要登记日记账。

二、资金日报表

资金日报表是反映现金和银行存款科目当日借贷方发生额及余额情况的报表。

三、支票登记簿

支票登记簿用来详细登记支票领用人、领用日期等信息。只有在系统初始设置中选择“支票控制”并在结算方式中设置“票据结算”标志，在“会计科目”中已指定银行总账的科目才能使用支票登记簿。

四、银行对账

银行对账是企业货币资金管理的主要内容，是出纳人员的最基本工作之一。为了能够准确掌握银行存款的实际金额，及时了解实际可动用的货币资金数额，防止记账差错的发生，企业必须定期将银行存款日记账与银行出具的对账单进行核对，并编制银行存款余额调节表。银行对账可采用自动对账和手工对账相结合的方式，具体包括：输入银行对账期初数据、输入银行对账单、银行对账、输入余额调节表、查询对账勾对情况、核销已达账等工作。

·应用案例·

1. 出纳管理。用 20 日销售部赵亮借转账支票一张，票号为 ZZ＄005，金额为 4 000 元。

2. 银行对账。

(1) 期初银行对账。方大公司银行账的启用日期为 2010 年 1 月 1 日，工行人民币户企业日记账调整前余额为 310 256 元，银行对账单调整前余额为 400 000元，存在未达账项一笔，银行代收企业货款但未通知企业，日期为 2009 年 12 月 18 日，结算方式为转账支票，票号为 0015578，金额为 89 744 元。

(2) 银行对账单（如表 4—8 所示）。

表 4—8　　1 月份银行对账单　　单位：元

日期	结算方式	票号	借方金额	贷方金额
2010.01.05	现金支票	00245571		10 000
2010.01.10	转账支票	ZZ＄001		50 000

·应用指南·

一、日记账查询

(一) 现金日记账

【操作步骤】

1. 以“003 马可”出纳的身份登录总账管理系统，操作日期为“2010.01.31”，执行“出纳”/“现金日记账”命令，打开“现金日记账查询条件”对话框，如图 4—88 所示。

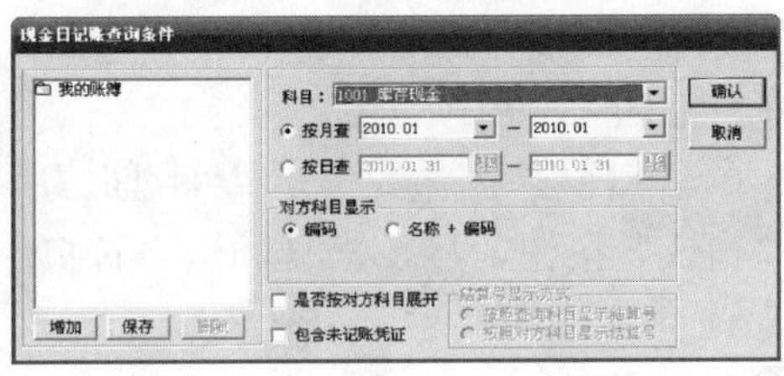

图 4—88

栏目说明：

(1) 按月查：显示查询月的现金日记账。

(2) 按日查：显示查询日的现金日记账。

(3) 编码：现金日记账显示对方科目编码。

(4) 名称＋编码：现金日记账可以显示对方科目编码及名称，可以选择显示一级科目或显示至末级。

(5) 是否按对方科目展开：选择此项，则必须选择显示对方科目“名称＋编码”。

(6) 包含未记账凭证：由于未审核等原因，可能会有部分凭证尚未记账，所以如果要查询真实的现金收支情况时最好选择“包含未记账凭证”。

2. 选择“按月查”单选按钮，输入查询条件“2010.01—2010.01”后，单击“确认”按钮，显示“现金日记账”查询结果，如图 4—89 所示。

设置 打印 预览 输出 | 查询 过滤

现金日记账

科目 1001 库存现金　　　　月份:201

2010年 月	日	凭证号数	摘要	对方科目	借方	贷方	方向	余额
			上年结转				借	450.00
01	02	付-0001	提现	100201	10,000.00		借	10,450.00
01	02		本日合计		10,000.00		借	10,450.00
01	03	付-0002	购买办公用品	660203		200.00	借	10,250.00
01	03		本日合计			200.00	借	10,250.00
01	18	收-0003	报销差旅费	1221	200.00		借	10,450.00
01	18		本日合计		200.00		借	10,450.00
01			本月合计		10,200.00	200.00	借	10,450.00
01			本年累计		10,200.00	200.00	借	10,450.00
			结转下年				借	10,450.00

图 4—89

3. 单击“退出”按钮，关闭查询结果。

(二) 银行存款日记账

银行存款日记账的具体操作同“现金日记账”。

二、资金日报表

【操作步骤】

1. 执行“出纳”/“资金日报”命令，打开“资金日报表查询条件”对话框，如图 4—90 所示。

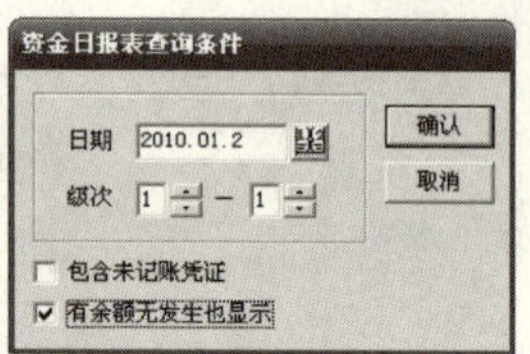

图 4—90

2. 输入日期或单击日历图标，选择日期为“2010.01.02”，单击“确认”按钮，显示当日的资金日报表，如图 4—91 所示。

3. 单击“退出”按钮，关闭查询结果。

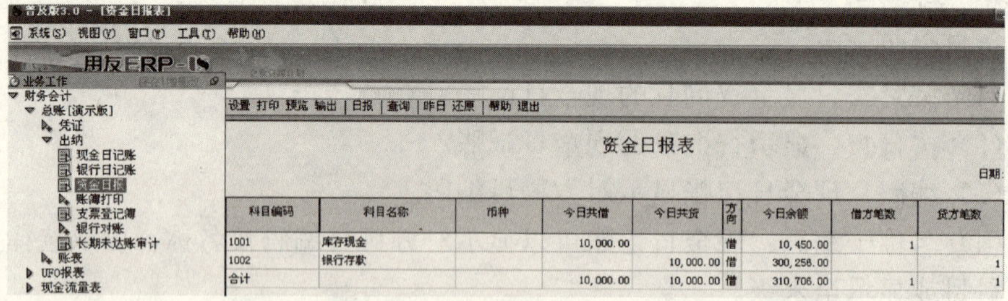

科目编码	科目名称	币种	今日共借	今日共贷	方向	今日余额	借方笔数	贷方笔数
1001	库存现金		10,000.00		借	10,450.00	1	
1002	银行存款			10,000.00	借	300,256.00		1
合计			10,000.00	10,000.00	借	310,706.00	1	1

图 4—91

三、支票登记簿

【操作步骤】

1. 执行“出纳”/“支票登记簿”命令，打开“银行科目选择”对话框，如图 4—92 所示。

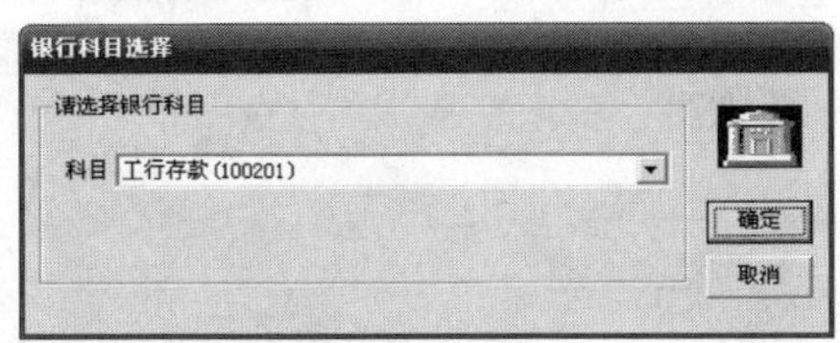

图 4—92

2. 选择科目，单击“确认”按钮，进入“支票登记”对话框。

3. 单击工具栏上的“增加”按钮，新增一空行，结合案例，输入相关信息，如图 4—93 所示。

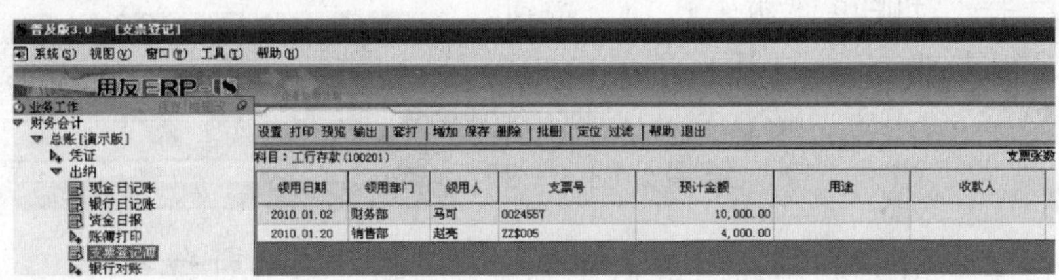

图 4—93

4. 单击工具栏上的“保存”按钮，保存此记录。

提示：

(1) 使用日期和支票号必须输入，其他内容可输可不输。

(2) 报销日期不能在领用日期之前。

(3) 已报销的支票可成批删除。

四、银行对账

(一) 输入银行对账单期初数据

【操作步骤】

1. “出纳”/“银行对账”/“银行对账期初录入”命令，打开“银行科目选择”对话框，如图 4—94 所示。

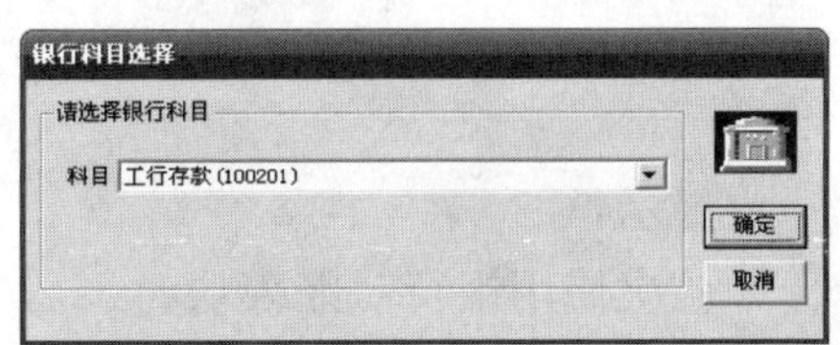

图 4—94

2. 选择科目“工行存款 100201”，单击“确定”按钮，打开“银行对账期初”对话框。

3. 单击日期按钮，确定启用日期为“2010.01.01”，在单位日记账的调整前余额栏输入“310 256”，在银行对账单的调整前余额栏输入“400 000”，结果如图 4—95 所示。

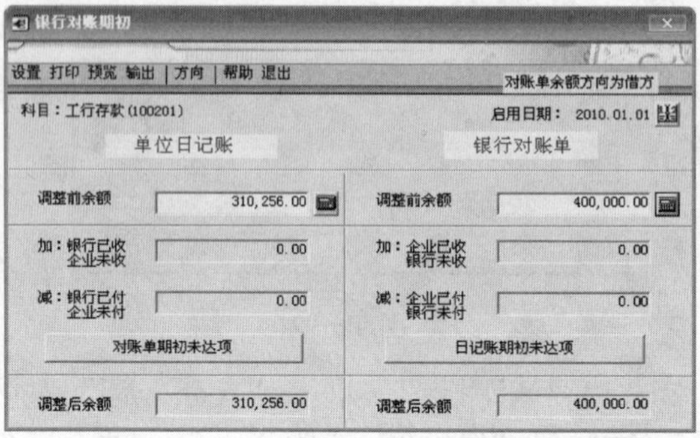

图 4—95

4. 单击“对账单期初未达项”按钮，打开“银行方期初”，对话框，单击“增加”按钮，结合案例，依次输入日期、结算方式、票号、借方金额。结果如图 4—96 所示。

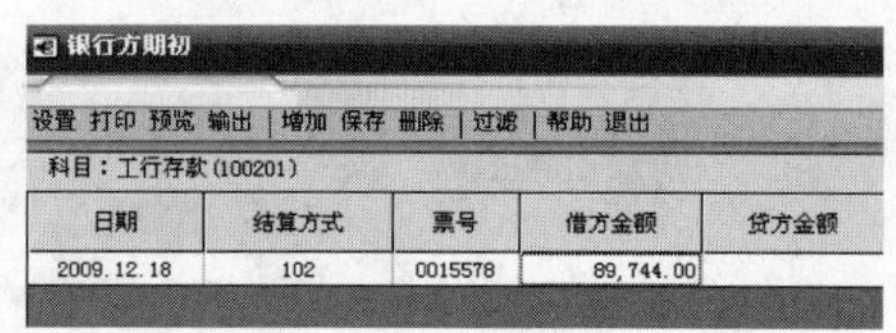

图 4—96

5. 单击“保存”按钮，再单击“退出”，返回“银行对账期初”对话框，显示银行对账期初输入后的结果，如图 4—97 所示。

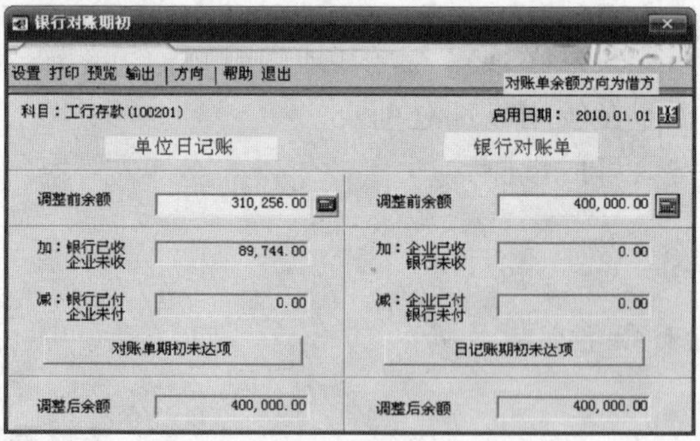

图 4—97

提示：

初次使用银行对账模块时，需输入银行对账期初数据，并将银行对账单和单位日记账的账面余额调平，否则系统将无法进行银行对账处理。

（二）输入银行对账单

【操作步骤】

1. 执行“出纳”/“银行对账”/“银行对账期初录入”命令，打开“银行科目选择”对话框，单击“确定”按钮，打开“银行对账单”窗口，单击“增加”按钮，结合案例资料，输入银行对账单期初数据。结果如图 4—98 所示。

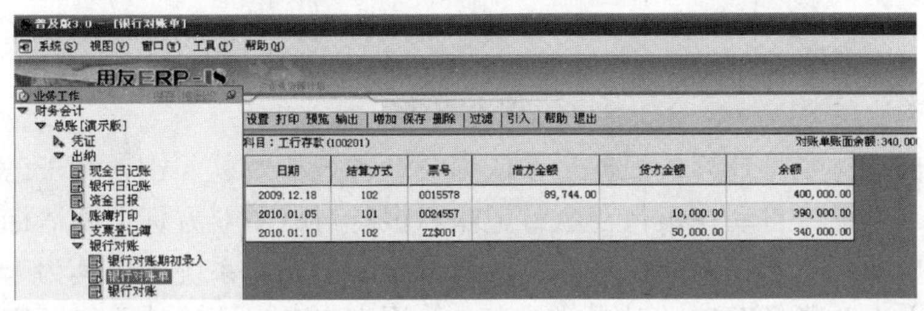

科目：工行存款(100201)

日期	结算方式	票号	借方金额	贷方金额	余额
2009.12.18	102	0015578	89,744.00		400,000.00
2010.01.05	101	0024557		10,000.00	390,000.00
2010.01.10	102	ZZ$001		50,000.00	340,000.00

图 4—98

2. 单击“保存”按钮后退出，完成操作。

提示：

实行计算机进行银行对账，在每月对账前，必须将银行开出的银行对账单输入计算机，存入“对账单文件”。

（三）银行对账

【操作步骤】

1. 执行“出纳”/“银行对账”/“银行对账”命令，打开“银行科目选择”对话框，确定选择科目“工行存款 100201”，选择月份“2010.01—2010.01”，单击“确定”按钮，进入“银行对账”窗口，如图 4—99 所示。

图 4—99

2. 单击“对账”按钮，显示“自动对账”窗口，输入截止日期“2010.01.31”，默认系统给出的其他条件，并确定日期相差 30 天之内，单击“确定”按钮，对账结果如图 4—100 所示。

提示：

（1）银行对账采用自动对账与手工对账相结合的方式。

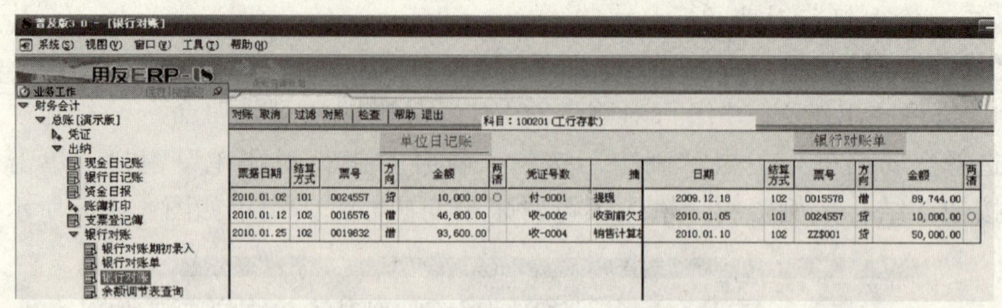

图 4—100

（2）自动对账是计算机根据对账依据自动进行核对、勾销，对于已核对上的银行业务，系统将自动在银行存款日记账和银行对账单双方标上两清标志，并视其为已达账项，对于在两清栏未标上两清符号的标志，系统则视其为未达账项。

（3）手工对账是对自动对账的补充，使用完自动对账后，可能还有一些特殊的已达账没有对出来，而被视为未达账项，为了保证对账更彻底正确，还可用手工对账来进行调整。

（4）自动对账需要将对账的资料全部录入完毕，才可进行。对账时，首先依据“票号＋方向＋金额”方式进行自动对账，其次是依据“方向＋金额”进行自动对账。

（5）对账条件中的方向、金额相同是必选的条件，对账截止日期可输可不输。

（6）对于已达账项，系统自动在单位日记账和银行对账单双方的“两清”栏打上圆圈作为标记。

·知识拓展·

一、输出余额调节表

余额调节表是系统自动编制的。对账完成后，计算机自动整理汇总未达账和已达账，生成银行余额调节表。

【操作步骤】

1. 执行“出纳”/“银行对账”/“余额调节表查询”命令，打开“银行存款余额调节表”对话框，单击“查看”按钮，显示调整后的银行存款余额调节表，如图 4—101 所示。

2. “打印”按钮，可打印银行存款余额调节表。

二、查询对账勾对情况

通过查询功能，还可了解经过对账后对账单上勾对的明细情况，进一步查询

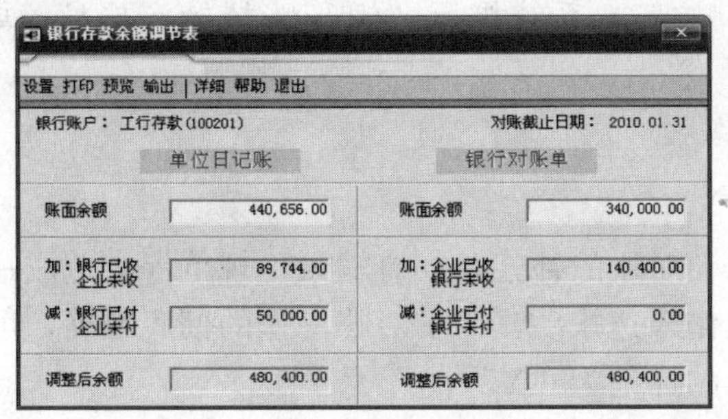

图 4—101

对账结果。

【操作步骤】

1. 执行“出纳”/“银行对账”/“查询对账勾对情况”命令，选择科目“100201 工行存款”，单击“确定”按钮，打开“查询银行勾对情况”窗口，如图 4—102 所示。

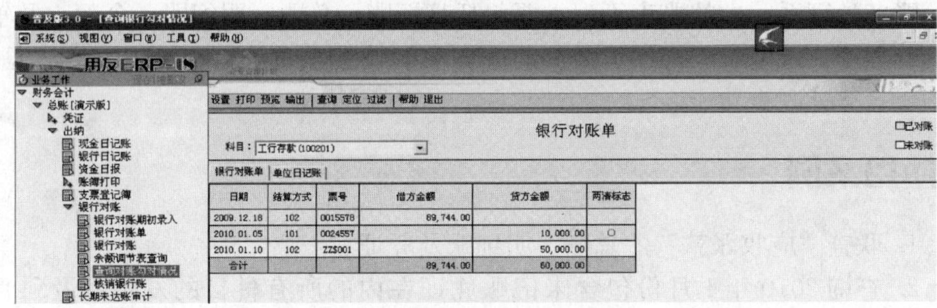

图 4—102

2. 单击“银行对账单”选项卡，和“单位日记账”选项卡进行检查，检查无误后，单击“退出”按钮，完成此操作。

三、核销已达账

核销用于对账的银行日记账和银行对账单的已达账项，核销后已达账项消失，不能被恢复。核销银行账不影响银行日记账的查询和打印。如果银行对账不平衡，则不能使用核销银行账的功能，否则会造成以后对账的错误。

【操作步骤】

1. 执行“出纳”/“银行对账”/“核销银行账”命令，选择科目“100201 工行存款”，单击“确定”按钮，系统提示“你是否确实要进行银行账核销?”。如图 4—103 所示。

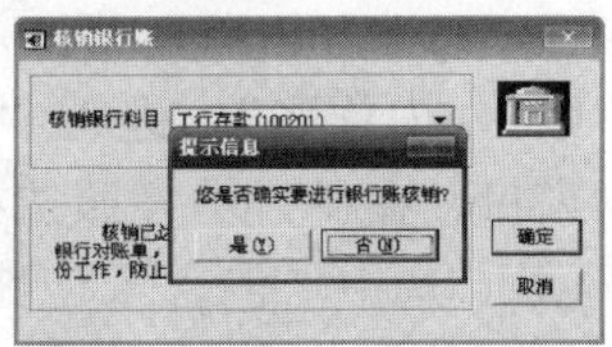

图 4—103

2. 单击“是”按钮，系统提示“银行账核销完毕!”，单击“确定”按钮，完成此操作。

·一点就通·

手工对账是自动对账的补充，如有输入不规范等会造成一些特殊的已达账项未被标识出来而视作未达账项，为了对账工作的彻底准确，可通过手工对账来完成。手工对账两清的标记为“Y”。

第五节 账表管理

·基本理论·

企业发生的经济业务，经过制单、审核、记账操作以后，就形成了会计账簿。账务处理系统中的账表管理主要包括日记账、总账、明细账、余额表及辅助账的管理等。总账系统提供了强大的查询功能，整个系统还有效地实现了总账、明细账、凭证联查功能。

·应用案例·

1. 联查“应收账款”的总账、明细账及凭证。

2. 查询 2010 年 1 月份包含未记账凭证在内的所有科目的发生额及科目余额表。

·应用指南·

一、总账及明细账查询

【操作步骤】

1. 以“001 李明”账套主管的身份登录系统，操作时期为“2010.01.31”，在“总账”窗口，单击“账表”/“科目账”/“总账”，进入“总账查询条件”窗口。在科目中参照选择“1122 应收账款”，选中“包含未记账凭证”单选框，如图 4—104 所示。

图 4—104

2. 单击“确定”按钮，显示查询结果，如图 4—105 所示。

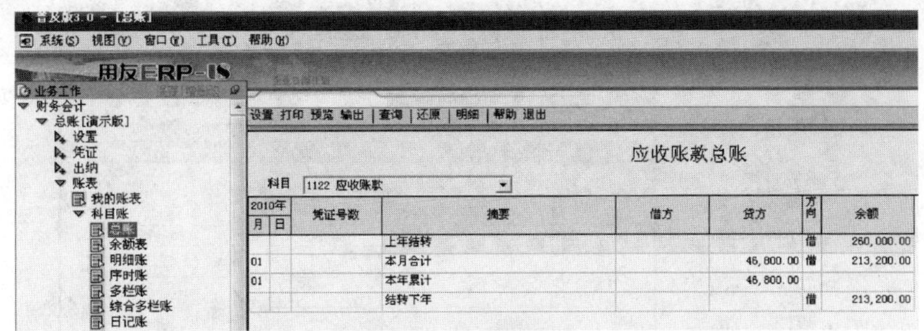

图 4—105

3. 单击工具栏上的“明细”按钮，可联查到当前科目当前月份的明细账，如图 4—106 所示。

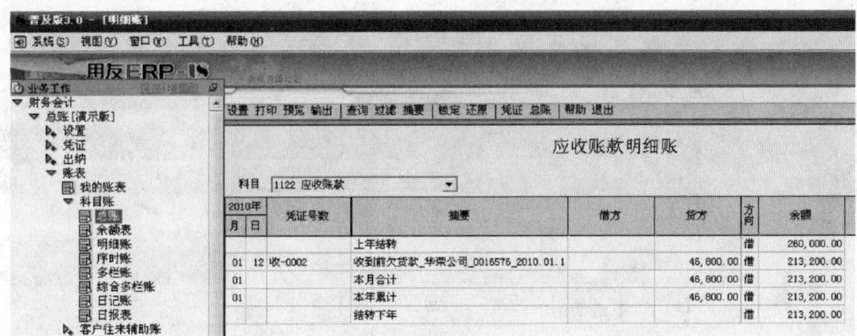

图 4—106

提示：

期初余额或上年结转行，不能联查明细账。

4. 选中本月有发生额行，如“收-0002”，单击工具栏上的“凭证”按钮，可联查到当前科目当前业务的凭证，如图 4—107 所示。

二、发生额及余额表查询

【操作步骤】

1. 在“总账”窗口，单击“账表”/“科目账”/“余额表”，打开“发生额及余额查询条件”窗口。确认“月份”为“2010.01—2010.01”，选中“包含未记账凭证”单选框。

2. 单击“确认”按钮，显示“发生额及余额表”，如图 4—108 所示。

3. 单击“退出”按钮，关闭查询结果。

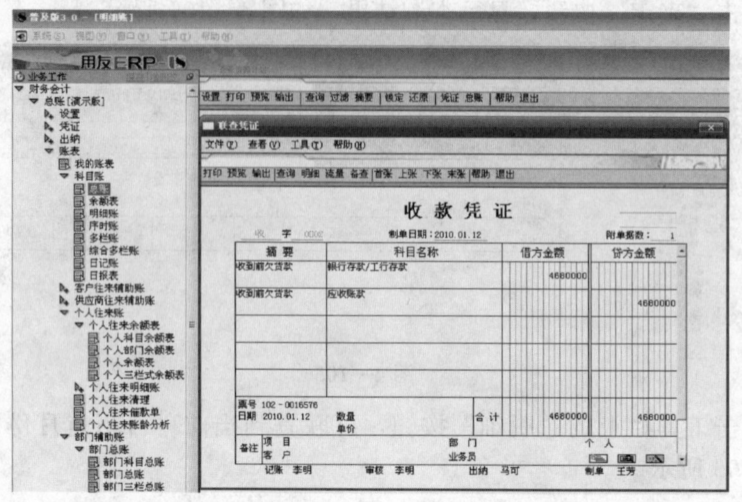

图 4—107

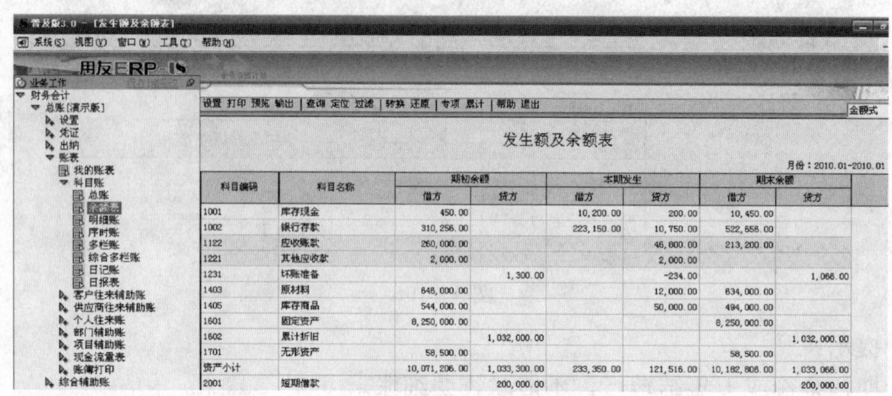

图 4—108

· 知识拓展 ·

企业由于赊销（赊购）或其他原因，形成往来款项。加强对往来款项的管理是一项重要的工作。总账系统为企业提供清理所有具有往来性质账户的功能，包括客户往来、供应商往来和个人往来的清理。

现以“客户往来”为例，介绍“客户往来催款单”的生成。

【操作步骤】

1. 执行“账表”/“客户往来辅助账”/“客户往来催款单”命令，打开“客户往来催款”对话框。在“查询科目”下拉列表中选择“1122 应收账款”，在“客户”文本框中选择“华荣公司”，其他条件不变，如图 4—109 所示。

2. 单击“确定”按钮，打开“客户往来催款单”对话框，单击工具栏上的“设置”按钮，打开“客户催款单设置”对话框。在“函证信息”文本框中，输入“请贵公司 2010 年 2 月 5 日前到我公司财务部进行清账”。结果如图4—110所示。

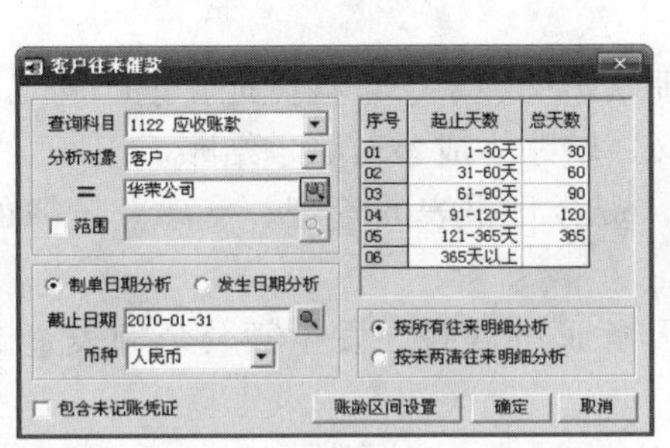

图 4—109

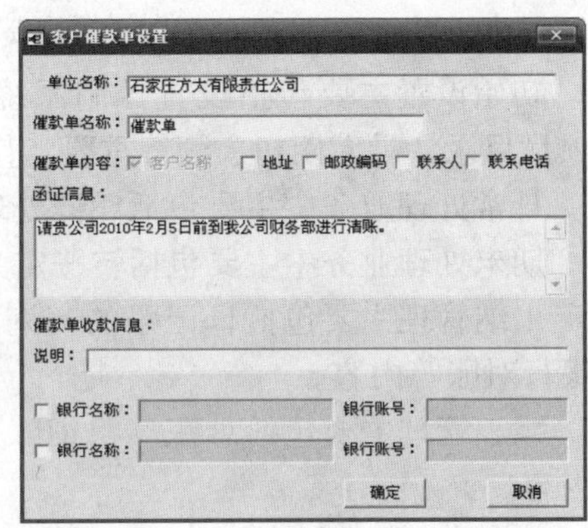

图 4—110

3. 单击“确定”按钮，完成设置。

设置完成后，单击工具栏上的“预览”按钮进行预览。

· 一点就通 ·

平时查账时，除了可以按科目和月份查以外，如需要，我们还希望按其他条件来查询，比如说按摘要、凭证范围、结算方式、制单人等等，为此系统提供了组合查询方式。

案例：查询“2010. 01. 01—2010. 01. 31”，制单人为王芳的“应收账款”的明细账。

【操作步骤】

1. 在“明细账”窗口中，从“科目”下拉列表中选择“应收账款”，单击工具栏上的“过滤”按钮，打开“明细账过滤条件”对话框，如图 4—111 所示。

2. 确定日期为“2010. 01. 01—2010. 01. 31”从“制单人”下拉列表中选择“王芳”，单击“确认”按钮，显示查询结果。

当然，在查询的过程中，我们还可以更多的条件组合来进行查询。在“明细账过滤条件”界面选择或输入相关条件，即可完成相应操作。

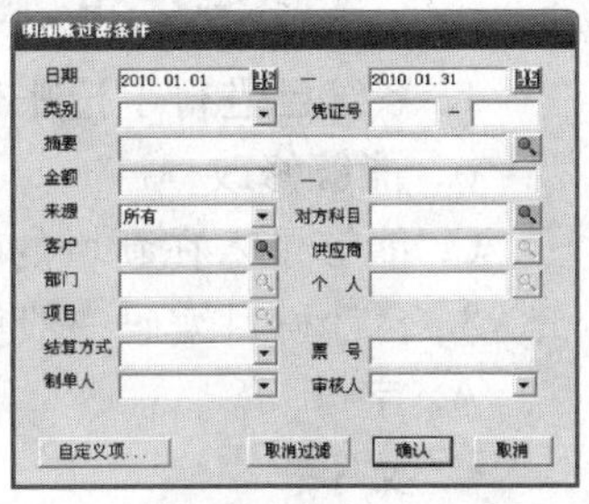

图 4—111

·本章小结·

本章内容主要包括：

1. 账务处理系统管理模块主要包括：初始设置、日常处理、期末处理、出纳管理、账表管理。

2. 初始设置主要包括设置控制系统参数、设置会计科目、设置凭证类别、设置项目目录、录入期初余额等重要工作。

3. 日常处理业务中主要包括凭证处理、出纳签字、审核凭证、记账等工作。

4. 期末处理业务中主要包括转账定义、转账生成、对账、结账。

5. 出纳管理主要包括日记账的查询、资金日报表的管理、支票登记簿的管理及银行对账等内容。

6. 账表管理主要包括总账、明细账及凭证的联查、发生额及余额表查询等主要内容。

·思考题·

1. 会计科目的设置包括哪些内容？
2. 凭证的填制应包括哪些内容？
3. 转账生成应注意哪些问题？
4. 银行对账的方法有哪些？如何操作？
5. 账表管理如何实现总账、明细账及凭证的联查？

习题

一、单项选择题

1. 系统已进行了记账处理，期初余额（　　）。

A. 能够修改　　B. 不能修改

C. 能够录入在新增的科目上　　D. 能够删除

2. 会计科目编码一般使用（　　）。

A. 字母　　B. 符号

C. 文字　　D. 数字

3. 在（　　）情况下可实现自动银行对账。

A. 对账单文件中的一条记录和银行存款日记账中一条记录完全相同
B. 对账单文件中的一条记录和银行存款日记账中多条记录完全相同
C. 对账单文件中的多条记录和银行存款日记账中一条记录完全相同
D. 对账单文件中的多条记录和银行存款日记账中多条记录完全相同

4.（ ）情况下可以结账。

A. 上月有未记账凭证　　B. 没有未记账凭证
C. 本月有未记账凭证　　D. 没有未审核凭证

5. 通常，（ ）科目需由出纳签字。

A. 现金、银行存款　　B. 资产类
C. 负债类型　　D. 应收、应付

6. 若希望某类凭证的借方必须出现某一科目，可选择（ ）限制类型。

A. 凭证必有　　B. 贷方必有
C. 借方必有　　D. 凭证必无

7. 银行对账是指（ ）之间的核对。

A. 银行对账单和支票登记簿　　B. 单位日记账和支票登记簿
C. 单位日记账和银行对账单　　D. 单位日记账和总账

8. 在总账管理系统中，用户可通过（ ）功能彻底删除已作废的记账凭证。

A. 作废凭证　　B. 冲销凭证
C. 删除分录　　D. 整理凭证

9. 某一项目核算科目可以对应（ ）。

A. 一个项目大类　　B. 两个项目大类
C. 三个项目大类　　D. 多个项目大类

10. 若会计科目编码方案为4-2-2-2，下列科目编码不正确的有（ ）。

A. 1122　　B. 112211
C. 1122111　　D. 11221111

11. 以下哪种情况，系统不能保存凭证（ ）。

A. 当上一分录摘要与下一分录的摘要不相等时
B. 当借方合计金额与贷方合计金额不相等时
C. 当上一分录的借方金额与下一分录的贷方金额不相等时
D. 当借方金额和贷方金额均用负数表示时

12. 取消审核标志只能由（ ）。

A. 必须由账套主管取消　　B. 具有审核权限的人员进行
C. 会计主管进行　　D. 必须由制单人员取消

13. 客户往来查询中的科目余额表用于（ ）。

A. 查询某客户往来科目下某客户各月的发生额和余额情况

B. 查询某客户往来科目下所有客户分类的发生额和余额情况

C. 查询某往来科目下所有客户的发生额和余额情况

D. 查询某往来客户所有科目下的发生额和余额情况

14. 在总账系统中设置自动转账分录时，不需定义的项是（　　）。

A. 凭证类别　　B. 凭证号

C. 借贷方向　　D. 摘要

15. 若凭证类别只设置一种，通常为（　　）。

A. 银行凭证　　B. 现金凭证

C. 收款凭证　　D. 记账凭证

二、多项选择题

1. 银行对账通常包括（　　）。

A. 录入银行对账期初数据　　B. 录入银行对账单

C. 银行对账　　D. 编制余额调节表

2. 审核凭证包括（　　）。

A. 审核员审核　　B. 主管签字

C. 出纳签字　　D. 会计签字

3. 总账系统中期末转账定义主要包括（　　）。

A. 自定义结转　　B. 对应结转

C. 期间损益结转　　D. 汇兑损益结转

4. 总账系统控制参数设置一般包括（　　）。

A. 凭证控制设置　　B. 数据权限设置

C. 会计科目设置　　D. 账簿设置

5. 会计科目设置的内容包括（　　）。

A. 科目编码　　B. 科目名称

C. 助记码　　D. 科目类型

6. 下列关于修改凭证的说法正确的是（　　）。

A. 已记账凭证的修改只能采用红字冲销法

B. 已审核未记账的凭证可以直接修改

C. 已审核未记账的凭证可以做到无痕迹修改

D. 若设置了“制单序时”，则在修改制单日期时，不能在上一编号凭证的制单日期之前

7. 结账过程中显示的月份工作报告一般包括（　　）。

A. 本月账面试算平衡报告　　B. 本月账账核对报告

C. 本月工作量报告 D. 上月结账状态

8. 下列属于总账系统期末业务的有（ ）。

A. 对账 B. 结账

C. 记账 D. 月末转账

9. 辅助核算包括（ ）。

A. 客户往来 B. 供应商往来

C. 个人往来 D. 项目核算

10. 出纳管理通常包括（ ）。

A. 总账输出

B. 登记和管理支票登记簿

C. 银行对账

D. 查询和打印现金日记账、银行存款日记账和资金日报表

三、判断题

1.（ ）在期初余额录入中，只能录入末级科目的期初余额。

2.（ ）试算结果不平衡，不能填制凭证，不能进行记账。

3.（ ）在设置会计科目编码的过程中，必须逐级设置，科目编码必须唯一。

4.（ ）当某一凭证类别在填制凭证中已经使用时，该凭证类别就不能修改或删除。

5.（ ）票据管理标志必须与出纳的票据登记簿相配合使用。

6.（ ）指定科目是指定出纳的专管科目。只有指定会计科目后才能执行出纳签字。

7.（ ）记账功能每月只能在期末进行一次。

8.（ ）凭证一般由系统自动编号，但也可以改为手工编号。

9.（ ）月末自动转账凭证在生成时不需要考虑先后顺序。

10.（ ）在同一张凭证中，审核人和制单人不能是同一人，已“标错”的凭证审核人员能够进行审核。

11.（ ）凭证一经审核，就不能被修改、删除，只有被取消审核签字后才可以进行修改或删除。

12.（ ）在记账过程中，只能对已审核的会计凭证进行记账。

13.（ ）第一次记账时，如果期初余额试算不平衡，仍然可以记账。

14.（ ）如果上月未结账，本月仍然可以记账。

15.（ ）只有出纳人员才能查询现金日记账和银行存款日记账。

16.（ ）启用银行对账功能之前，必须先进行银行存款期初录入工作。

17.（　　）在银行对账过程中，系统提供了两种对账方式：自动对账和手工对账，手工对账是对自动对账的补充。

18.（　　）一般来说，实行计算机记账以后，只要记账凭证录入正确，计算机自动记账后各种账簿都应是正确的、平衡的。

19.（　　）结账只能按月顺序结账，不能跳月结账。

20.（　　）转账序号是该张凭证的凭证号，在每月转账时自动产生。

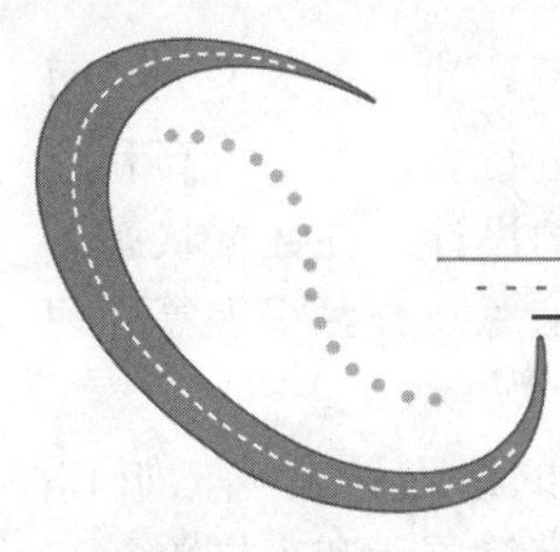

第五章 报表管理系统

【内容导航】

报表管理系统是电算化信息系统中一个独立的子系统。该系统主要用来设计报表的格式和编制公式，并从总账系统或其他子系统中取得相关的会计信息自动编制报表，再对编制好的报表进行审核、汇总、生成各种分析图，同时按照预定的格式输出各种会计报表。

【学习目标】

- 理解报表管理系统的基本功能
- 掌握报表的格式定义和公式编辑
- 掌握自定义报表和使用报表模板生成会计报表的方法

第一节　报表格式定义

·基本理论·

编制会计报表是一个会计期间的最后一项工作，会计报表的数据一般取自账务处理系统的会计凭证和账簿、手工录入和其他报表等，还可以来源于工资、固定资产等子系统，最后生成会计报表。报表管理系统主要具备文件管理、格式管理、数据处理和图表编辑等功能，为了更好地理解报表的功能和处理流程，首先要了解以下基本概念：

（1）格式状态和数据状态。在报表编制中有报表格式设计和报表数据处理两部分工作，它们分别在不同的状态下操作。在格式状态下进行表尺寸、行高和列宽、单元属性、关键字、组合单元及报表公式等报表格式的设计；在数据状态下进行数据输入、增加或删除表页、审核数据、舍位平衡、汇总及合并报表等处理工作。

（2）单元。单元是报表的最小单位，单元名称以所在的行列号表示，如 B3 表示第 2 列第 3 行所在的单元。单元类型分为数值单元、字符单元和表样单元三种。由相邻的两个以上的单元组合的区域称为组合单元。

（3）关键字。关键字是唯一可以标识一个表页的特殊单元，关键字用于对表页进行快速选择，在格式状态下设置关键字的显示位置，在数据状态下录入关键字的值，报表管理系统提供了六种关键字，分别为："单位名称"、"单位编号"、"年"、"季"、"月"、"日"。

·应用案例·

自定义一张如表 5—1 所示的利润表，具体要求如下：

（1）表尺寸：24 行 3 列。

（2）行高列宽：第 1 行为 10mm，第 1 列为 70mm，其余行高 6mm，列宽 25mm。

（3）区域画线：网线。

（4）组合单元：将单元 A1：C1 组合为一个单元。

（5）输入项目内容。

（6）设置单元属性：标题设置为黑体、粗体，20 号字，其他文字设置为宋体，10 号字。对齐方式为居左。

（7）设置关键字：将利润表中的"单位名称"、"年"、"月"设为关键字。

表 5—1　　　　利润表

会企 02 表

单位名称：　　　　年　　月　　　　单位：元

项目	行数	本期金额
一、营业收入		
减：营业成本		
营业税金及附加		

续前表

项目	行数	本期金额
销售费用		
管理费用		
财务费用		
资产减值损失		
加：公允价值变动收益（损失以“一”号填列）		
投资收益（损失以“一”号填列）		
其中：对联营企业和合营企业的投资收益		
二、营业利润（亏损以“一”号填列）		
加：营业外收入		
减：营业外支出		
其中：非流动资产处置损失		
三、利润总额（亏损总额以“一”号填列）		
减：所得税费用		
四、净利润（净亏损以“一”号填列）		
五、每股收益		
（一）基本每股收益		
（二）稀释每股收益		

·应用指南·

一、创建报表文件

【操作步骤】

1. 启动计算机后，单击“开始”/“程序”/“用友 ERP-U8 普及版 V3.0”/“企业门户”，进入“注册［企业门户］”窗口，如图 5—1 所示。

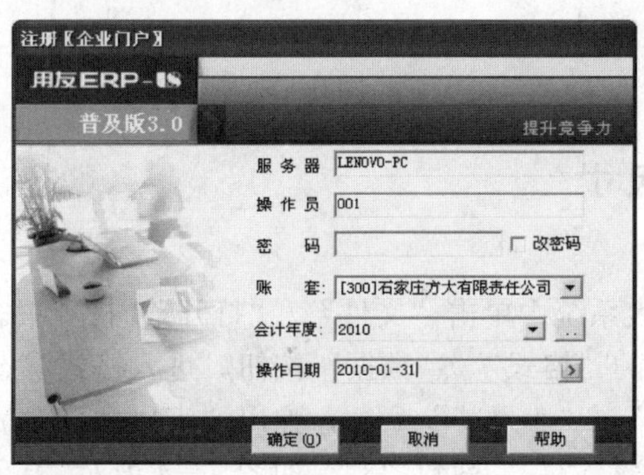

图 5—1

2. 单击“操作员”文本框，输入账套主管编码“001”，密码默认为空，单击“账套”文本框下拉菜单，选择“[300] 石家庄方大有限责任公司”，会计年度选择“2010”，操作日期输入“2010-01-31”，点击“确定”后进入[企业门户]。

3. 单击“财务会计”/“UFO 报表”选项，进入 UFO 报表界面。

4. 单击“文件”/“新建”命令，或单击常用工具栏“新建”按钮，自动生成一张名为“report1”的报表文件，如图 5—2 所示。

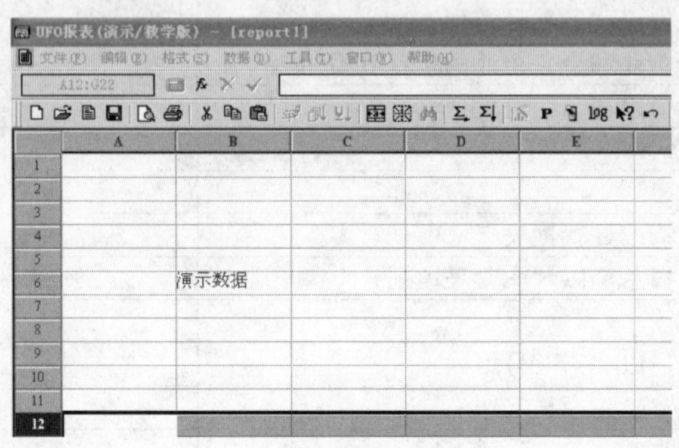

图 5—2

5. 单击“文件”/“保存”命令，打开“另存为”对话框。在“文件名”文本框中输入“利润表”，单击“另存为”按钮，保存利润表，如图 5—3 所示。

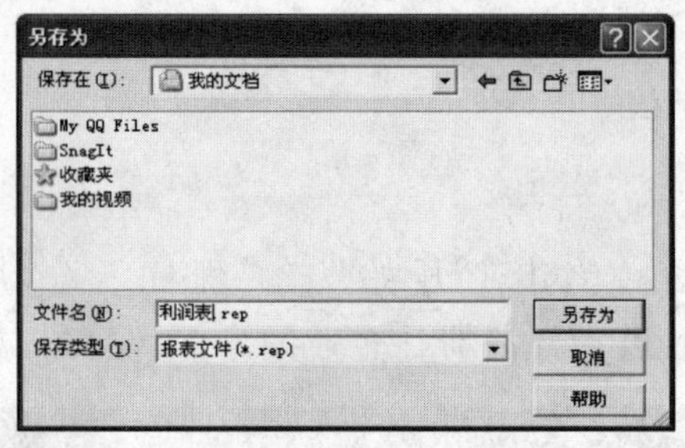

图 5—3

二、设置表尺寸

【操作步骤】

1. 在 UFO 报表系统中单击“文件”/“打开”，打开报表“利润表”。

2. 单击左下角的“格式”/“数据”按钮，进入格式状态。

3. 单击“格式”/“表尺寸”命令，弹出“表尺寸”对话框。

4. 输入报表行数“24”，列数“3”，如图 5—4 所示。

5. 单击“确定”按钮，出现 24 行 3 列表格。

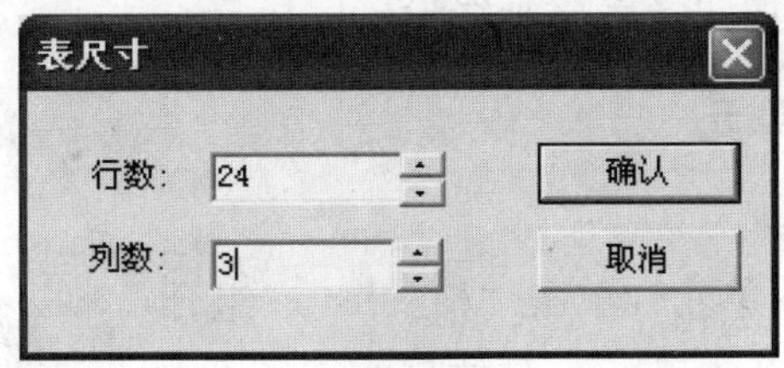

图 5—4

三、定义行高和列宽

【操作步骤】

1. 选中 A1 单元，单击“格式”/“行高”命令，弹出“行高”对话框。

2. 输入 A1 单元所在的行高“10”，如图 5—5 所示。

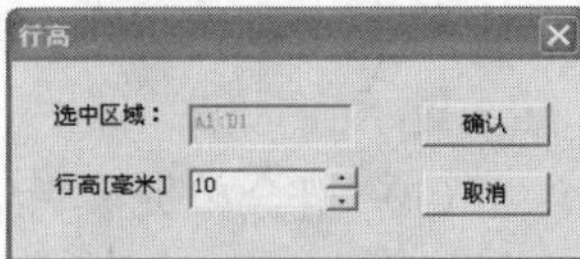

图 5—5

3. 单击“确定”按钮。

4. 选中 A2 至 C24 单元，再单击“格式”/“行高”命令，弹出“行高”对话框。

5. 输入 A2：C24 区域的行高“6”。

6. 单击“确认”按钮，行高设置完成。

7. 选中 A1 单元，单击“格式”/“列宽”命令，弹出“列宽”对话框。

8. 输入 A1 单元所在的列宽“70”，如图 5—6 所示。

列宽

选中区域：

确认

列宽[毫米]

70

取消

图 5—6

9. 选中 A2 至 C24 单元，再单击“格式”/“列宽”命令，弹出“列宽”对话框。

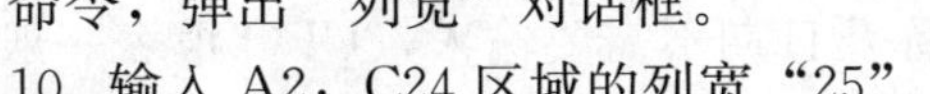

10. 输入 A2：C24 区域的列宽“25”。

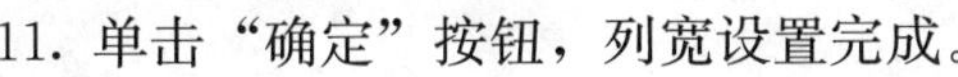

11. 单击“确定”按钮，列宽设置完成。

提示：

行高或列宽设置好后，如果不满意，还可以直接用鼠标拖动行线或列线改变行高或列宽。

四、画表格线

【操作步骤】

1. 选中 A4 至 C24 单元，单击“格式”/“区域画线”命令，弹出“区域画线”对话框。

2. 在对话框中选择画线类型为“网线”，样式为“单线”即可。如图 5—7 所示。

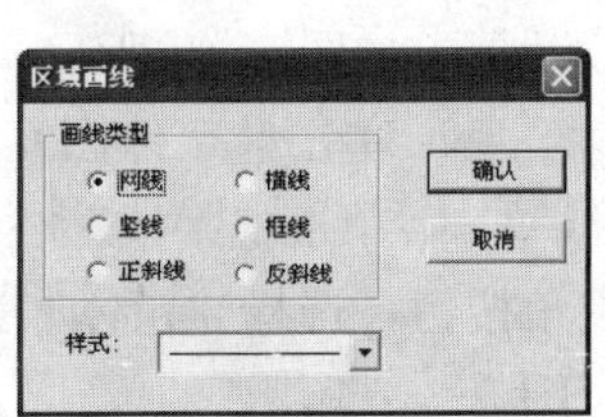
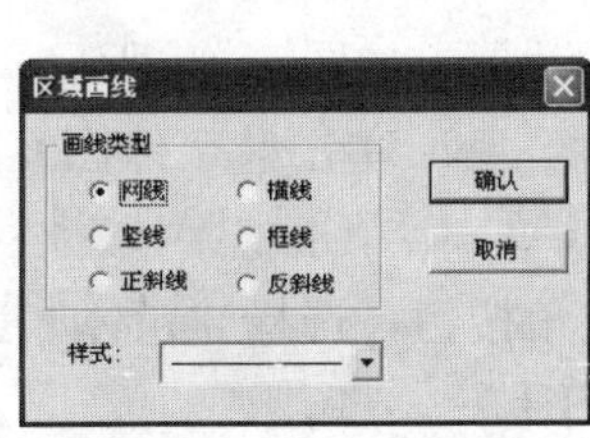

图 5—7

3. 单击“确定”按钮，表格画线设置完成。

五、定义组合单元

【操作步骤】

1. 选中 A1 至 C1 单元，单击“格式”/“组合单元”命令，弹出“组合单元”对话框，如图 5—8 所示。

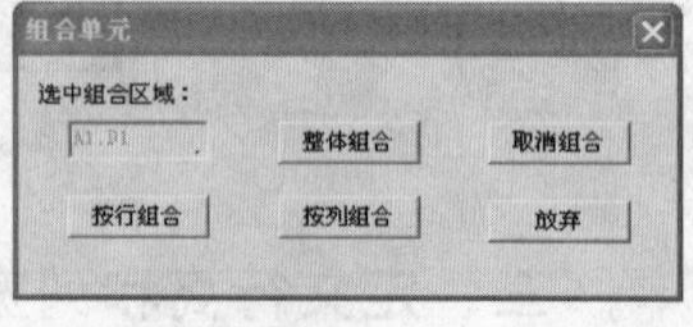

图 5—8

2. 在对话框中单击“按行组合”，将第一行组合为一个单元。

3. 单击“确定”按钮，组合单元设置完成。

4. 如果需要取消单元，则选中需要取消的组合单元，在“组合单元”对话框中单击“取消组合”按钮，则取消了组合单元。

提示：

(1) 组合单元实际上组合的是一个大的单元，所有针对单元的操作对组合单元均无效。

(2) 组合单元即可以选择按行组合，也可以选择整体组合，都是将选中的单元合并成一个整体。

六、输入项目内容

【操作步骤】

根据表 5—1 所给资料输入所有项目内容。

提示：

在录入报表项目内容时，单位名称及日期不需要输入，UFO 报表一般将其设置为关键字。

七、定义单元属性

【操作步骤】

1. 单击选中 A1 单元，单击“格式”/“单元属性”，打开“单元格属性”对话框，如图 5—9 所示。

2. 单击“字体图案”页签，打开“字体图案”页签。

3. 单击“字体”栏下三角按钮，选择“黑体”选项，单击“字型”栏下三角按钮，选择“粗体”选项。单击“字号”栏下三角按钮，选择“20”选项，如图 5—10 所示。

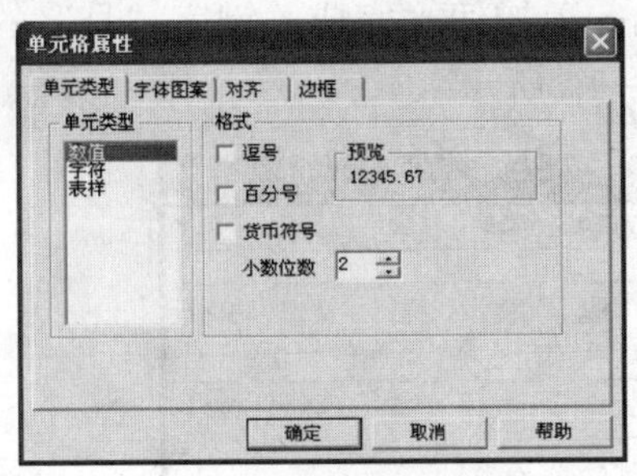

图 5—9

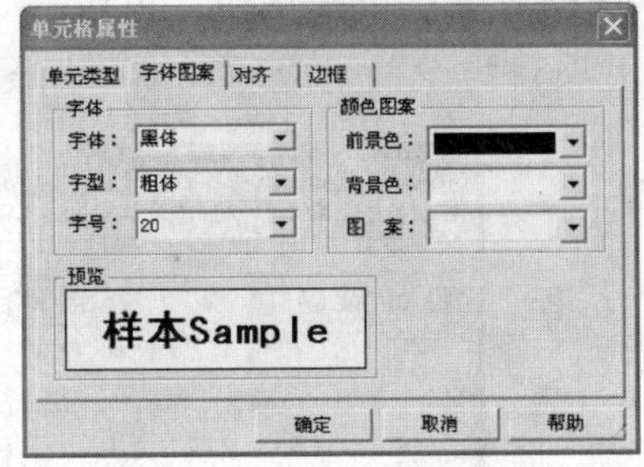

图 5—10

2. 单击“对齐”页签，单击“水平方向”的“居左”按钮，单击“垂直方向”的“居中”按钮，如图 5—11 所示。

3. 单击“确定”按钮。

4. 选中 A4 至 C24 单元，按照上述的步骤设置“字体图案”和“对齐”。

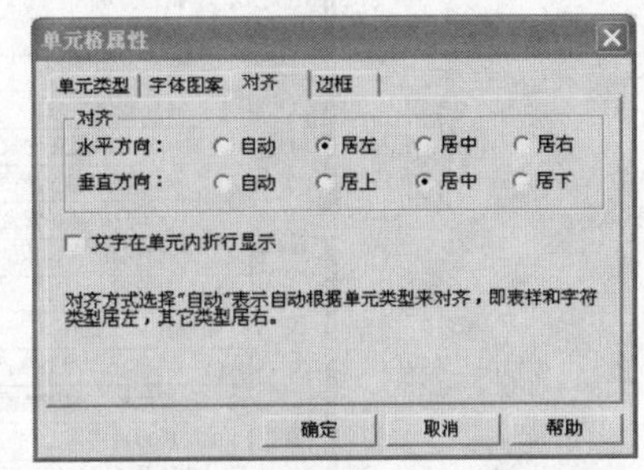

图 5—11

提示：

(1) 新建报表时，所有单元的类型均默认为数值型。

(2) 格式状态下输入的内容均默认为表样单元。

(3) 表样单元输入后对所有的表页有效，字符单元和数值单元只对本表页有效。

八、设置关键字

【操作步骤】

1. 单击 A3 单元，单击“数据”/“关键字”/“设置”命令，打开“设置关键字”对话框，如图 5—12 所示。

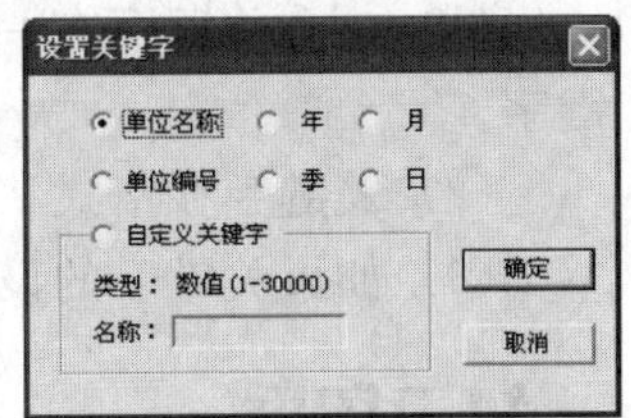

图 5—12

2. 选择“单位名称”单选按钮，单击“确定”按钮，完成关键字“单位名称”的设置。

3. 单击 A3 单元，单击“数据”/“关键字”/“设置”命令，打开“设置关键字”对话框。

4. 选择“年”单选按钮，再单击“确定”按钮，完成关键字“年”的设置。

5. 单击 B3 单元，单击“数据”/“关键字”/“设置”命令，打开“设置关键字”对话框。

6. 选择“月”单选按钮，再单击“确定”按钮。完成关键字“月”的设置。以上项目均设置完成后，结果如图 5—13 所示。

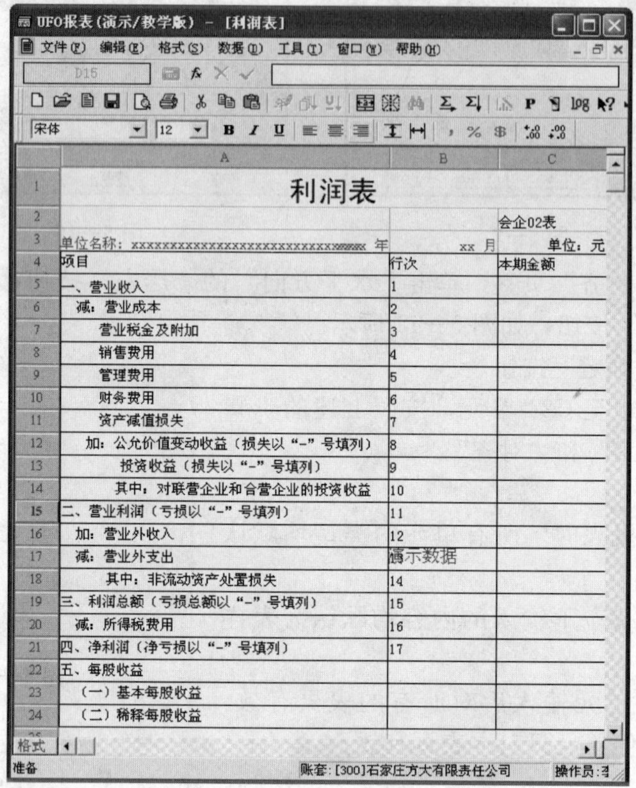

	A	B	C
1	利润表		
2			会企02表
3	单位名称：xxxxxxxxxxxxxxxxxxxxxxxxxxxxxxx 年	xx 月	单位：元
4	项目	行次	本期金额
5	一、营业收入	1	
6	减：营业成本	2	
7	营业税金及附加	3	
8	销售费用	4	
9	管理费用	5	
10	财务费用	6	
11	资产减值损失	7	
12	加：公允价值变动收益（损失以“-”号填列）	8	
13	投资收益（损失以“-”号填列）	9	
14	其中：对联营企业和合营企业的投资收益	10	
15	二、营业利润（亏损以“-”号填列）	11	
16	加：营业外收入	12	
17	减：营业外支出	演示数据	
18	其中：非流动资产处置损失	14	
19	三、利润总额（亏损总额以“-”号填列）	15	
20	减：所得税费用	16	
21	四、净利润（净亏损以“-”号填列）	17	
22	五、每股收益		
23	（一）基本每股收益		
24	（二）稀释每股收益		

图 5—13

提示：

（1）一个关键字在一个表中只能定义一次，即同一个表中不能有重复的关键字。

（2）关键字在格式状态下设置，关键字的值在数据状态下录入。

（3）如果关键字的设置错误，可以单击“数据”/“关键字”/“取消”。

·知识拓展·

同一个单元或组合单元的关键字定义完成以后，可能会发生重叠，还需要对关键字的位置进行调节，单击“数据”/“关键字”/“偏移”命令，输入关键字的相对偏移量，偏移量为负数值时表示向左移，为正数值时表示向右移。

第二节　报表公式编辑

·基本理论·

由于各种报表之间数据存在着紧密的逻辑关系，报表的各类数据采集、运算经常要用到一些公式。报表公式是指报表或报表数据单元的计算规则，主要包括单元公式、审核公式和舍位平衡公式。单元公式是指用来定义数据来源和运算关系的公式，根据数据来源不同，可分为账务取数公式、表页内部取数公式、本表他页取数公式和报表之间取数公式。因为报表数据间存在勾稽关系，通过编辑审核公式可检验报表数据编制的正确性。在进行报表汇总时，由于要统一报表数据的计量单位，会破坏原有的数据平衡关系，因此需要设置舍位平衡公式，以便对位数转换后的数据重新调整，自动恢复平衡关系。

·应用案例·

编辑利润表的单元公式、审核公式和舍位平衡公式。

·应用指南·

一、编辑单元公式——账务取数

【操作步骤】

1. 在“格式”状态下，单击 C5 单元，单击“数据”/“编辑公式”/“单元公式”，打开“定义公式”对话框，如图 5—14 所示。

图 5—14

2. 单击“函数向导”按钮，打开“函数向导”对话框，如图 5—15 所示，选择“函数分类”与“函数名”。

3. 单击“下一步”按钮，打开“用友账务函数”对话框，如图 5—16 所示。

4. 单击“参照”按钮，打开“账务函数”对话框，在“账套号”下拉列表框中选择“300”选项，在“会计年度”下拉列表框中选择“2010”选项，在“科目”文本框中输入“6001”，在“期间”下拉列表框中选择“月”选项，在“方向”下拉列表框中选择“贷”选项，如图 5—17 所示。

5. 单击“确定”按钮，回到“用友账务函数”对话框。

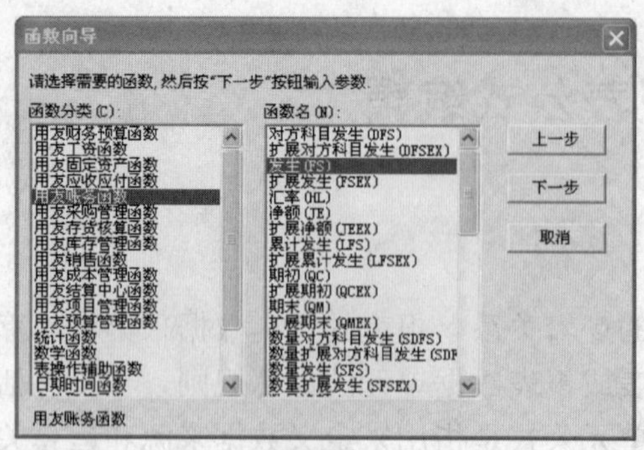

图 5—15

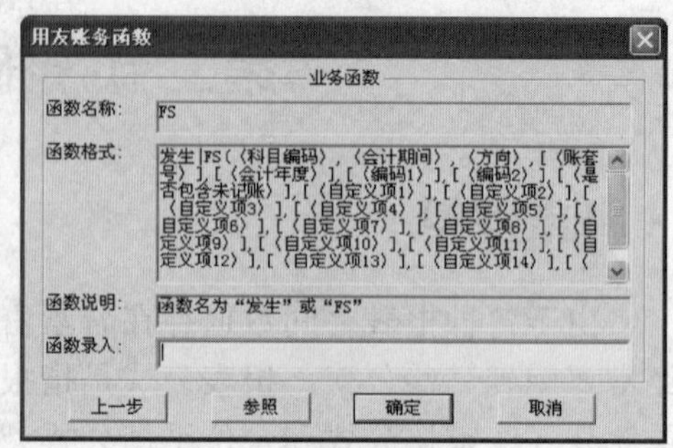

图 5—16

6. 单击“确定”按钮，回到“定义公式”对话框，如图 5—18 所示。

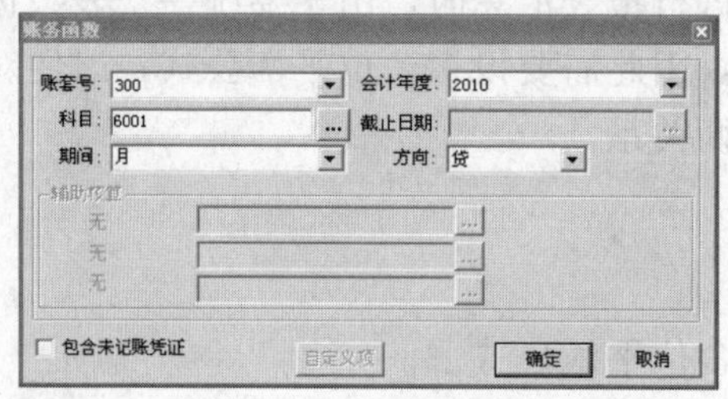

图 5—17

图 5—18

7. 在编辑框内继续输入“+”，然后单击“函数向导…”按钮，打开“函数向导”对话框。在“函数分类”列表框中选择“用友账务函数”，在“函数名”列表框中选择“发生（FS)”。

8. 单击“下一步”按钮，打开“用友账务函数”对话框，单击“参照”按钮，打开“账务函数”对话框。在“账套号”下拉列表框中选择“300”选项，在“会计年度”下拉列表框中选择“2010”选项，在“科目”文本框中输入“6051”选项，在“期间”下拉列表框中选择“月”选项，在“方向”下拉列表框中选择“贷”选项。

9. 单击“确定”按钮，回到“定义公式”对话框。

10. 单击“确认”按钮。C5 单元公式设置完成。

提示：

(1) 计算公式可以在“定义公式”对话框直接录入，也可以利用函数向导参照录入。

(2) 如果录入的会计科目有辅助核算，还可以在“账务函数”对话框录入相关辅助核算内容。

(3) 在“账务函数”对话框中，选中“包含未记账凭证”，表示将未记账凭证数据一起取到报表当中。

二、编辑单元公式——表页内部取数

【操作步骤】

1. 在“格式”状态下，单击 C19 单元，单击“数据”/“编辑公式”/“单元公式”命令，打开“定义公式”对话框。

2. 在编辑框内直接输入公式“C15＋C16－C17”。

3. 单击“确认”按钮。

4. 按照以上步骤编辑 C15 及 C21 单元的公式。

三、编辑审核公式

1. 在“格式”状态下，选择“数据”/“编辑公式”/“审核公式”命令，打开“审核公式”对话框。

2. 在“审核公式”对话框中依次输入公式“C15＝C5－C6－C7－C8－C9－C11＋C12＋C13,”，“C19＝C15＋C16－C17,”，“C21＝C19－C20,”，“MESS‘错误!’”。如图 5—19 所示。

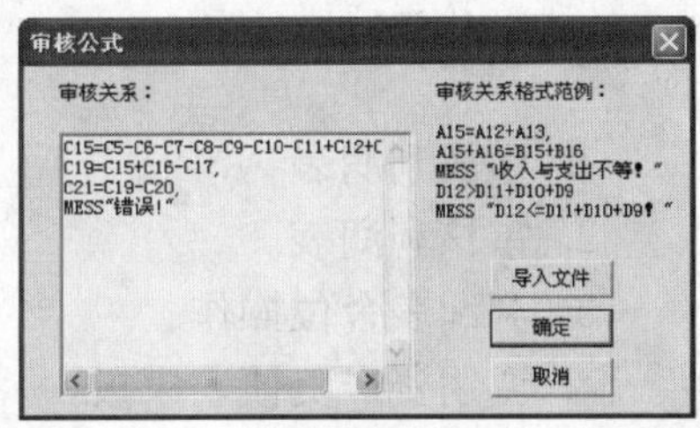

图 5—19

3. 录入完毕，检查无误后单击“确定”按钮，编辑审核公式完成。

四、编辑舍位平衡公式

1. 在“格式”状态下，选择“数据”/“编辑公式”/“舍位公式”命令，打开“舍位平衡公式”对话框。

2. 在“舍位平衡公式”对话框内输入舍位表名“A1”、舍位范围“C5：C24”、舍位位数“4”、及平衡公式“C21＝C19－C20,”，“C19＝C15＋C16－C17,”，“C15＝C5－C6－C7－C8－C9－C11＋C12＋C13”。如图 5—20 所示。

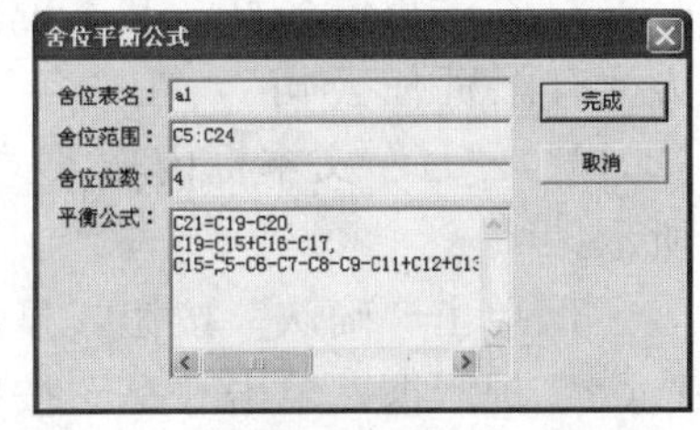

图 5—20

3. 输入完毕经检查无误后，单击“完成”按钮。舍位平衡公式设置完成。

提示：

（1）舍位表名不能与报表文件名相同。

（2）舍位范围包括需要舍位的所有数据。

（3）输入平衡公式时，公式之间用半角英文标点状态下的逗号隔开，最后一行的公式不用写逗号。

第三节　报表数据处理

·基本理论·

报表的格式和公式设置完毕之后，计算机根据公式自动进行数据采集、审核及舍位等处理工作，最终生成报表数据。报表数据处理主要包括：报表数据生成、报表数据审核、报表数据舍位操作和调用报表模板等操作。

·应用案例·

1. 生成利润表。
2. 审核利润表。
3. 利润表舍位操作。
4. 调用资产负债表模板。

·应用指南·

一、报表数据生成

【操作步骤】

1. 在“数据”状态下，单击“数据”/“关键字”/“录入”命令，打开“录入关键字”对话框。

2. 在“单位名称”文本框内输入“石家庄方大有限责任公司”，在“年”文本框内输入“2010”，“月”文本框内输入“1”，如图 5—21 所示。

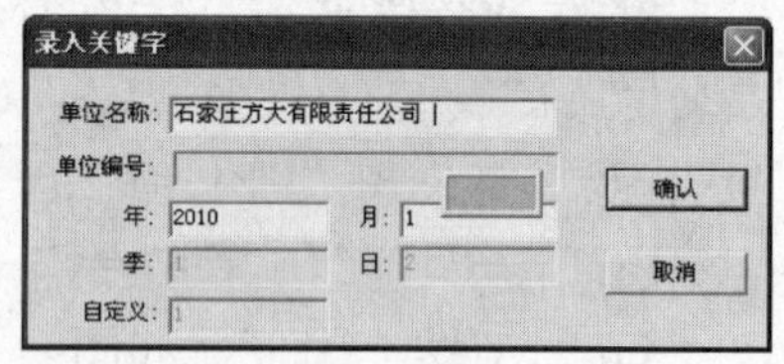

图 5—21

3. 单击“确认”按钮，显示“是否重算第 1 页?”提示框，单击“是”按钮，系统自动计算报表数据，生成该公司的利润表，如图 5—22 所示。

提示：

在编制报表时可以选择“数据”/“整表重算”命令，整表重算是指对报表的所有表页数据重新进行计算，表页计算只是将表页的数据进行计算。

UFO报表（演示/教学版） - [利润表]

文件(F) 编辑(E) 格式(S) 数据(D) 工具(T) 窗口(W) 帮助(H)

利润表

会企02表

单位名称：石家庄方大有限责任公司　2010 年　1 月　单位：元

项目	行次	本期金额
一、营业收入	1	80000.00
减：营业成本	2	
营业税金及附加	3	
销售费用	4	
管理费用	5	2000.00
财务费用	6	
资产减值损失	7	
加：公允价值变动收益（损失以“-”号填列）	8	
投资收益（损失以“-”号填列）	9	
其中：对联营企业和合营企业的投资收益	10	
二、营业利润（亏损以“-”号填列）	11	78000.00
加：营业外收入	12	
减：营业外支出	13	
其中：非流动资产处置损失	14	
三、利润总额（亏损总额以“-”号填列）	15	78000.00
减：所得税费用	16	
四、净利润（净亏损以“-”号填列）	17	78000.00
五、每股收益	18	
（一）基本每股收益	19	
（二）稀释每股收益	20	

演示数据

计算完毕！　账套：[300]石家庄方大有限责任公司

图 5—22

二、报表数据审核

【操作步骤】

1. 在“数据”状态下，单击“数据”/“审核”命令。
2. 系统开始对报表数据自动进行审核。
3. 审核无误后，在状态栏左下角显示“完全正确”，如图 5—23 所示。

二、营业利润（亏损以“-”号填列）	11	78000.00
加：营业外收入	12	
减：营业外支出	13	
其中：非流动资产处置损失	14	
三、利润总额（亏损总额以“-”号填列）	15	78000.00
减：所得税费用	16	
四、净利润（净亏损以“-”号填列）	17	78000.00
五、每股收益	18	
（一）基本每股收益	19	
（二）稀释每股收益	20	

数据　第1页

完全正确！

图 5—23

三、报表数据舍位操作

【操作步骤】

1. 在“数据”状态下，单击“数据”/“舍位平衡”命令。

2. 系统自动根据舍位平衡公式生成舍位平衡表“a1”，如图 5—24 所示。

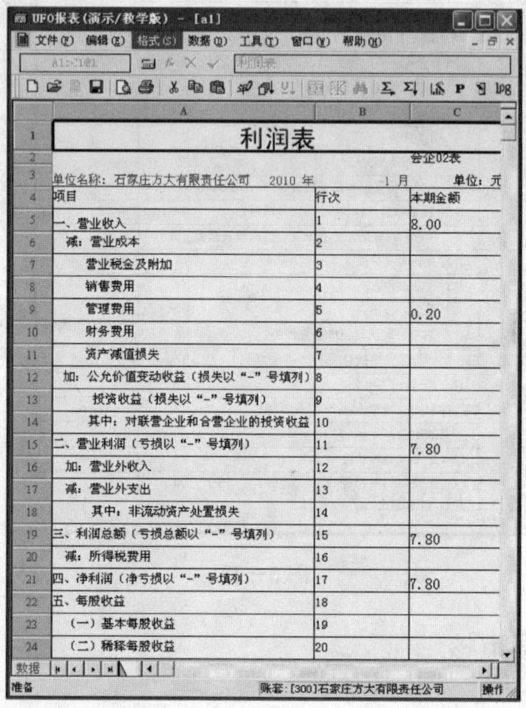

	A	B	C
1	利润表		
2			会企02表
3	单位名称：石家庄方大有限责任公司　2010 年	1 月	单位：元
4	项目	行次	本期金额
5	一、营业收入	1	8.00
6	减：营业成本	2	
7	营业税金及附加	3	
8	销售费用	4	
9	管理费用	5	0.20
10	财务费用	6	
11	资产减值损失	7	
12	加：公允价值变动收益（损失以“-”号填列）	8	
13	投资收益（损失以“-”号填列）	9	
14	其中：对联营企业和合营企业的投资收益	10	
15	二、营业利润（亏损以“-”号填列）	11	7.80
16	加：营业外收入	12	
17	减：营业外支出	13	
18	其中：非流动资产处置损失	14	
19	三、利润总额（亏损总额以“-”号填列）	15	7.80
20	减：所得税费用	16	
21	四、净利润（净亏损以“-”号填列）	17	7.80
22	五、每股收益	18	
23	（一）基本每股收益	19	
24	（二）稀释每股收益	20	

图 5—24

四、调用报表模板

【操作步骤】

1. 进入报表系统，单击“文件”/“新建”命令，系统新建一张空白报表。

2. 在“格式”状态下，单击“格式”/“报表模板”命令，打开“报表模板”对话框。

3. 单击“您所在的行业”栏的下三角按钮，选择“2007 年新会计制度科目”选项，如图 5—25 所示。

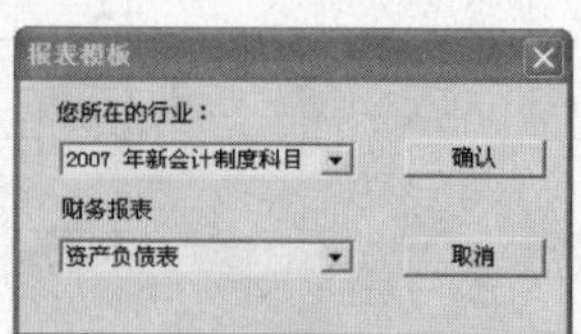

图 5—25

4. 单击“财务报表”栏的下三角按钮，选择“资产负债表”选项。

5. 单击“确认”按钮，显示信息提示框“模板格式将覆盖本表格式！是否继续?”，单击“确定”按钮，出现“资产负债表”模板。

提示：

(1) 如果调用的模板与需要的报表格式不一致，可在格式状态下修改，再在数据状态下录入关键字，计算报表数据。

(2) 自定义的报表（如上述自定义的利润表），可以通过“格式”/“自定义模板”命令保存为报表模板。

第四节　报表管理

·基本理论·

会计报表编制工作完成后，还需要对报表进行日常的管理工作，包括格式管理、表页管理、报表的数据管理等。

·应用案例·

1. 增加和删除行或列。
2. 增加和删除表页。
3. 透视。

·应用指南·

一、增加行或列

【操作步骤】

1. 进入报表系统，打开之前编制的“利润表”。

2. 在“格式”状态下，选中 A21 单元，单击“编辑”/“插入”/“行”命令，打开“插入行”对话框（追加行则选“追加”命令），在“插入行数量”编辑框中输入“1”，如图 5—26 所示。

3. 单击“确认”按钮，插入行设置完成，如图 5—27 所示。

提示：

在一张表页上增加行或列有两种方式：插入和追加。插入行或列是指在当前选中的行前面增加新的行或列；追加行或列是指在表页的最后一行或列后面增加新的行或列。

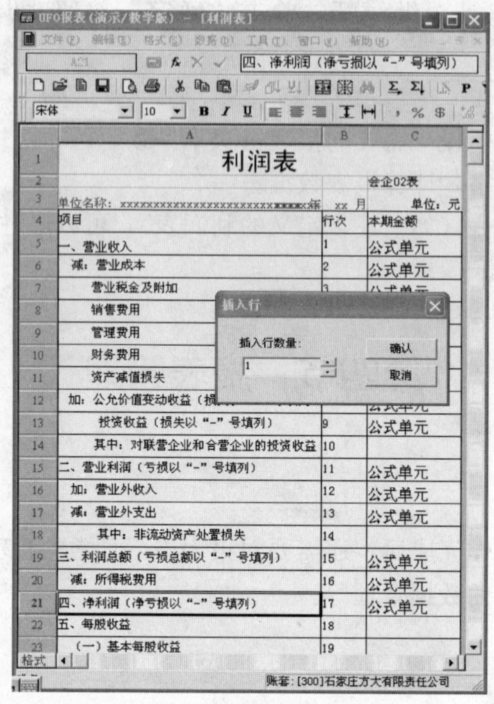

图 5—26

15	二、营业利润（亏损以“-”号填列）	11	公式单元
16	加：营业外收入	12	公式单元
17	减：营业外支出	13	公式单元
18	其中：非流动资产处置损失	14	
19	三、利润总额（亏损总额以“-”号填列）	15	公式单元
20	减：所得税费用	16	公式单元
21			
22	四、净利润（净亏损以“-”号填列）	17	公式单元

图 5—27

二、删除行或列

1. 在格式状态下，选中图 5—27 的 A21 单元。

2. 单击“编辑”/“删除”/“行”命令，显示信息提示框“是否要将第 21 行删除?”，单击“确定”按钮。

3. 选定的行被删除。

三、增加表页

【操作步骤】

1. 打开“利润表”，进入数据状态。

2. 单击“编辑”/“插入”/“表页”命令，打开“插入表页”对话框（追加表页则选“追加”命令），在“插入表页数”编辑框中输入要插入的表页数“1”，如图 5—28 所示。

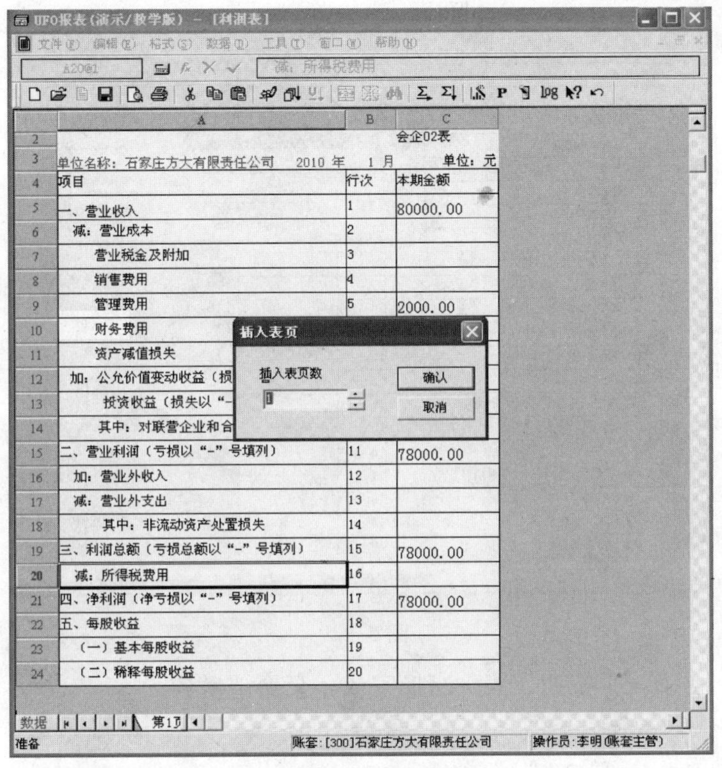

图 5—28

3. 单击“确认”按钮，在当前表页之前增加新表页。

提示：

对一个报表增加表页有两种方式：追加和插入。插入表页是指在当前表页前面增加新的表页；追加表页是指在最后一张表页后面增加新的表页。

四、交换表页

【操作步骤】

1. 打开“利润表”，进入数据状态。

2. 单击“编辑”/“交换”/“表页”命令，打开“交换表页”对话框。

3. 在“源页号”编辑框中输入原先的表页页号，在“目标页号”编辑框中输入要调换到的表页页号，如图 5—29 所示。

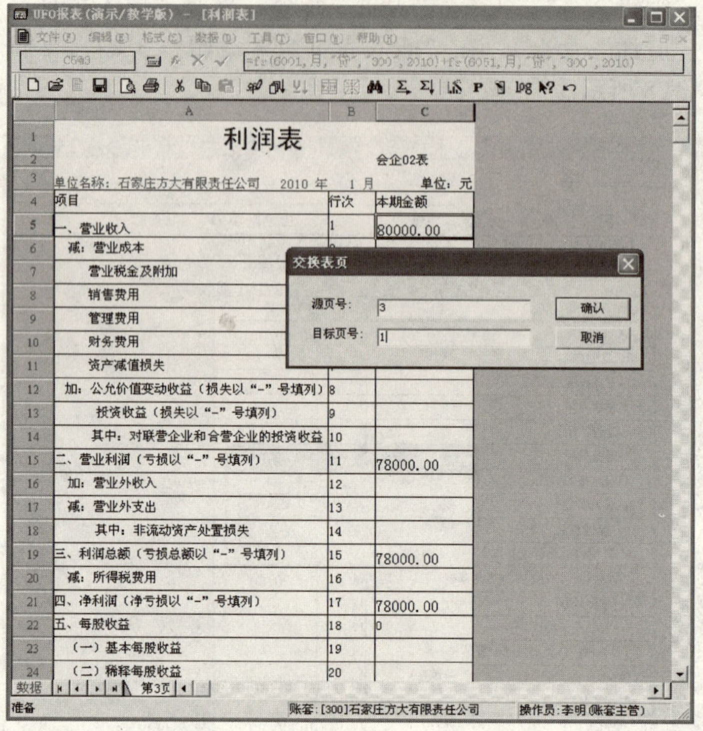

图 5—29

4. 单击“确认”按钮，表页交换完成。交换结果如图 5—30 所示。

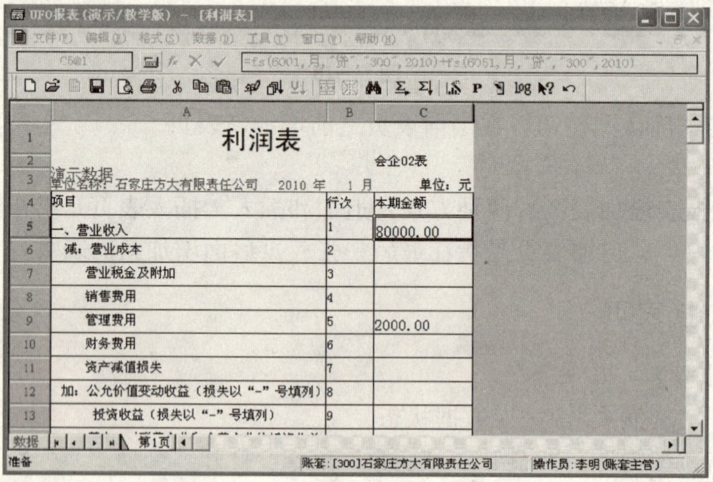

UFO报表(演示/教学版) - [利润表]

文件(F) 编辑(E) 格式(S) 数据(D) 工具(T) 窗口(W) 帮助(H)

C5@1　=fs(6001,月,"贷","300",2010)+fs(6051,月,"贷","300",2010)

	A	B	C
1	利润表		
2			会企02表
3	演示数据 单位名称：石家庄方大有限责任公司　2010 年　1 月		单位：元
4	项目	行次	本期金额
5	一、营业收入	1	80000.00
6	减：营业成本	2	
7	营业税金及附加	3	
8	销售费用	4	
9	管理费用	5	2000.00
10	财务费用	6	
11	资产减值损失	7	
12	加：公允价值变动收益（损失以“-”号填列）	8	
13	投资收益（损失以“-”号填列）	9	

数据　第1页

准备　账套：[300]石家庄方大有限责任公司　操作员：李明(账套主管)

图 5—30

五、删除表页

【操作步骤】

1. 打开“利润表”，进入数据状态。

2. 单击“编辑”/“删除”/“表页”命令，打开“删除表页”对话框。

3. 在“删除表页”编辑框中输入要删除的表页页号，如图 5—31 所示。

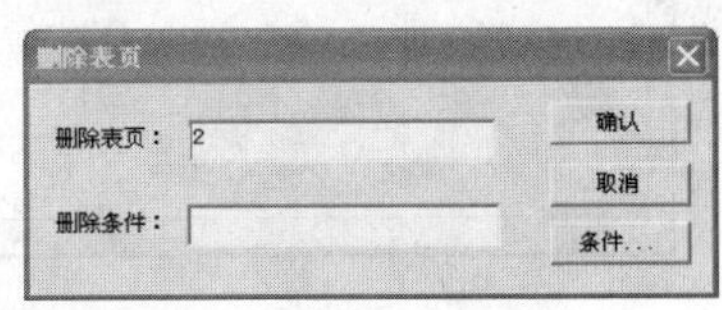

图 5—31

4. 单击“确认”按钮，系统删除所选中的表页。

六、透视

【操作步骤】

1. 打开“利润表”，进入数据状态，选中第 1 张表页。

2. 单击“数据”/“透视”命令，打开“多区域透视”对话框。

3. 在“输入透视区域范围”编辑框中输入“C9，C15”，在“输入列标字串”编辑框中输入“管理费用，营业利润”，如图 5—32 所示。

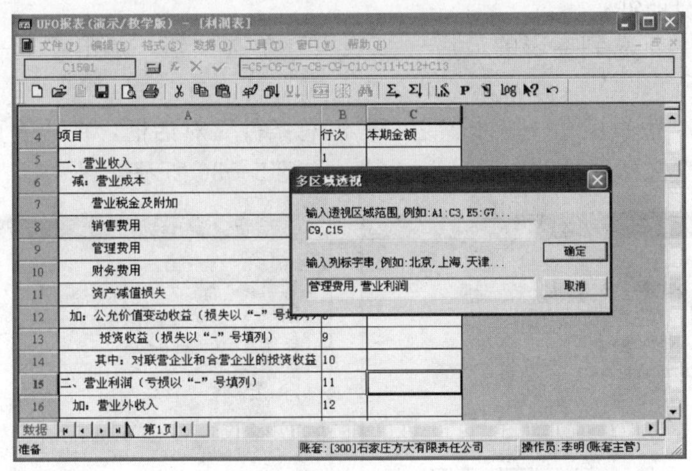

图 5—32

4. 单击“确定”按钮，打开“透视”对话框，如图 5—33 所示，可看到各表页的关键值显示在相应数据的右边。

5. 单击“保存”按钮，打开“保存为”对话框，确认好存放路径和文件名，如图 5—34 所示，单击“另存为”按钮，显示“是否确定全表重算？”信息提示框，单击“是”按钮，系统自动进行重算。

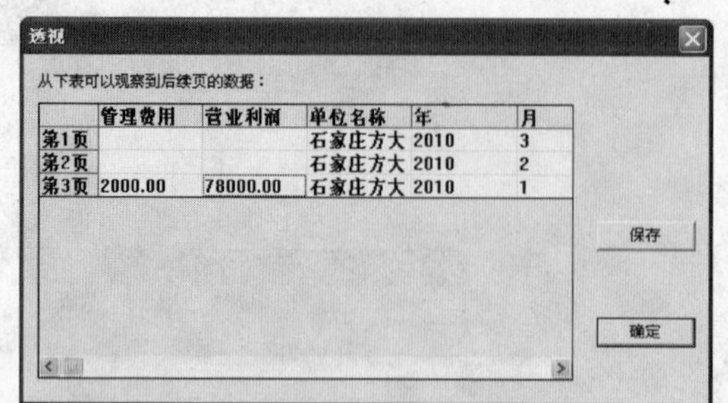

图 5—33

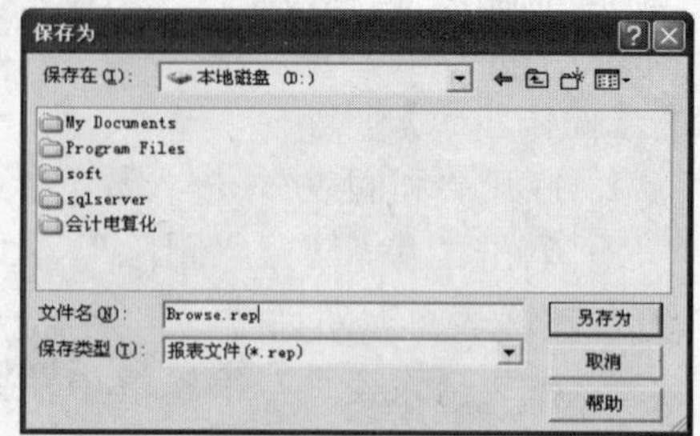

图 5—34

提示：

系统只对当前表页后的所有表页数据进行透视，即不能透视当前表页以前的表页数据，也不能透视中间某一段表页的数据。

七、数据汇总

【操作步骤】

1. 打开“利润表”，进入数据状态。

2. 单击“数据”/“汇总”/“表页”命令，打开“表页汇总—三步骤之一—汇总方向”对话框。

3. 选中“汇总到本表的最后一张表页”单选按钮，单击“下一步”按钮，如图 5—35 所示。

4. 打开“表页汇总—三步骤之二—汇总条件”对话框，在“表页汇总条件”编辑框中依次选择“月”、“＜＝”、“3”。如图 5—36 所示。

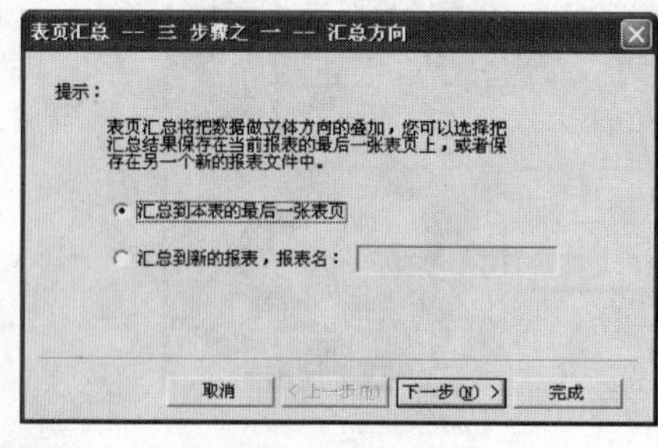

图 5—35

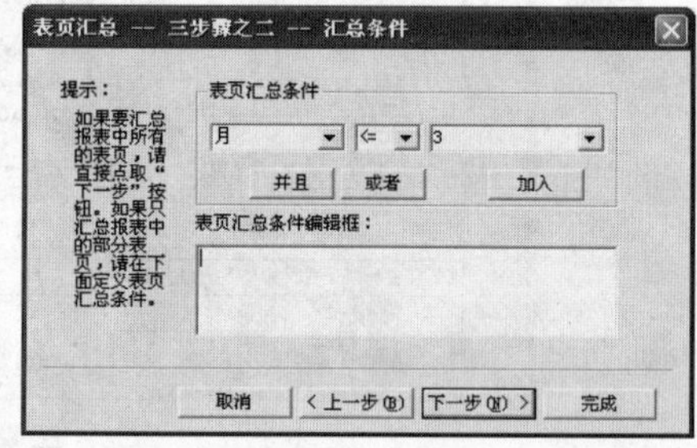

图 5—36

5. 单击“下一步”按钮，打开“表页汇总—三步骤之三—汇总位置”对话框，选择“按物理位置汇总”。

6. 单击“完成”按钮，系统自动开始进行汇总，生成汇总结果，显示“汇总完毕”的提示文字。

·本章小结·

本章内容主要包括：

1. 报表格式定义的操作流程：设置表尺寸、定义行高和列宽、画表格线、定义组合单元、输入项目内容、定义单元属性、设置关键字。

2. 编辑报表公式包括单元公式、审核公式和舍位平衡公式的编辑。

3. 报表的日常的处理工作包括：格式管理、表页管理和报表的数据管理等。

·思考题·

1. 报表格式定义的主要内容是什么？

2. 报表公式包括哪几类？报表公式应在哪种状态下输入？

3. 关键字有什么作用？

4. 简述如何进行报表数据汇总。

习题

一、单项选择题

1. 报表中的单元是指（　　）。

A. 行　　B. 区域

C. 列　　D. 行和列确定的方块

2. 构成报表的基本单位是（　　）。

A. 变动单元　　B. 表体

C. 单元　　D. 组合单元

3. 在报表管理系统中，能在数据状态下完成的任务是（　　）。

A. 修改公式　　B. 设置关键字

C. 定义报表格式　　D. 舍位平衡

4. 如果发现报表管理系统生成的报表单元公式发生错误，可以（　　）。

A. 直接修改公式　　B. 返回格式状态修改公式

C. 直接键入正确的数据　　D. 返回格式状态修改数据

5. 在报表数据处理中，追加表页是在（　　）插入若干张空白表页。

A. 第一张表页前面　　B. 当前表页前面

C. 当前表页后面　　D. 第一张表页后面

二、多项选择题

1. 下列操作中必须在数据状态下完成的有（　　）。

A. 整表重算　　B. 审核操作
C. 设置列宽　　D. 单元组合

2. 在报表系统中，报表的数据来源包括（　　）。

A. 从报表系统自身取数　　B. 从软件其他模块取数
C. 从账务系统取数　　D. 从系统外部取数

3. 在报表系统中，单元属性主要是指单元内容的性质，如（　　）。

A. 表样　　B. 数值
C. 字体　　D. 字符

4. 在报表系统中，报表公式主要有（　　）。

A. 单元公式　　B. 合并报表公式
C. 舍位平衡公式　　D. 审核公式

5. 下列（　　）工作是在报表的格式状态下进行的。

A. 追加表页　　B. 定义单元属性
C. 画表格线　　D. 定义组合单元

三、判断题

1.（　　）在报表系统中，关键字的主要作用是标识表页。
2.（　　）在数据状态下可以修改报表的单元公式。
3.（　　）组合单元是指单元的合并。
4.（　　）增加表页的操作只能通过“编辑”菜单下的“插入”功能完成。
5.（　　）在报表系统的格式状态下，可以进行追加表页的操作。

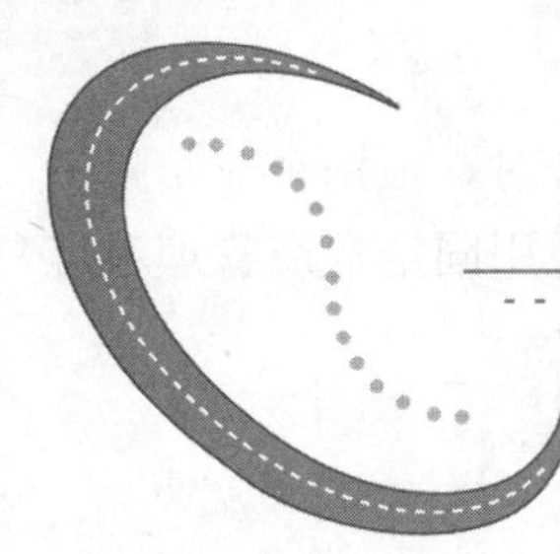

第六章 固定资产管理系统

【内容导航】

固定资产在企业总资产中所占的比重很大，正确核算和严格管理固定资产对企业的生产经营具有重大的意义。固定资产管理系统是一套用于各类企业和行政事业单位进行固定资产核算和管理的软件，借助这个管理工具，企业固定资产日常业务的核算和管理将更加方便和快捷。

【学习目标】

- 了解固定资产管理系统的主要功能
- 掌握固定资产管理系统初始化的操作方法
- 掌握固定资产管理系统日常业务处理的操作方法
- 掌握固定资产管理系统期末处理的操作方法
- 掌握固定资产管理系统各种账表的查询方法

固定资产管理系统是用友 ERP-U8 应用系统的一个子系统，主要帮助企业的财务部门进行固定资产净值、累计折旧数据的动态管理，并协助设备管理部门做好固定资产管理工作。这个系统的主要作用是完成企业固定资产日常业务的核算和管理，生成固定资产卡片，按月反映固定资产的增加、减少、原值变化及其他变动，并输出相应的增减变动明细账，按月自动计提折旧，生成折旧分配凭证，同时输出相关的报表和账簿。固定资产管理系统的主要功能包括以下几部分。

一、初始设置

初始设置的过程是指用户第一次使用固定资产管理系统时，根据企业实际情况，建立一个适应自身特点的固定资产账套的过程，它是使用固定资产管理系统管理资产的基础。

二、业务处理

业务处理主要涉及企业平时的固定资产卡片管理、固定资产的增减管理、固定资产的各种变动管理以及有关记账凭证的编制。固定资产日常业务处理的工作量虽然不大，但若处理不正确则会影响折旧的计提。

三、计提折旧

自动计提折旧是固定资产管理系统的主要功能之一。系统每期计提折旧一次，根据录入系统的资料自动计算每项资产的折旧，自动生成折旧分配表和机制凭证，并将本期的折旧费用自动登账。

四、输出报表

以报表的形式将固定资产的相关信息提供给财务人员和资产管理人员是固定资产管理系统的第四大功能。固定资产管理系统不仅能够提供分析表、账簿、统计表、折旧表、减值准备表五种形式的报表，同时还提供了强大的联查功能，真正实现了方便、快捷的查询模式。

第一节　固定资产管理系统初始设置

·基本理论·

初始设置的过程也是一个将通用的会计软件转化为适用于处理本单位会计业务的专用系统的过程。初始设置的好坏对于系统能否高效率的使用具有举足轻重的作用。固定资产管理系统的初始设置主要包括建立固定资产账套、基础设置和原始卡片录入三项内容。

一、建立固定资产账套

在新建账套初次使用固定资产系统时，系统会提示“这是第一次打开此账套，还未进行过初始化，是否进行初始化?”。系统初始化是使用固定资产系统管理资产的首要操作，是根据单位的具体情况，建立一个适合自己需要的固定资产子账套的过程。设置的内容主要包括：约定及说明、启用月份、折旧信息、编码方式、账务接口和完成六部分。

二、基础设置

基础设置包括资产分类、卡片项目、卡片样式、折旧方法、部门、使用状况、增减方式等的设置。这些基础设置是使用固定资产管理系统进行资产管理和核算的基础，除资产分类和建账期初数据必须由用户自己设置外，其他各项如没有特殊需要可使用默认的内容，不再设置。

三、原始卡片录入

原始卡片是指卡片所记录的资产的开始使用日期的月份大于其录入系统的月份。在使用固定资产管理系统进行核算前，必须将原始卡片资料录入系统，以保持历史资料的连续性。原始卡片不要求必须在第一个期间结账前录入，任何时候都可以录入原始卡片。

·应用案例·

石家庄方大有限责任公司为满足固定资产核算业务的需要，于2010年1月1日启用固定资产管理系统。账套主管李明负责固定资产管理系统的初始设置，会计王芳负责固定资产日常业务处理及月末处理等操作。

该公司固定资产核算基本情况如下：

1. 折旧政策。

(1) 固定资产折旧采用平均年限法，按使用部门逐月计提；

(2) 在固定资产可使用的最后一个月，将剩余折旧全部提足；

(3) 企业在经营过程中如遇折旧要素发生变动，按变动后的要素计提折旧。

2. 编码规则。

固定资产类别编码执行国家标准（GT/T14885—96），即六位四级2112，编码方式采用“类别编码＋部门编码＋序号”的方式由系统自动生成。

3. 账务接口。

每月需将固定资产管理系统中所有资产原值和累计折旧与总账系统对账，对账不平衡允许固定资产管理系统结账。

4. 其他有关规定。

(1) 固定资产有关业务发生后应该立即编制记账凭证；

（2）月末结账前一定要完成制单登账业务；

（3）编制记账凭证时，固定资产的缺省记账科目为“固定资产”，累计折旧的缺省记账科目为“累计折旧”。

5．固定资产初始资料。

（1）资产类别（如表6—1所示）。

表6—1　　固定资产分类信息

类别名称	净残值率	计提属性
房屋建筑物	4%	总计提
机器设备	4%	正常计提
——交通运输设备	4%	正常计提
——生产设备	4%	正常计提
——办公设备	4%	正常计提

（2）部门对应折旧科目（如表6—2所示）。

表6—2　　部门对应折旧科目

部门	对应折旧科目
综合部、采购部、研发部、财务部、仓库	管理费用/折旧费
销售部	销售费用/折旧费
生产部	制造费用/折旧费

（3）增减方式对应入账科目（如表6—3所示）。

表6—3　　增减方式对应入账科目

增加方式	对应入账科目	减少方式	对应入账科目
直接购入	银行存款/工行存款	出售	固定资产清理
投资者投入	实收资本	盘亏	待处理财产损益/待处理固定资产损益
捐赠	资本公积	投资转出	固定资产清理
盘盈	以前年度损益调整	捐赠转出	营业外支出
在建工程转入	在建工程	报废	固定资产清理
融资租入	长期应付款	毁损	固定资产清理

（4）固定资产原始卡片资料（如表6—4所示）。

表6—4　　固定资产原始卡片资料

卡片编号	00001	00002	00003	00004
固定资产名称	办公楼	小汽车	自动生产线	厂房
类别名称	房屋建筑物	交通运输设备	生产设备	房屋建筑物
部门名称	综合部	销售部	生产部	生产部

续前表

卡片编号	00001	00002	00003	00004
增加方式	直接购入	直接购入	直接购入	直接购入
使用状况	在用	在用	在用	在用
使用年限（年）	32	8	8	20
开始使用日期	2007-12-20	2008-12-15	2007-12-01	2007-12-21
原值（元）	4 000 000	1 000 000	2 500 000	750 000
累计折旧（元）	240 000	120 000	600 000	72 000
净残值率	4%	4%	4%	4%
月折旧率	0.25%	1%	1%	0.4%

·应用指南·

一、固定资产系统启用及初始化

【操作步骤】

1. 启动计算机后，单击“开始”/“程序”/“用友 ERP-U8 普及版 V3.0”/“企业门户”，打开“注册［企业门户］”对话框。

2. 输入操作员“001”，在“账套”下拉列表中选择“［300］石家庄方大有限责任公司”，操作日期为“2010-01-01”，单击“确定”按钮，进入企业门户，如图 6—1 所示。

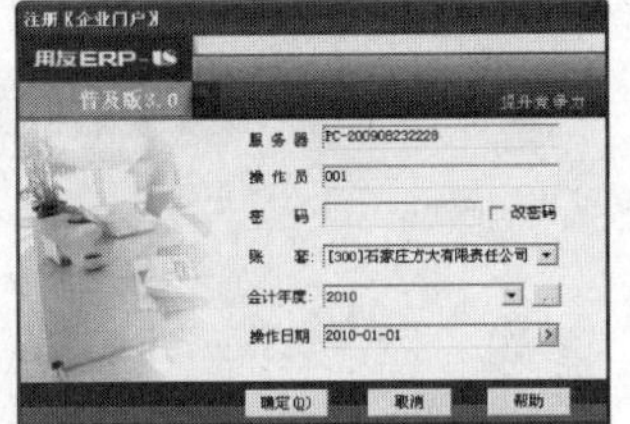

图 6—1

3. 单击“设置/基本信息/系统启用”，打开“系统启用”对话框，选中“FA 固定资产”复选框，弹出“日历”对话框，如图 6—2 所示，选择启用日期为“2010-01-01”，单击“确定”按钮，系统弹出“确实要启用当前系统吗?”提示信息对话框，如图 6—3 所示，单击“是”按钮返回。

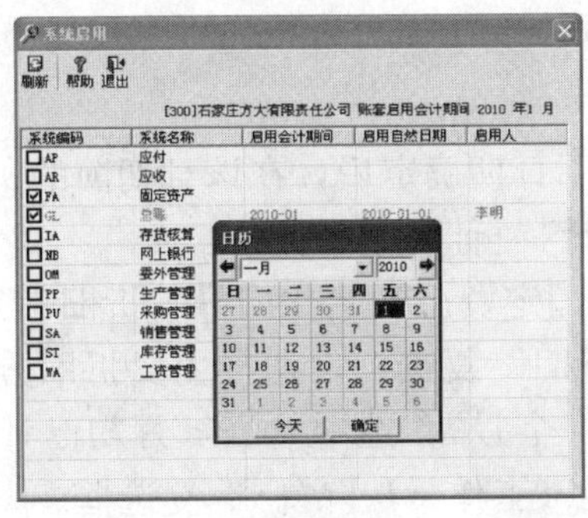

图 6—2

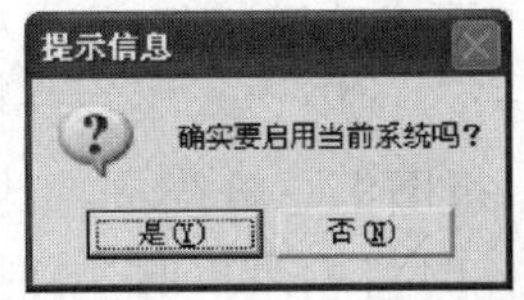

图 6—3

4. 在“企业门户”中单击“业务/财务会计/固定资产”，系统弹出“这是第一次打开此账套，还未进行过初始化，是否进行初始化?”提示信息对话框，如图 6—4 所示，单击“是”按钮，打开“固定资产初始化向导—约定及说明”对话框，如图 6—5 所示。

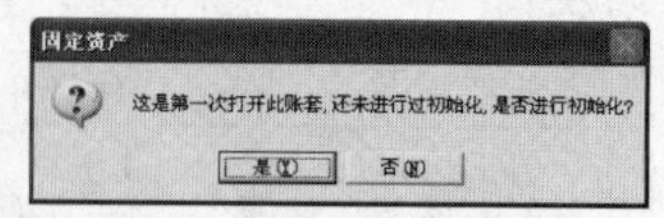

图 6—4

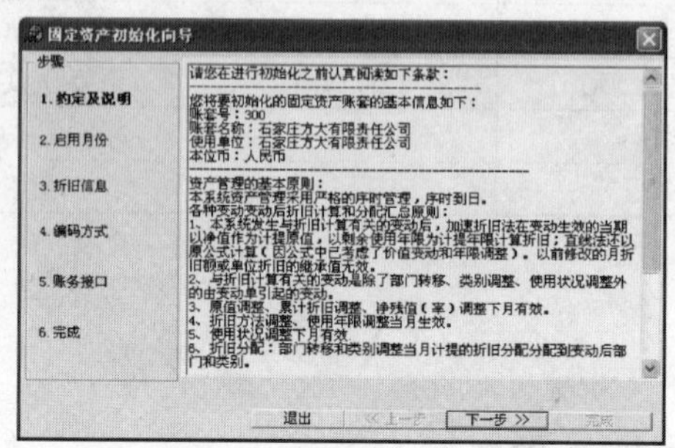

图 6—5

5. 单击“下一步”按钮，进入“固定资产初始化向导—启用月份”对话框，启用月份默认为“2010. 01”，如图 6—6 所示。

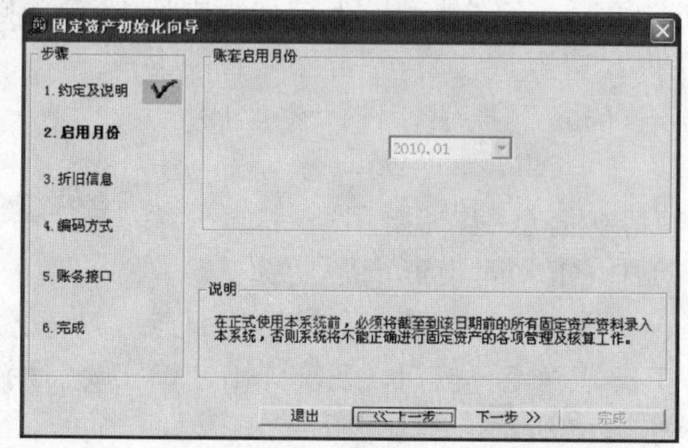

图 6—6

提示：

启用日期只能查看不能修改。启用日期确定后，在该日期前的所有固定资产都将作为期初数据，从启用月份开始计提折旧。

6. 单击“下一步”按钮，进入“固定资产初始化向导—折旧信息”对话框，如图 6—7 所示。选中“本账套计提折旧”复选框，选择主要折旧方法“平均年限法（一）”，折旧汇总分配周期为“1 个月”，选中“当（月初已计提月份=可使用月份−1）时将剩余折旧全部提足（工作量法除外）”复选框。

栏目说明：

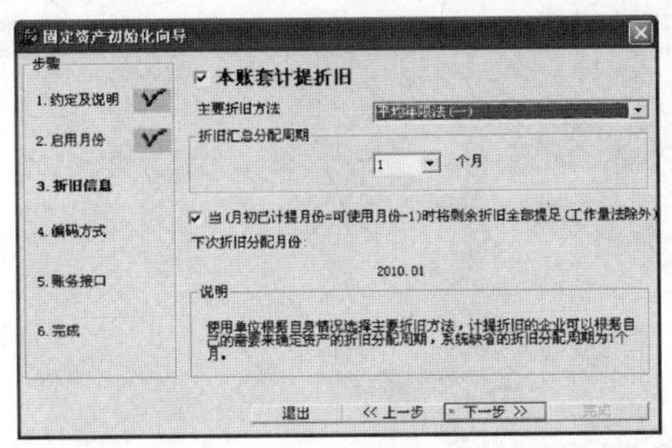

图 6—7

（1）本账套计提折旧：根据企业性质确定本账套是否计提折旧，按照制度规定，行政事业单位的所有资产不计提折旧，企业单位资产需要计提折旧。此项目初始化完成后不能修改。

（2）折旧汇总分配周期：确定折旧计提和费用归集分配的期间。企业在实际计提折旧时，不一定每个月计提一次，可能因行业和自身情况，每季度、半年或一年计提一次。

7. 单击“下一步”按钮，进入“固定资产初始化向导—编码方式”对话框，确定资产类别编码长度为“2112”，固定资产编码方式选择“自动编码”且为“类别编号＋部门编号＋序号”，序号长度为“3”，如图 6—8 所示。

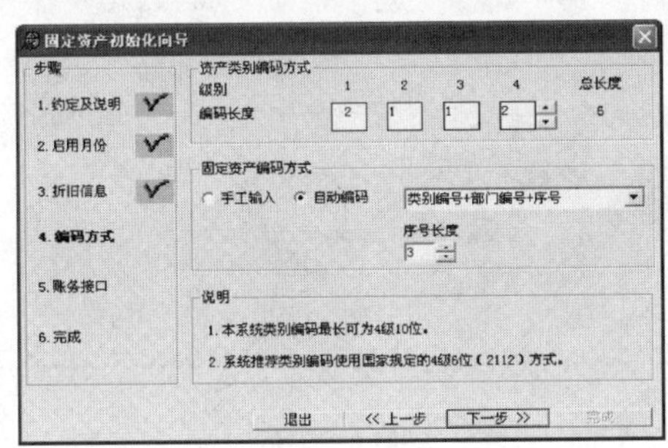

图 6—8

提示：

每个账套只能设置一种自动编码方式，一经设定不得修改。

8. 单击“下一步”按钮，进入“固定资产初始化向导—账务接口”对话框，选中“与账务系统进行对账”复选框，选择固定资产对账科目为“1601，固定资产”，累计折旧对账科目为“1602，累计折旧”，选中“在对账不平情况下允许固定资产月末结账”复选框，如图 6—9 所示。

提示：

选择的对账科目应与账务系统中对应的一级科目一致，因为固定资产系统提

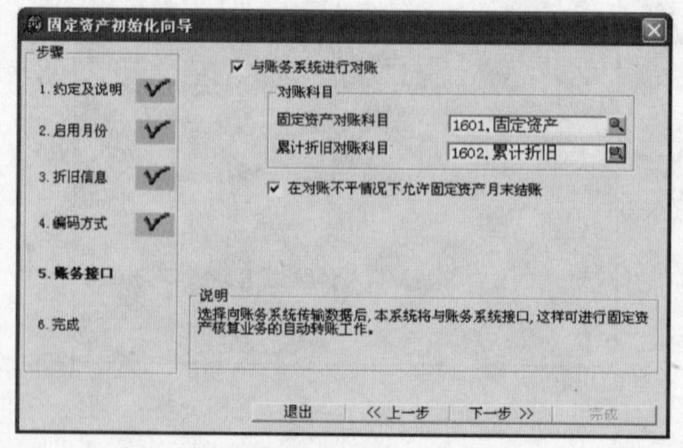

图 6—9

供要对账的数据是系统内资产的原值及累计折旧合计数。

9. 单击“下一步”按钮，进入“固定资产初始化向导—完成”对话框，如图 6—10 所示。单击“完成”按钮，完成本账套的初始化，系统弹出“是否确定所设置的信息完全正确并保存对新账套的所有设置?”提示信息对话框，如图 6—11 所示。

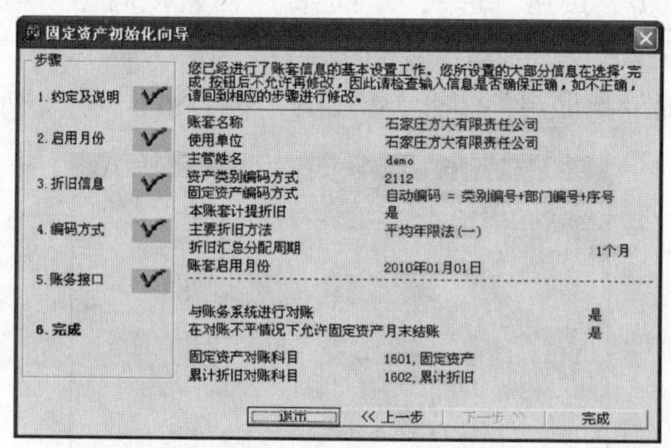

图 6—10

10. 单击“是”按钮，系统弹出“已成功初始化本固定资产账套!”提示信息对话框，如图 6—12 所示，单击“确定”按钮。

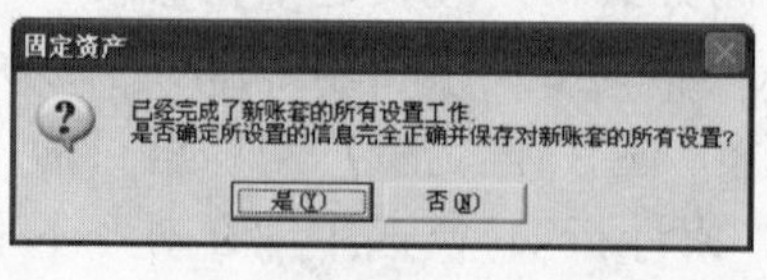

图 6—11

图 6—12

二、选项卡的设置

【操作步骤】

1. 单击“设置/选项”，打开“选项”对话框，如图 6—13 所示。

2. 单击“编辑”按钮，打开“与账务系统接口”选项卡，选中“业务发生后立即制单”复选框，“［固定资产］缺省入账科目”为“1601，固定资产”，“［累计折旧］缺省入账科目”为“1602，累计折旧”，其余为系统默认值，如图 6—14 所示，设置完成后单击“确定”按钮。

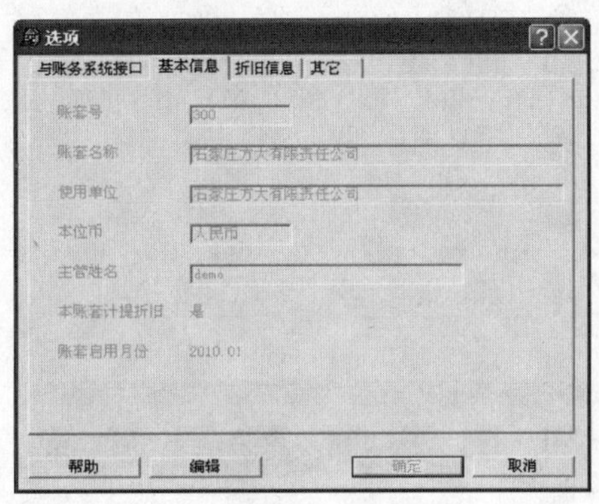

图 6—13

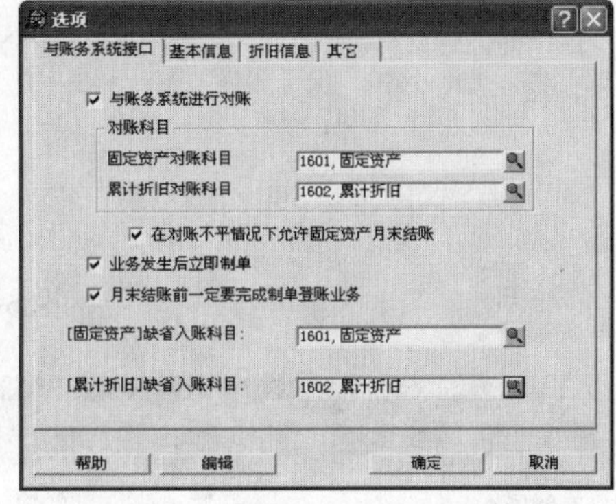

图 6—14

提示：

（1）选项中包括在账套初始化中设置的参数和其他一些在账套运行中使用的参数或判断，共有四个页签。

（2）“基本信息”页签中所有内容在系统初始化设置后不能修改。

三、资产类别设置

【操作步骤】

1. 单击“设置/资产类别”，打开“类别编码表”窗口。

2. 单击“增加”按钮，输入类别名称“房屋建筑物”、净残值率为“4%”，选择计量属性“总提折旧”，单击“保存”按钮，如图 6—15 所示。

3. 重复上面的操作继续增加其他资产类别。结果如图 6—16 所示。

提示：

（1）资产类别编码不能重复，同一级的类别名称不能相同。

（2）类别编码、类别名称、计提属性、卡片样式不能为空。

（3）已使用过的类别不能设置新下级。

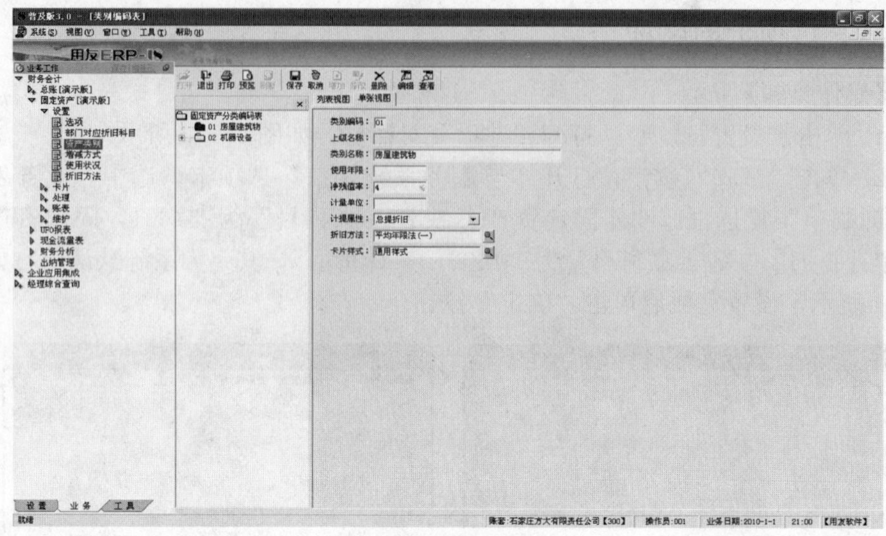

图 6—15

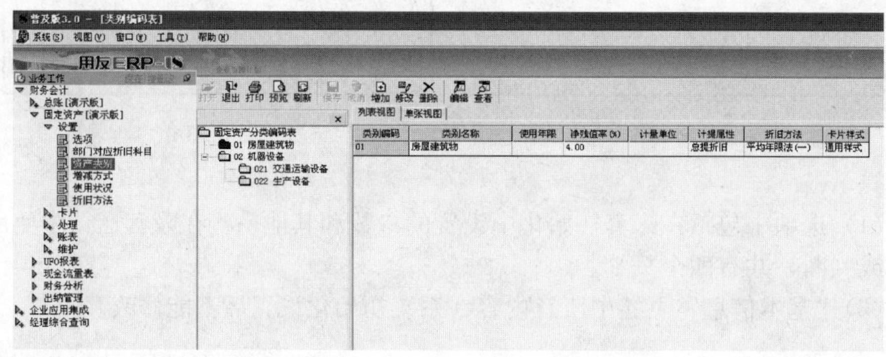

图 6—16

四、部门对应折旧科目设置

【操作步骤】

1. 单击“设置/部门对应折旧科目”，打开“部门编码表”窗口。

2. 选择部门“综合部”，单击“修改”按钮，选择输入折旧科目“660206，折旧费”，单击“保存”按钮。系统弹出“是否将［综合部］部门的所有下级部门的折旧科目替换为［折旧费］？如果选择是，请在成功保存后点［刷新］查看。”提示信息对话框，单击“是”按钮，如图 6—17 所示。

3. 重复上面的操作完成对其他部门折旧科目的设置。

提示：

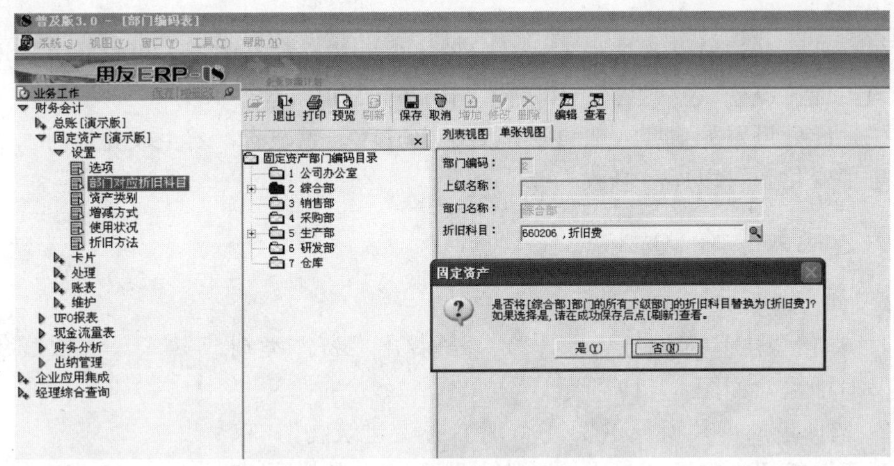

图 6—17

(1) 设置上级部门的折旧科目，下级部门可以自动继承，如本例所示。同一部门的下级部门也可以选择不同的折旧科目。

(2) 设置部门对应折旧科目时，必须选择末级会计科目。

五、增减方式设置

【操作步骤】

1. 单击“设置/增减方式”，打开“部门编码表”窗口。

2. 选择增加方式“直接购入”，单击“修改”按钮，选择输入对应入账科目“100201，工行存款”，单击“保存”按钮，如图 6—18 所示。

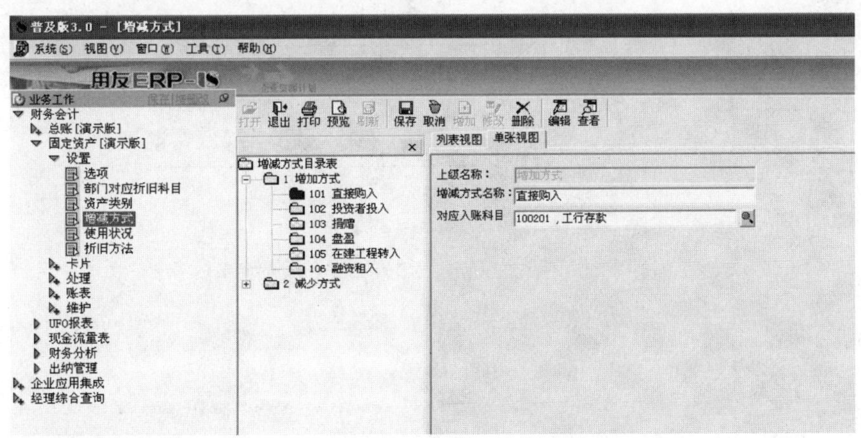

图 6—18

3. 重复上面的操作完成对其他增减方式对应入账科目的设置。

提示：

（1）系统默认有六种增加方式和七种减少方式，如有需要，可对其进行增减和修改，但“盘盈”、“盘亏”、“毁损”不能修改和删除。

（2）此处设置的对应入账科目是为了生成凭证时缺省。若生成凭证时入账科目发生了变化，可以即时修改。

六、录入原始卡片

【操作步骤】

1. 单击“卡片/录入原始卡片”，系统弹出“资产类别参照”对话框，如图 6—19 所示。

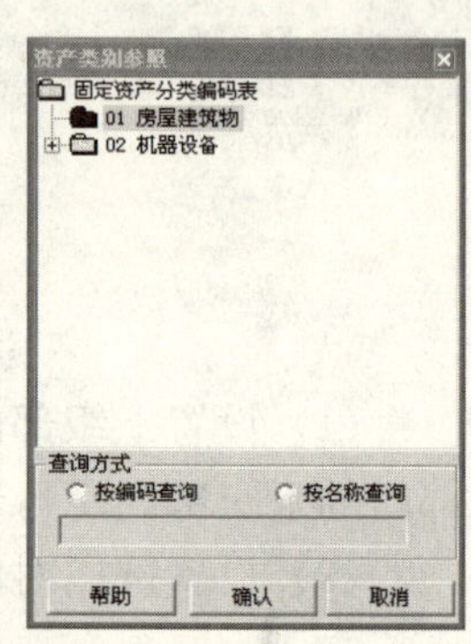

图 6—19

2. 选择录入卡片所属的资产类别“房屋建筑物”，单击“确定”按钮，打开“录入原始卡片”窗口。修改固定资产名称为“办公楼”，选择输入部门名称“综合部经理办公室、办公室、财务部、采购部、销售部、研发部”，选择增加方式“直接购入”，选择使用状况“在用”，输入使用年限“32 年”，输入开始使用日期“2007-12-20”，输入原值“4 000 000”，输入累计折旧“240 000”，其他信息自动计算，单击“保存”按钮，系统弹出“数据成功保存”提示信息对话框，单击“确定”按钮。结果如图 6—20 所示。

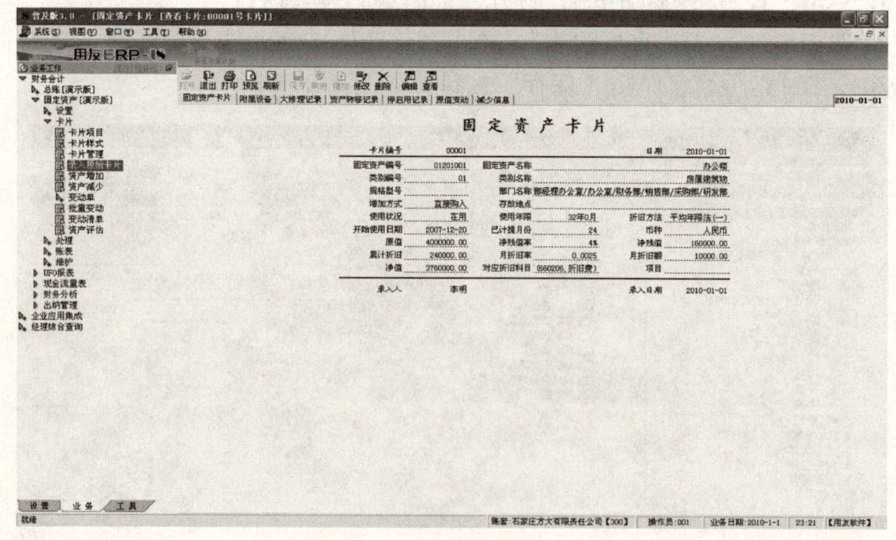

图 6—20

3. 重复上面的操作完成其他固定资产卡片的录入。

提示：

(1) 在录入原始卡片界面中，除主卡“固定资产卡片”外，还有若干的附属页签，附属页签上的信息只供参考，不参与计算，也不回溯。

(2) 卡片编号由系统根据编码方案自动给出，不能修改，若删除某张卡片，又不是最后一张，系统将保留该卡片编号，并且不能再使用（会计制度规定删除的固定资产资料至少保存5年）。

(3) 开始使用日期必须采用“YYYY-MM-DD”形式录入，其中只有年和月对折旧计提有影响，日不会影响折旧的计提，但是必须录入。

第二节　固定资产管理系统日常处理

·基本理论·

固定资产的日常管理主要涉及企业平时的固定资产卡片管理、固定资产的增减管理以及固定资产的各种变动管理。

一、固定资产卡片管理

固定资产卡片管理是对固定资产中所有卡片进行综合管理的功能操作，通过卡片管理可以完成卡片修改、卡片删除、卡片查询和卡片打印等。

二、固定资产的增减管理

企业在日常生产过程中，可能会购进或通过其他方式增加企业资产，资产增加也是一种新卡片的录入，与原始卡片录入相对应。资产通过“原始卡片录入”还是通过“资产增加”录入，在于资产的开始使用日期，只有当开始使用日期的期间与录入的期间相等时，才能通过“资产增加”录入。

资产在使用过程中，会由于各种原因退出企业，如毁损、出售、盘亏等，该部分操作称为“资产减少”。

三、固定资产的各种变动管理

资产的变动包括：原值变动、部门转移、使用状况变动、使用年限调整、折旧方法调整、净残值（率）调整、工作总量调整、累计折旧调整、资产类别调整等。这些变动要求留下原始凭证，制作的原始凭证称为“变动单”。

·应用案例·

石家庄方大有限责任公司 2010 年 1 月份发生如下固定资产业务：

1. 1 月 26 日，办公室购买投影仪一台，价值 3 600 元，以银行存款支付（转账支票号为 0016756）。该投影仪预计使用年限为 5 年，已交付使用。

2. 1 月 31 日，企业对厂房进行资产评估，评估结果为原值 800 000 元，累计折旧 75 000 元。

3. 1 月 31 日，销售部拟更换小汽车，将原有小汽车对外出售，取得收入 900 000元，发生清理费用 5 000 元。

4. 1 月 31 日，计提本月折旧费用。

·应用指南·

一、固定资产增加

【操作步骤】

1. 以 002 王芳身份登录固定资产系统，登录时间为 2010 年 1 月 26 日。

2. 在固定资产管理系统中，单击“卡片/资产增加”，系统弹出“资产类别参照”对话框。选择录入卡片所属的资产类别“办公设备”，单击“确定”按钮，打开“固定资产卡片录入”窗口。修改固定资产名称为“投影仪”，选择输入部门名称“办公室”，选择增加方式“直接购入”，选择使用状况“在用”，输入使用年限“5 年”，输入开始使用日期“2010-01-26”，输入原值“3 600”。结果如图 6—21 所示。

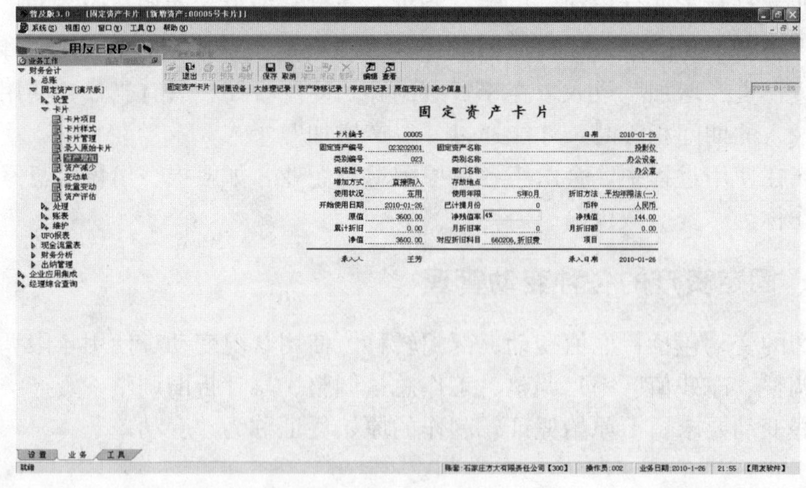

图 6—21

3. 单击“保存”按钮，进入“填制凭证”对话框，选择凭证类型为“付款凭证”，修改制单日期、附单据数，单击“保存”按钮。如图 6—22 所示。

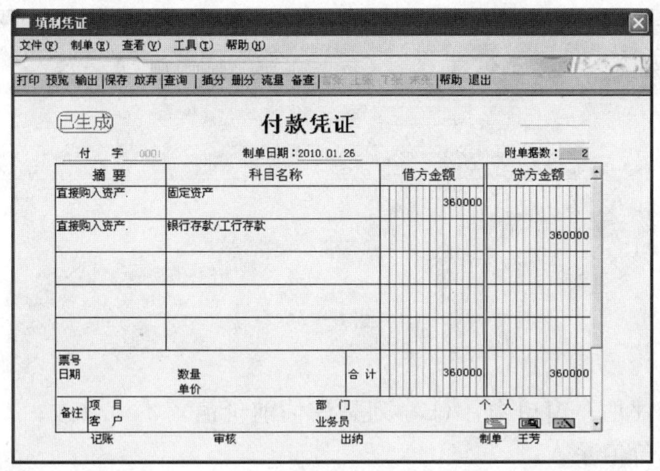

图 6—22

提示：

(1) 新卡片录入的第一个月不计提折旧，折旧额为空或零。

(2) 录入的原值必须是卡片录入月月初的价值，否则将会出现计算错误。

(3) 如果录入的累计折旧大于零，说明是旧资产，该累计折旧是在进入本企业前的值。

(4) 卡片录入完成后，也可以不立即制单，月末可以批量制单。

二、固定资产评估

【操作步骤】

1. 以 002 王芳身份登录固定资产系统，登录时间为 2010 年 1 月 31 日。

2. 在固定资产管理系统中，单击“卡片/资产评估”，进入“资产评估”窗口，单击“增加”按钮，打开“评估资产选择”对话框，选择要评估的项目“原值”和“累计折旧”，其他采用系统默认值，如图 6—23 所示。

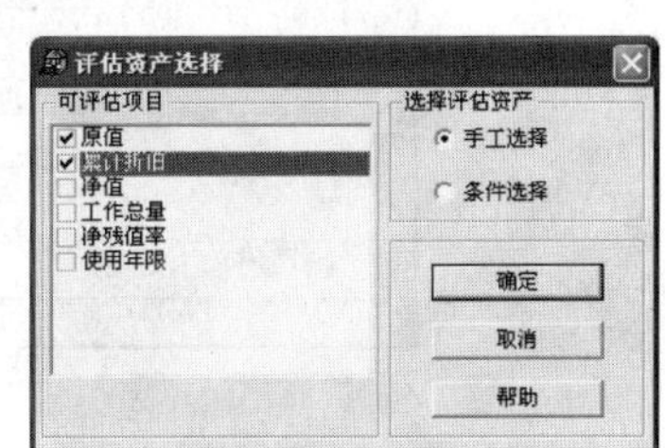

图 6—23

提示：

“原值”、“累计折旧”和“净值”三项中必须且只能选择两个，另一个通过公式“原值－累计折旧＝净值”推算得到。

3. 单击“确定”按钮，在“资产评估”窗口中，选择要评估资产“厂房”

的卡片编号“00004”，在“（A）原值”处输入“800 000”，在“（A）累计折旧”处输入“75 000”，如图6—24所示。

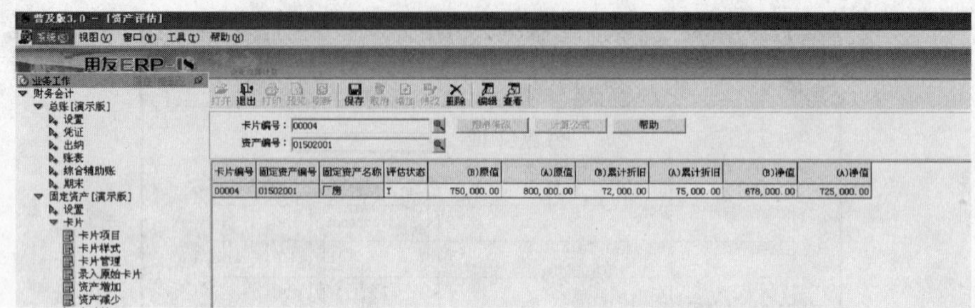

图6—24

提示：

在“资产评估”窗口中，（B）列是评估前价值，不可修改；（A）列是评估价值，按评估价值录入。

4. 单击“保存”按钮，系统弹出“是否确认要进行资产评估?”提示信息对话框，如图6—25所示，单击“是”按钮，进入“填制凭证”对话框，如图6—26所示。选择凭证类型为“转账凭证”，添加会计科目“资本公积”，修改制单日期、附单据数，单击“保存”按钮，系统弹出“数据成功保存!”提示信息对话框，如图6—27所示。

图6—25

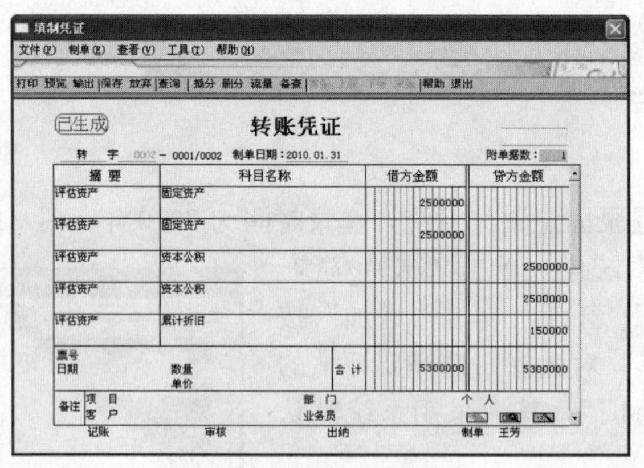

图6—26

图6—27

三、计提折旧

【操作步骤】

1. 单击“处理/计提本月折旧”，系统弹出“计提折旧后是否要查看折旧清单?”提示信息对话框，如图 6—28 所示。

2. 单击“是”按钮，系统继续弹出“本操作将计提本月折旧，并花费一定时间，是否继续?”提示信息对话框，如图 6—29 所示。

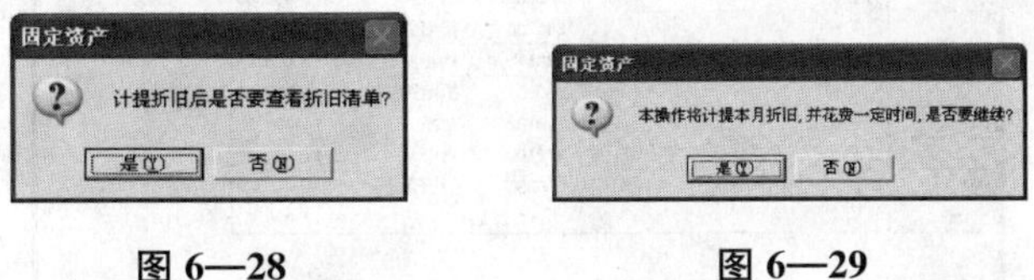

图 6—28　　　　**图 6—29**

3. 单击“是”按钮，稍候，系统计提折旧完毕，自动弹出“折旧清单”，如图 6—30 所示。

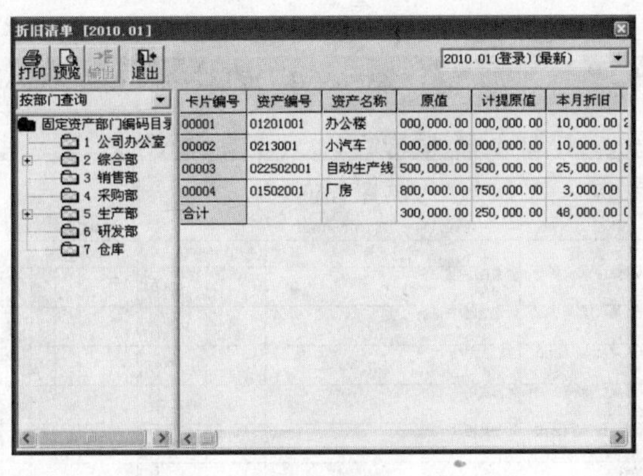

图 6—30

提示：

计提折旧应遵循以下原则：

（1）在一个期间可以多次计提折旧，每次计提折旧后，只是将计提的折旧累加到月初的累计折旧上，不会重复计算。

（2）若上次计提折旧已制单并传递到总账系统，则必须删除该凭证才能重新计提折旧。

（3）当计提折旧后又对账套进行了影响折旧计算或分配的操作时，必须重新计提折旧，否则系统不允许结账。

4. 单击“退出”按钮，打开“折旧分配表”对话框，如图 6—31 所示。

提示：

在折旧费用分配表界面，可以单击“凭证”按钮制单，也可以以后利用“批量制单”功能进行制单。

5. 单击“凭证”按钮，进入“填制凭证”对话框。选择凭证类型为“转账凭证”，修改制单日期、附单据数，单击“保存”按钮。结果如图 6—32 所示。

折旧分配表 [01(2010.01-->2010.01)]

打印 预览 输出 凭证 退出　　按类别分配　　按部门分配　　部门分配条件...

01(2010.01-->2010.01)

部门编号	部门名称	项目编号	项目名称	科目编号	科目名称	折旧额
201	综合部经理			660206	折旧费	5,000.00
202	办公室			660206	折旧费	1,000.00
203	财务部			660206	折旧费	1,000.00
3	销售部			6601	销售费用	11,000.00
4	采购部			660206	折旧费	1,000.00
502	一车间			510102	折旧	14,000.00
503	二车间			510102	折旧	14,000.00
6	研发部			660206	折旧费	1,000.00
合计						48,000.00

图 6—31

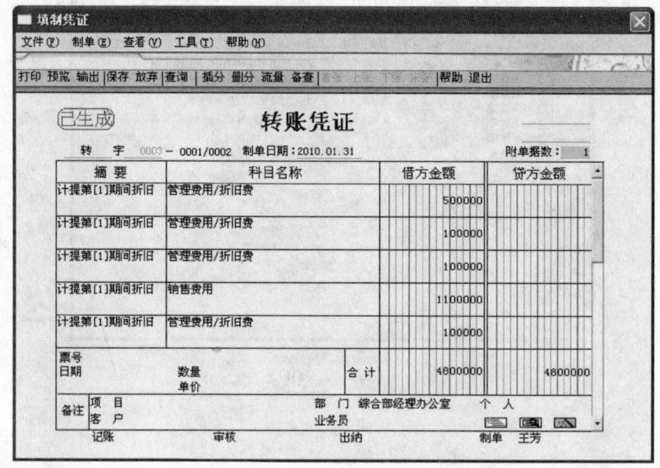

填制凭证

文件(F) 制单(E) 查看(V) 工具(T) 帮助(H)

打印 预览 输出 保存 放弃 查询 插分 删分 流量 备查 帮助 退出

已生成

转账凭证

转 字 0003 - 0001/0002 制单日期：2010.01.31 附单据数：1

摘要	科目名称	借方金额	贷方金额
计提第[1]期间折旧	管理费用/折旧费	500000	
计提第[1]期间折旧	管理费用/折旧费	100000	
计提第[1]期间折旧	管理费用/折旧费	100000	
计提第[1]期间折旧	销售费用	1100000	
计提第[1]期间折旧	管理费用/折旧费	100000	
票号 日期	数量 单价 合计	4800000	4800000

备注 项目 客户 部门 综合部经理办公室 个人 业务员

记账 审核 出纳 制单 王芳

图 6—32

图 6—33

6. 单击“退出”按钮，系统再次弹出“折旧分配表”，在折旧分配表单击“退出”按钮，系统弹出“计提折旧完成”提示信息对话框，如图 6—33 所示。

四、固定资产减少

【操作步骤】

1. 单击“卡片/资产减少”，打开“资产减少”对话框。选择要减少的资产“小汽车”的编号“00002”，如图 6—34 所示。

提示：

只有当账套开始计提折旧后才可以使用资产减少功能，否则，减少资产只有通过删除卡片来完成。

2. 单击“增加”按钮，在表内输入资产减少信息，减少方式为“出售”，清理收入为“900 000”，清理费用为“5 000”，清理原因为“更新汽车”。如图6—35所示。

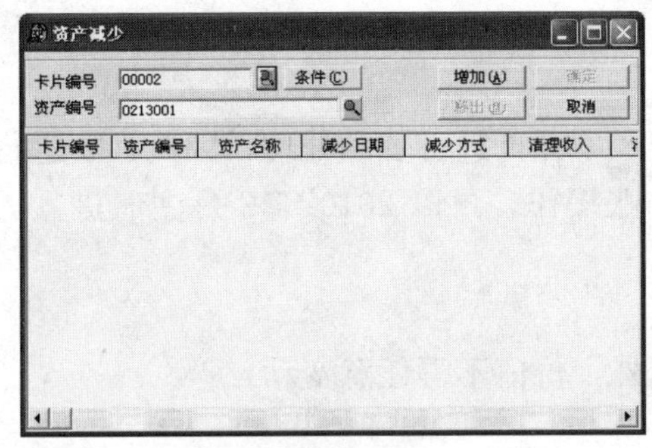

图 6—34

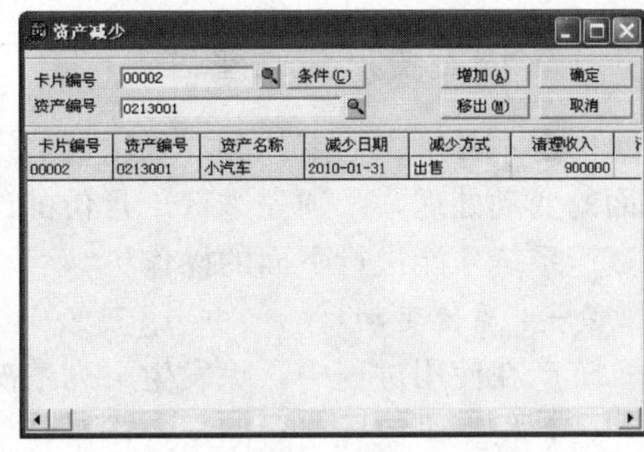

图 6—35

3. 单击“确定”按钮，进入“填制凭证”对话框。选择凭证类型为“转账凭证”，修改制单日期、附单据数，单击“保存”按钮。结果如图 6—36 所示。

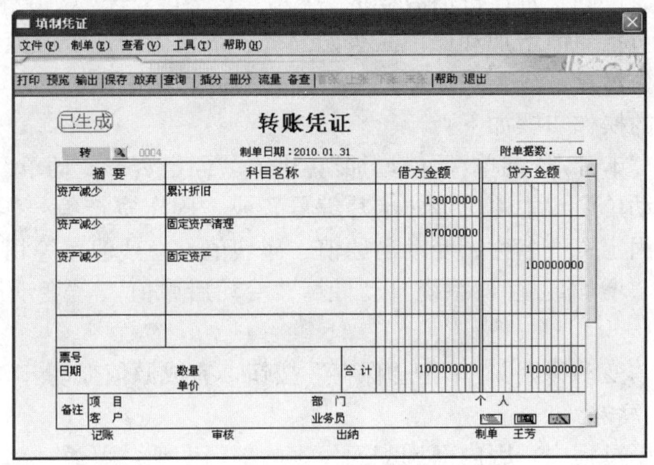

图 6—36

4. 单击“退出”按钮，系统弹出“所选卡片已经减少成功!”提示信息对话框，如图 6—37 所示。

图 6—37

提示：

(1) 只要卡片未被删除，就可以通过卡片管理中“已减少资产”来查看减少的资产。

(2) 对于误减少的资产，可以使用系统提供的纠错功能来恢复。只有当月减少的资产才可以恢复。如果资产减少已制作凭证，必须删除凭证后才能恢复。

(3) 恢复已减少的资产时，在卡片管理界面，选择查询“已减少资产”，在已减少资产列表中，选中要恢复的资产，单击“卡片/恢复减少”即可。

·知识拓展·

一、固定资产变动管理

由于本月录入的卡片和本月增加的资产不允许进行变动处理，因此，要进行下面的变动处理，必须先进行1月份的结账操作，再以2010年2月注册进入固定资产系统才能进行下面的操作。

（一）原值变动

资产在使用过程中，除发生下列情况外，价值不得任意变动：

（1）根据国家规定对固定资产重新估价；

（2）增加补充设备或改良设备；

（3）将固定资产的一部分折除；

（4）根据实际价值调整原来的暂估价值；

（5）发现原记固定资产价值有误的。

原值变动包括原值增加和原值减少两部分。下面以增加资产原值为例，说明原值变动的操作过程。

原值增加的操作步骤如下：

（1）单击“卡片/变动单/原值增加”，进入“固定资产变动单”窗口。

（2）在变动单窗口中，选择“卡片编号”或“固定资产编号”，自动带出开始使用日期、固定资产名称、变动前原值、净残值、净残值率等相关信息。

（3）输入“增加金额”，系统自动计算“变动后原值”、“变动后净残值”且不允许修改。

（4）输入“变动原因”，单击“保存”按钮，完成原值变动。

（二）部门转移

资产在使用过程中，因内部调配而发生的部门变动，可通过部门转移功能实现。其操作步骤如下：

（1）单击“卡片/变动单/部门转移”，进入“固定资产变动单”窗口。

（2）在变动单窗口中，选择“卡片编号”或“固定资产编号”，自动带出开始使用日期、固定资产名称、变动前原值、净残值、净残值率等相关信息。

（3）选择“变动后部门”和输入“变动原因”，单击“保存”按钮，完成变动单操作。

固定资产的使用状况变动、使用年限调整、折旧方法调整、净残值（率）调整、工作总量调整、累计折旧调整、资产类别调整等变动单的操作可参照“部门调整”进行。

二、固定资产卡片管理

固定资产卡片管理是指对固定资产管理系统中所有卡片的综合管理，包括卡片修改、卡片删除、卡片打印、卡片查询等。

（一）查询卡片

单击“卡片/卡片管理”，打开“卡片管理”窗口，如图 6—38 所示。

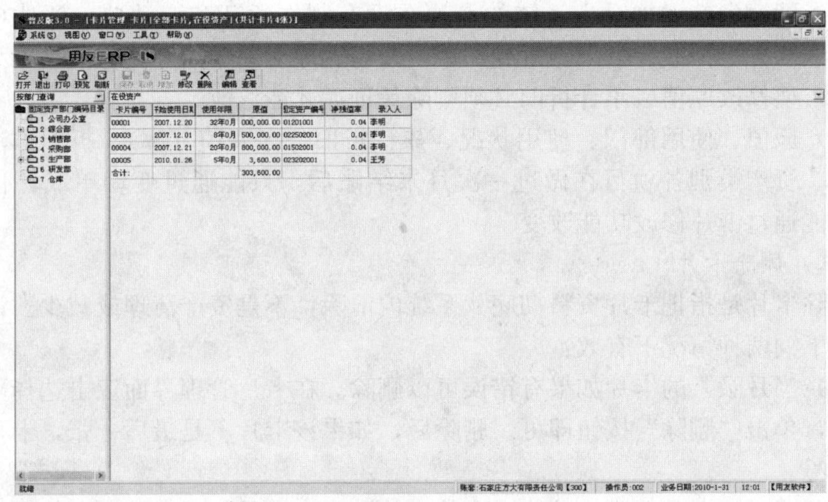

图 6—38

在“卡片管理”窗口中，系统提供以下方便的查询功能：

1. 查看单张卡片。

每一张卡片在固定资产列表中显示为一条记录行。通过这条记录行或快捷信息窗体可查看该资产的简要信息，要想查看详细情况，可从卡片管理列表中选中要查看的卡片记录行，双击该记录行，即显示单张卡片的详细内容。

2. 查看卡片汇总信息。

查看卡片汇总信息即查看企业在实际业务中的固定资产台账。在卡片管理界面上方，提供卡片分类查询条件选择。单击左侧“按部门查询”下拉列表，其中有三项内容：“按部门查询”、“按类别查询”、“自定义查询”。

3. 自定义查询条件设置。

自定义查询是通过用户设置的自定义查询条件表进行的。自定义查询表是用户根据自己管理卡片的需要自定义的一类报表，其内容是根据所定义的查询条件（由多个查询条件组成的查询条件集合）筛选出的卡片集合。

（二）修改卡片

当发现卡片有录入错误，或资产在使用过程中有必要修改卡片的内容时，可通过卡片修改功能实现，这种修改为无痕迹修改，即在变动清单和查看历史状态时不体现，无痕迹修改前的内容在任何查看状态下都不能再看到。从卡片管理列表中双击选择要修改的卡片，单击“修改”按钮即可进行修改。

提示：

（1）原始卡片的原值、使用部门、工作总量、使用状况、累计折旧、净残值（率）、折旧方法、使用年限、资产类别在没有做变动单或评估单的情况下，在录入的当月可修改。如果做过变动单，只有删除变动单后才能修改。

（2）通过资产增加录入系统的卡片在没有制作凭证和变动单、评估单情况下，录入当月可修改。如果做过变动单，只有删除变动单后才能修改。如果已制作凭证，要修改原值或累计折旧必须删除凭证后才能修改。

（3）原值、使用部门、使用状况、累计折旧、净残值（率）、折旧方法、使用年限、资产类别各项目在做过一次月末结账后，只能通过变动单或评估单调整，不能通过卡片修改功能改变。

（三）删除卡片

删除卡片是指把卡片资料彻底从系统内清除，不是资产清理或减少。该功能只有在下列两种情况下有效：

（1）当月录入的卡片如果有错误可以删除。在卡片管理界面双击选择要删除的卡片，单击“删除”按钮即可。删除后，如果该卡片不是最后一张，卡片编号保留空号。

（2）通过“资产减少”功能减少的卡片资料，在其满足会计档案管理要求后（根据制度规定已清理的资产的资料应保留 5 年，此项内容在“选项”中设置）可以将原始资料从系统彻底清除，否则不允许删除。

提示：

1）不是本月录入的卡片，不能删除。

2）删除已制作过凭证的卡片时，应先删除相应凭证，然后删除卡片。

3）卡片做过一次月末结账后不能删除。删除做过变动单或评估单的卡片时，应先删除相关的变动单或评估单。

（四）打印卡片

固定资产卡片可打印输出，卡片打印功能提供两种打印结果：一是卡片；二是卡片列表。卡片打印分为两种形式，即单张打印和批量打印。

第三节　固定资产管理系统期末处理

·基本理论·

固定资产的期末处理是指需要在月末进行的有关固定资产管理系统的操作，

主要包括：减值准备的处理、折旧的处理、制单、对账与结账的处理等。

一、减值准备处理

企业应当在期末或至少每年年度终了，对固定资产逐项进行检查，如果由于市价持续下跌或技术陈旧等原因导致其可收回金额低于账面价值的，应当计提固定资产减值准备。在固定资产管理系统中，减值准备按单项资产计提。

二、折旧的处理

自动计提折旧是固定资产管理系统的主要功能之一。可以根据录入系统的资料，利用系统提供的“折旧计提”功能，对各项资产每期计提一次折旧，并自动生成折旧分配表，然后制作记账凭证，将本期的折旧费用自动登账。

三、制单

固定资产管理系统和总账系统之间存在数据的自动传输关系，这种传输是通过记账凭证来完成的。在固定资产管理系统中，需要制作记账凭证的情况包括：资产增加、资产减少、卡片修改（涉及原值或累计折旧时）、资产评估（涉及原值或累计折旧时）、原值变动、累计折旧调整以及折旧分配等。

制作记账凭证可以采取“立即制单”或“批量制单”两种方法实现。当在“选项”中设置了“业务发生后立即制单”时，则在制单的业务发生后，系统自动调出不完整的凭证供用户修改；如果在“选项”中未选取“业务发生后立即制单”，则可利用批量制单功能完成制单工作。批量制单功能可同时将一批需要制单的业务连续制作凭证并传递到总账系统，避免了多次制单的烦琐。凡是业务发生当时没有制单的，该业务自动排列在批量制单表中，表中列示应制单而没有制单的业务发生的日期、类型、原始单据号、缺省的借贷方科目和金额以及制单选择标志。

四、对账

对账是指将固定资产管理系统中的固定资产的价值和总账系统中固定资产科目的数值进行核对。对账操作不限制执行的时间，任何时候均可进行对账。系统在执行月末结账时自动对账一次，给出对账结果，并根据初始化时或“选项”中是否选中“在对账不平情况下允许固定资产月末结账”来判断是否可以进行结账处理。

只有在系统初始化时或“选项”中选择了与总账系统对账，才可以使用本系统的对账功能。

五、结账

当固定资产系统完成了本月全部制单业务后，可以进行月末结账。月末结账每月进行一次，结账后当期的数据不能修改。12 月底结账时系统要求完成本年应制单业务，也就是说，必须保证批量制单表是空的才能结账。

·应用案例·

至 2010 年 1 月 31 日，石家庄方大有限责任公司的固定资产未发生任何减值迹象，月末对固定资产管理系统进行结账。

·应用指南·

一、对账

【操作步骤】

1. 以 002 王芳身份登录固定资产管理系统，登录时间为 2010 年 1 月 31 日。

2. 在固定资产管理系统，单击“处理/对账”，系统弹出“与账务对账结果”提示信息对话框，如图 6—39 所示。

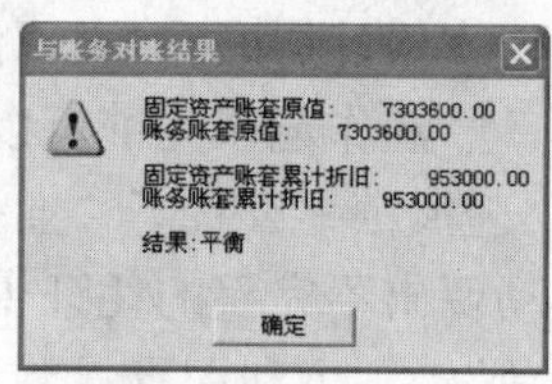

图 6—39

3. 单击“确定”按钮。

提示：

在对账前，应将在固定资产系统中生成的所有记账凭证在总账系统中进行审核记账，否则对账结果不平衡。

二、结账

【操作步骤】

1. 单击“处理/月末结账”，打开月末结账对话框，如图 6—40 所示。

2. 单击“开始结账”按钮，系统弹出“与账务对账结果”提示信息对话框，如图 6—41 所示。

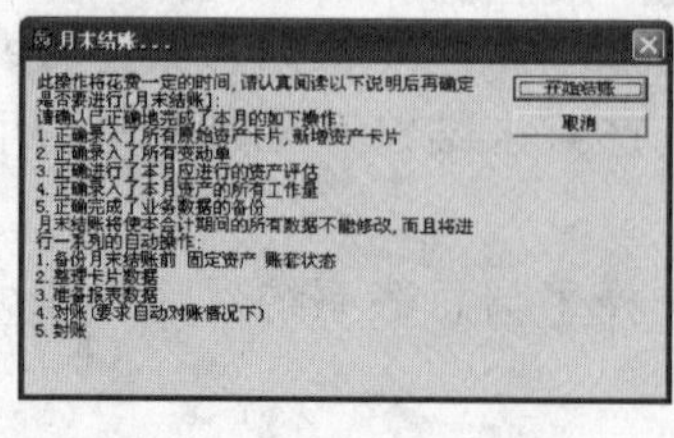

图 6—40

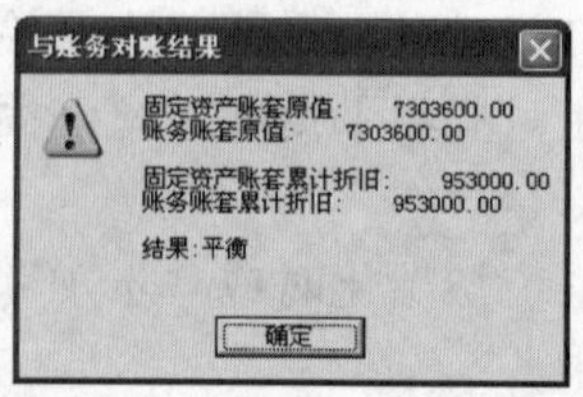

图 6—41

3. 单击“确定”按钮，系统弹出“月末结账成功完成!”提示信息对话框，如图 6—42 所示。

4. 单击“确定”按钮，系统弹出不可修改本月信息提示信息对话框，如图 6—43 所示。

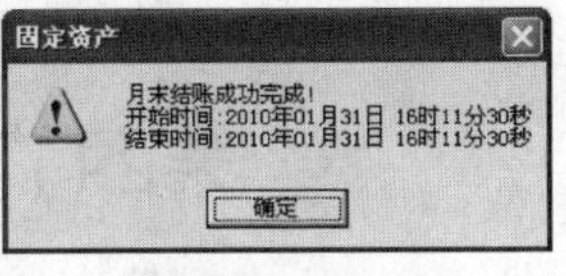

图 6—42

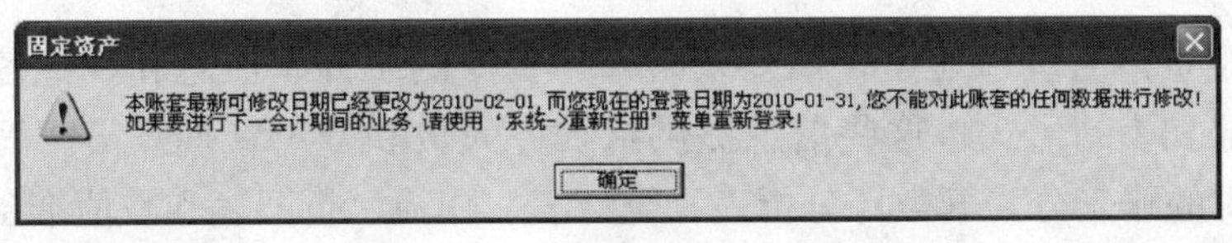

图 6—43

提示：

(1) 月末结账完成后，用户将不能再对此账套本月任何数据进行修改，如果要开始下一会计期间的业务处理，需要从“系统/重新注册”中用下一会计期间日期登录系统。

(2) 本期不结账，将不能处理下期的数据；结账前一定要进行数据备份，否则数据一旦丢失，将造成无法挽回的后果。

三、恢复月末结账前状态

【操作步骤】

1. 单击“处理/恢复月末结账前状态”，系统弹出提示信息对话框，如图 6—44 所示。

2. 单击“是”按钮，系统即执行反结账操作，反结账完成后，系统提示“成功恢复账套月末结账前状态!”，如图 6—45 所示，单击“确定”按钮。

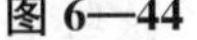
图 6—44

图 6—45

提示：

(1) 不能跨年度恢复数据，即本系统年末结转后，不能利用本功能恢复年末结转前状况。

(2) 恢复到某个月月末结账前状态后，本账套内对该结账后所做的所有工作都可无痕迹删除。

第四节　固定资产管理系统账表管理

·基本理论·

在固定资产管理过程中，需要及时掌握资产的统计、汇总和其他各方面的信息，并以账和表的形式将这些信息提供给财务人员和资产管理人员。固定资产管理系统提供的账表分为五类：分析表、统计表、账簿、折旧表和减值准备表。选择相应账表可以查看各报表信息，同时，账表管理提供了强大的联查功能，将各类账表与部门、类别明细和原始单据等有机地联系起来，真正实现了方便、快捷的查询模式。

一、分析表

固定资产分析表包括部门构成分析表、固定资产使用状况分析表、价值结构分析表和类别构成分析表四种。管理者可以通过这些表了解企业资产计提折旧的程度和剩余价值的大小。

二、统计表

固定资产统计表包括固定资产原值统计表、固定资产到期提示表、固定资产统计表、盘盈盘亏报告表、评估变动表、评估汇总表、役龄资产统计表、逾龄资产统计表八种。这些表从不同侧面对固定资产进行统计分析，使管理者可以全面细致地了解企业对资产的管理、分布情况，为及时掌握资产的价值、数量以及新旧程度等指标提供依据。

三、账簿

固定资产管理系统自动生成的账簿有（部门、类别）明细账、（单个）固定资产明细账、固定资产登记簿和固定资产总账。这些账簿以不同方式、不同序时反映了资产变化情况，在查询过程中可联查某时期（部门、类别）明细及相应原始凭证，以获得所需财务信息。

四、折旧表

固定资产管理系统提供了五种折旧表：（部门）折旧计提汇总表、固定资产及累计折旧表（一）、固定资产及累计折旧表（二）、固定资产计算明细表、固定资产折旧清单表。通过该类表可以了解并掌握企业所有资产本期、本年及某部门计提折旧及其明细情况。

五、减值准备表

固定资产管理系统提供了三种减值准备表：减值准备明细账、减值准备总账和减值准备余额表。

· 应用案例 ·

查询石家庄方大有限责任公司 2010 年 1 月份有关账表。

· 应用指南 ·

一、查询分析表

【操作步骤】

1. 在固定资产管理系统中，单击“账表/我的账表”，单击“分析表”，双击“部门构成分析表”，系统弹出条件选择对话框，如图 6—46 所示。

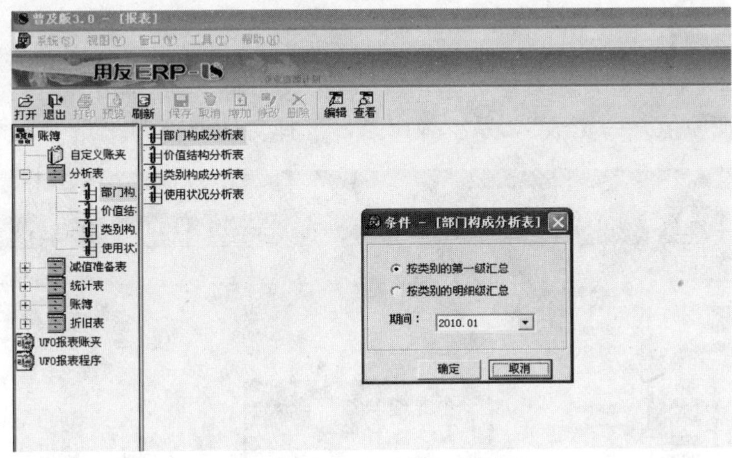

图 6—46

2. 选择分析条件和要汇总的期间后，单击“确定”按钮，显示“部门构成分析表”，如图 6—47 所示。

3. 双击要查询的各级使用部门或资产类别，可查询本期间的（部门、类别）明细账。

4. 以同样的方法可以查询其他分析表。

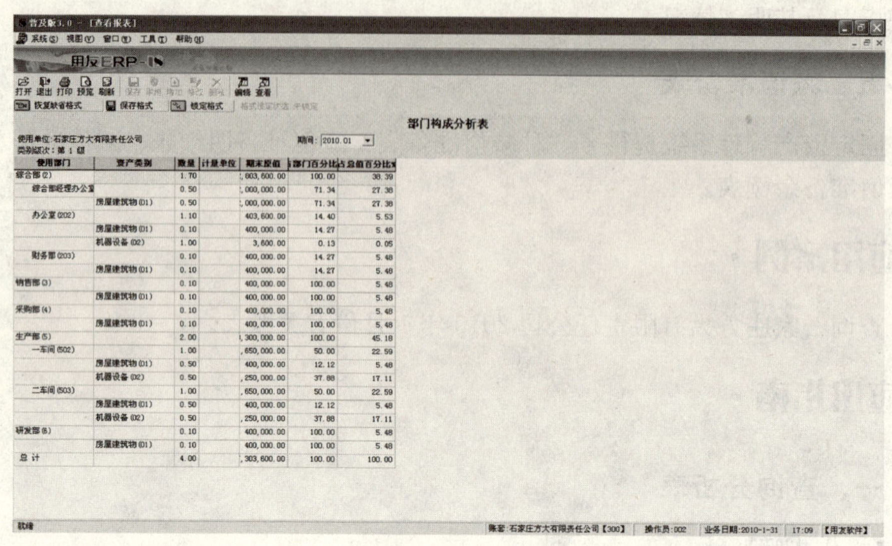

部门构成分析表

使用单位：石家庄方大有限责任公司　　期间：2010.01

类别级次：第 1 级

使用部门	资产类别	数量	计量单位	期末原值	部门百分比	占总值百分比
综合部(2)		1.70		,803,600.00	100.00	38.39
综合部经理办公室		0.50		,000,000.00	71.34	27.38
	房屋建筑物(01)	0.50		,000,000.00	71.34	27.38
办公室(202)		1.10		403,600.00	14.40	5.53
	房屋建筑物(01)	0.10		400,000.00	14.27	5.48
	机器设备(02)	1.00		3,600.00	0.13	0.05
财务部(203)		0.10		400,000.00	14.27	5.48
	房屋建筑物(01)	0.10		400,000.00	14.27	5.48
销售部(3)		0.10		400,000.00	100.00	5.48
	房屋建筑物(01)	0.10		400,000.00	100.00	5.48
采购部(4)		0.10		400,000.00	100.00	5.48
	房屋建筑物(01)	0.10		400,000.00	100.00	5.48
生产部(5)		2.00		,300,000.00	100.00	45.18
一车间(502)		1.00		,650,000.00	50.00	22.59
	房屋建筑物(01)	0.50		400,000.00	12.12	5.48
	机器设备(02)	0.50		,250,000.00	37.88	17.11
二车间(503)		1.00		,650,000.00	50.00	22.59
	房屋建筑物(01)	0.50		400,000.00	12.12	5.48
	机器设备(02)	0.50		,250,000.00	37.88	17.11
研发部(6)		0.10		400,000.00	100.00	5.48
	房屋建筑物(01)	0.10		400,000.00	100.00	5.48
总计		4.00		,303,600.00	100.00	100.00

图 6—47

二、查询统计表

【操作步骤】

1. 在固定资产管理系统中，单击“账表/我的账表”，单击“统计表”，双击“（固定资产原值）一览表”，系统弹出条件选择对话框，如图 6—48 所示。

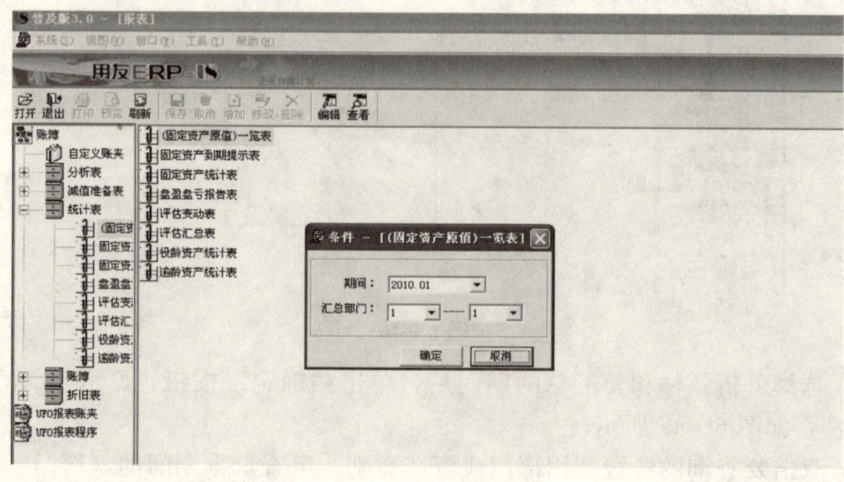

图 6—48

2. 选择统计期间和汇总部门后，单击“确定”按钮，显示“（固定资产原值）一览表”，如图 6—49 所示。

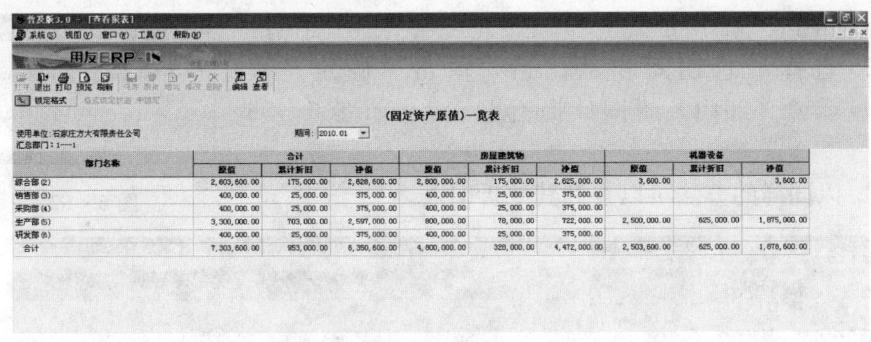

(固定资产原值)一览表

使用单位:石家庄方大有限责任公司　　期间:2010.01

汇总部门:1—1

部门名称	合计			房屋建筑物			机器设备		
	原值	累计折旧	净值	原值	累计折旧	净值	原值	累计折旧	净值
综合部(2)	2,603,600.00	175,000.00	2,628,600.00	2,800,000.00	175,000.00	2,625,000.00	3,600.00		3,600.00
销售部(3)	400,000.00	25,000.00	375,000.00	400,000.00	25,000.00	375,000.00			
采购部(4)	400,000.00	25,000.00	375,000.00	400,000.00	25,000.00	375,000.00			
生产部(5)	3,300,000.00	703,000.00	2,597,000.00	800,000.00	78,000.00	722,000.00	2,500,000.00	625,000.00	1,875,000.00
研发部(6)	400,000.00	25,000.00	375,000.00	400,000.00	25,000.00	375,000.00			
合计	7,303,600.00	953,000.00	6,350,600.00	4,800,000.00	328,000.00	4,472,000.00	2,503,600.00	625,000.00	1,878,600.00

图 6—49

3. 以同样的方法可以查询其他统计表。

三、查询账簿

【操作步骤】

1. 单击“账簿”，双击“（部门、类别）明细账”，系统弹出条件选择对话框，如图 6—50 所示。

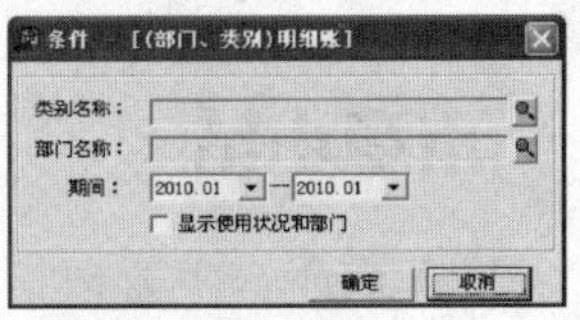

图 6—50

2. 参照输入要进行资产管理的类别名称、部门名称和要查询的期间范围，并选择是否在明细账上显示使用状况和部门，确定后，显示“（部门、类别）明细账”，如图 6—51 所示。

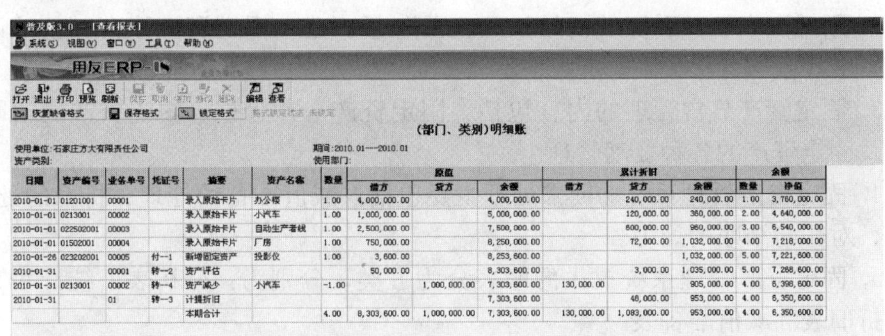

(部门、类别)明细账

使用单位:石家庄方大有限责任公司　　期间:2010.01—2010.01

资产类别:　　使用部门:

日期	资产编号	业务单号	凭证号	摘要	资产名称	数量	原值			累计折旧			余额	
							借方	贷方	余额	借方	贷方	余额	数量	净值
2010-01-01	01201001	00001		录入原始卡片	办公楼	1.00	4,000,000.00		4,000,000.00		240,000.00	240,000.00	1.00	3,760,000.00
2010-01-01	0213001	00002		录入原始卡片	小汽车	1.00	1,000,000.00		5,000,000.00		120,000.00	360,000.00	2.00	4,640,000.00
2010-01-01	022502001	00003		录入原始卡片	自动生产着机	1.00	2,500,000.00		7,500,000.00		600,000.00	960,000.00	3.00	6,540,000.00
2010-01-01	01502001	00004		录入原始卡片	厂房	1.00	750,000.00		8,250,000.00		72,000.00	1,032,000.00	4.00	7,218,000.00
2010-01-26	023202001	00005	付—1	新增固定资产	投影仪	1.00	3,600.00		8,253,600.00			1,032,000.00	5.00	7,221,600.00
2010-01-31		00001	转—2	资产评估			50,000.00		8,303,600.00		3,000.00	1,035,000.00	5.00	7,268,600.00
2010-01-31	0213001	00002	转—4	资产减少	小汽车	-1.00		1,000,000.00	7,303,600.00	130,000.00		905,000.00	4.00	6,398,600.00
2010-01-31		01	转—3	计提折旧					7,303,600.00		48,000.00	953,000.00	4.00	6,350,600.00
				本期合计		4.00	8,303,600.00	1,000,000.00	7,303,600.00	130,000.00	1,083,000.00	953,000.00	4.00	6,350,600.00

图 6—51

3. 双击明细账记录行，可联查相关的固定资产卡片或记账凭证。

4. 以同样的方法可以查询其他账簿。

四、查询折旧表

【操作步骤】

1. 单击“折旧表”，双击“（部门）折旧计提汇总表”，系统弹出条件选择对话框，如图 6—52 所示。

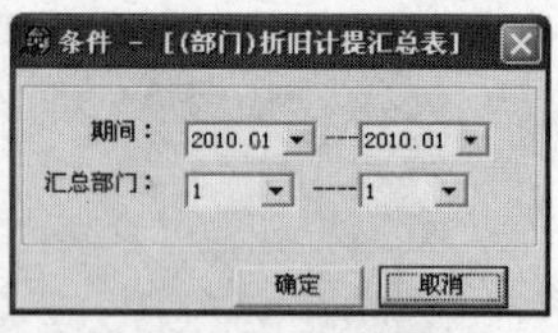

图 6—52

2. 选择汇总期间和部门后，单击“确定”按钮，显示“（部门）折旧计提汇总表”，如图 6—53 所示。

3. 以同样的方法可以查询其他折旧表。

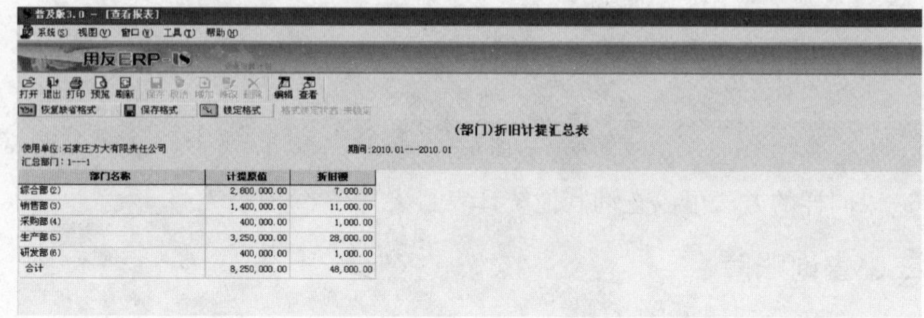

(部门)折旧计提汇总表

使用单位:石家庄方大有限责任公司　期间:2010.01---2010.01

汇总部门：1---1

部门名称	计提原值	折旧额
综合部(2)	2,800,000.00	7,000.00
销售部(3)	1,400,000.00	11,000.00
采购部(4)	400,000.00	1,000.00
生产部(5)	3,250,000.00	28,000.00
研发部(6)	400,000.00	1,000.00
合计	8,250,000.00	48,000.00

图 6—53

·本章小结·

本章内容主要包括：

1. 固定资产管理系统的主要功能包括以下几部分：初始设置、业务处理、计提折旧、输出报表。

2. 固定资产管理系统的初始设置主要包括：建立固定资产账套、基础设置和原始卡片录入。

3. 固定资产日常管理的内容包括：固定资产卡片管理、固定资产的增减管理以及固定资产的各种变动管理。

4. 固定资产管理系统的期末处理主要包括：减值准备的处理、折旧的处理、制单、对账与结账的处理。

5. 固定资产管理系统提供的账表分为五类，分别为：分析表、统计表、账簿、折旧表和减值准备表。

·思考题·

1. 固定资产管理系统的主要功能是什么？
2. 简述固定资产管理系统初始化的过程。
3. 简述固定资产管理系统日常业务处理的内容。
4. 简述固定资产管理系统折旧处理的过程。
5. 在固定资产管理系统中能输出哪些账表？

习题

一、单项选择题

1. 下列参数不能在初始化过程中设置的是（　　）。

A. 主要折旧方法　　B. 使用年限

C. 折旧汇总分配周期　　D. 固定资产编码方式

2. 在“选项”对话框中，选择一个页签后，单击（　　）按钮可修改各项目参数。

A. 编辑　　B. 帮助

C. 确定　　D. 取消

3. 执行国家标准（GT/T14885—96）时，固定资产类别编码为（　　）。

A. 2222　　B. 2112

C. 2212　　D. 2232

4. 固定资产卡片中开始使用日期的录入形式为（　　）。

A. MM-DD-YYYY　　B. DD-MM-YY

C. YY-MM-DD　　D. YYYY-MM-DD

5. 下列不属于固定资产卡片管理的项目是（　　）。

A. 卡片修改　　B. 卡片删除

C. 卡片增加　　D. 卡片打印

6. 不能进行固定资产评估的项目是（　　）。

A. 原值　　B. 累计折旧

C. 净残值　　D. 使用年限

7. 固定资产减少时，该固定资产卡片应（　　）。

A. 直接删除　　B. 仍保留在固定资产卡片文件中

C. 不能删除　　D. 转入备份文件中然后删除

8. 固定资产系统初始化时缺省的折旧分配周期是（　　）。

A. 1 个月　　B. 1 年

C. 半年　　D. 1 个季度

二、多项选择题

1. 固定资产管理系统提供的固定资产自动编码方式有（　　）。

A. 类别编码＋序号　　B. 部门编码＋序号

C. 类别编码＋部门编码＋序号　　D. 部门编码＋类别编码＋序号

2. 固定资产初始化完成后，可修改的项目有（　　）。

A. 对账科目　　B. 主要折旧方法

C. 账套开始使用期　　D. 资产类别编码方式

3. “选项”中包括的页签有（　　）。

A. 与账务系统接口　　B. 基本信息

C. 编码信息　　D. 折旧信息

4. 固定资产管理系统缺省的增减方式中不能修改和删除的是（　　）。

A. 直接购入　　B. 盘盈

C. 盘亏　　D. 毁损

5. 录入固定资产类别信息时，必须录入的项目有（　　）。

A. 类别编码　　B. 名称

C. 计提属性　　D. 卡片样式

6. 固定资产管理系统提供的账表种类有（　　）。

A. 分析表　　B. 统计表

C. 汇总表　　D. 减值准备表

7. 下列各项属于固定资产变动的有（　　）。

A. 原值变动　　B. 部门转移

C. 固定资产名称变动　　D. 折旧方法调整

8. 影响折旧计提的因素有（　　）。

A. 原值　　B. 减值准备

C. 累计折旧　　D. 折旧方法

三、判断题

1.（　　）企业在实际计提折旧时，不一定每个月计提一次，可能因行业和自身情况，每季度、半年或一年计提一次。

2.（　　）对于固定资产编码，每个账套可以选择设置一种或多种自动编码方式，一经设定，不得修改。

3.（　　）“选项”中包括在账套初始化中设置的参数和其他一些在账套运行中使用的参数或判断。

4.（　　）“选项”中“基本信息”页签中的所有内容在系统初始化设置后不能修改。

5.（　　）固定资产卡片在做过一次月末结账后不能删除。

6.（　　）在固定资产管理系统中，资产增加时需录入原始卡片。

7.（　　）若账套设置了计提折旧，则固定资产减少业务需在当月折旧计提完后才能处理。

8.（　　）已保存的固定资产变动单可以随时修改。

9.（　　）对账操作不限制执行时间，任何时候均可进行。

10.（　　）恢复月末结账前状态功能也能实现跨年度恢复数据。

第七章

工资管理系统

【内容导航】

工资核算是企业的一项基本核算业务，手工核算、核对工资工作量大，核算速度慢、准确度不高，有可能造成不能按时发工资，无法快速做好成本和费用预算，为企业决策提供依据。工资管理系统可服务于企业、事业及行政单位，提供方便的工资核算功能及工资分析和管理功能。

【学习目标】

- 了解工资管理系统与总账系统的关系
- 掌握工资管理系统的主要功能
- 掌握工资管理系统初始化的操作方法
- 掌握工资管理系统日常业务处理的操作方法
- 掌握工资管理系统期末处理的操作方法

第一节　初始设置

·基本理论·

工资管理系统是用友 ERP-U8 应用系统的一个子系统，可以帮助用户及时准确地核算每个职工的工资，并按照工资的用途将工资费用计入相关账户，自动生成转账凭证，传递到总账系统。工资管理系统提供了多种报表形式，可以多角度反映工资核算的结果。工资管理系统的主要功能包括以下几部分。

一、初始化设置

用户使用工资管理系统进行工资核算处理，需建立工资核算账套并设置各项基础信息，为工资业务的处理奠定基础。具体内容包括以下两部分：

1. 工资账套参数设置。

通过建立工资账套，选择单类别或多类别核算，选择工资核算币种，选择是否扣零处理，选择是否进行个人所得税扣税处理，是否核算计件工资等工资账套参数。

2. 基础档案设置。

基础档案包括人员附加信息设置、人员类别、部门档案、人员档案、代发工资的银行信息等，企业可根据实际情况设置工资项目及计算公式。

二、工资业务处理

工资业务处理的内容包括：进行工资数据的录入，工资管理系统自动进行计算与汇总；自动计算个人所得税；按照期初设置进行扣零，也可以向代发工资的银行传输工资数据；进行工资分摊设置，自动生成凭证传递到总账系统；进行月末处理和年末处理。

三、统计分析

工资管理系统提供了各种形式的工资表、汇总表、统计表、分析表以满足企业查询及管理的需要。

第一次使用工资管理系统时，需要按照单位情况进行工资管理系统初始化，我们通过以下案例来进行学习。

·应用案例·

石家庄方大有限责任公司为满足本企业工资核算业务的需要，于2010年1月1日启用工资管理系统。公司安排账套主管李明负责工资管理系统的初始化工作，会计王芳负责工资日常业务处理及月末处理等操作。

一、方大公司工资核算基本情况

方大公司工资核算的基本情况为：工资核算本位币为人民币；公司员工工资核算分两种类型：车间生产工人采用计件工资，其他部门员工采用固定工资；按实发工资代扣所得税；纳税基数为 2 000 元，无外方人员；扣零至元；人员编码长度设置为 3 位。

二、固定工资项目

方大公司的固定工资项目如表 7—1 所示。

表 7—1　　固定工资项目表

工资项目名称	类型	长度	小数	增减项
基本工资	数字	8	2	增项
岗位工资	数字	8	2	增项
奖金	数字	8	2	增项
交通补贴	数字	8	2	增项
住房公积金补助	数字	8	2	增项
应发合计	数字	10	2	增项
住房公积金扣款	数字	8	2	减项
缺勤天数	数字	8	0	其他
缺勤扣款	数字	8	2	减项
代扣税	数字	10	2	减项
扣款合计	数字	10	2	减项
实发合计	数字	10	2	增项

该公司工资项目计算公式为：销售部职员和企业管理人员的交通补贴是 300 元，其他人员 100 元；住房公积金补助为工资前三项的 10%，住房公积金扣款为工资前三项的 17%；缺勤一天扣 30 元。

三、计件工资项目

方大公司的计件工资项目如表 7—2 所示。

表 7—2　　计件工资项目表

工资项目名称	类型	长度	小数	增减项
计件工资	数字	8	2	增项
应发合计	数字	10	2	增项
代扣税	数字	10	2	减项
扣款合计	数字	10	2	减项
实发合计	数字	10	2	增项

车间生产工人分组装工和质检工两类，其中，一车间进行电话机的组装与质检，二车间进行计算机的组装与质检。组装工人组装电话计件单价为 3 元，组装计算机为 5 元；质检工人检验电话计件单价为 1 元，检验计算机为 3 元。计件工资方案设置如表 7—3 所示。

表 7—3　　计件工资方案

方案编号	方案名称	工种	产品	计件单价（元）
01	电话机组装	组装工	电话	3
02	电话机质检	质检工	电话	1
03	计算机组装	组装工	计算机	5
04	计算机质检	质检工	计算机	3

四、人员档案

方大公司的人员档案情况如表 7—4 所示。

表 7—4　　人员档案情况表

部门名称	职员姓名	性别	职务	人员类别	银行账号
总经理办公室	陈志	男	总经理	企业管理人员	6222300803878001
综合部	王明刚	男	部门经理	企业管理人员	6222300803878002
综合部	王星	女	科员	企业管理人员	6222300803878003
办公室	刘玲芳	女	办公室主任	企业管理人员	6222300803878004
办公室	齐杰	男	科员	企业管理人员	6222300803878005
办公室	孙叶	男	科员	企业管理人员	6222300803878006
财务部	李明	男	部门经理	企业管理人员	6222300803878007
财务部	王芳	女	会计	企业管理人员	6222300803878008
财务部	马可	男	出纳	企业管理人员	6222300803878009
销售部	胡庆华	男	部门经理	企业管理人员	6222300803878010
销售部	赵亮	男	业务员	销售人员	6222300803878011
销售部	孟明	男	业务员	销售人员	6222300803878012
采购部	孙玉	女	部门经理	企业管理人员	6222300803878013
采购部	魏光阳	男	业务员	采购人员	6222300803878014
采购部	张川军	男	业务员	采购人员	6222300803878015
生产部	赵明	男	部门经理	企业管理人员	6222300803878016

续前表

部门名称	职员姓名	性别	职务	人员类别	银行账号
一车间	孟义	男	车间主任	车间管理人员	6222300803878017
一车间	张强	男	组装工	车间生产工人	6222300803878026
一车间	齐文华	男	质检工	车间生产工人	6222300803878027
二车间	吴硕	女	车间主任	车间管理人员	6222300803878020
二车间	张丽萍	女	组装工	车间生产工人	6222300803878028
二车间	王然	女	质检工	车间生产工人	6222300803878029
研发部	李响	女	部门经理	企业管理人员	6222300803878021
研发部	李贺	女	研究员	其他人员	6222300803878044
研发部	张蕊蕊	女	研究员	其他人员	6222300803878077
研发部	刘静初	女	研究员	其他人员	6222300803878099
仓库	杨军强	男	库管员	其他人员	6222300803878047

·应用指南·

一、建立工资账套

【操作步骤】

1. 以李明的身份注册进入“企业门户”，在“企业门户”/“业务”窗口中，单击“财务会计”中的“工资管理”，进入工资管理系统。

2. 在建立工资套对话框中，选择工资账套参数。工资类别为“多个”，币别名称为“人民币”，选中“是否核算计件工资”复选框，如图7—1所示。

栏目说明：

(1) 当核算单位对所有人员的工资实行统一管理时，可选择“单个”工资类别；当不同职工工资项目、计算公式等采取不同的设置时，可采取“多个”工资类别。

(2) 计件工资是按计件单价支付劳动报酬的一种形式，只有选中“是否核算计件工资”选项，与计件工资核算相关的操作才能进行。

提示：

工资账套是企业核算账套的一个组成部分，第一次进入工资管理系统，自动进入建立工资套设置。

3. 单击“下一步”按钮，在扣税设置环节，选择“是否从工资中代扣个人所得税”复选框，如图 7—2 所示。

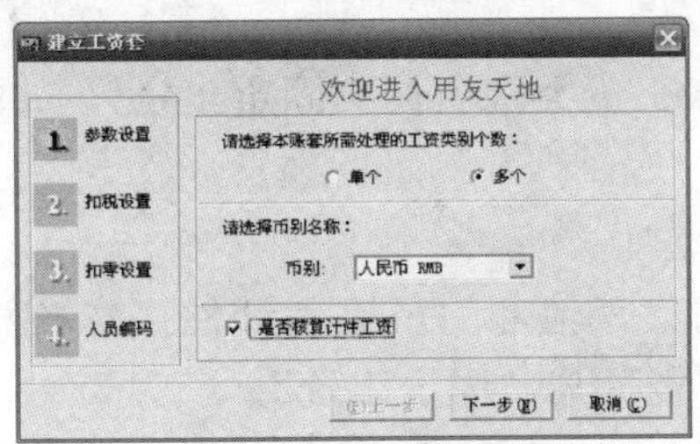

图 7—1

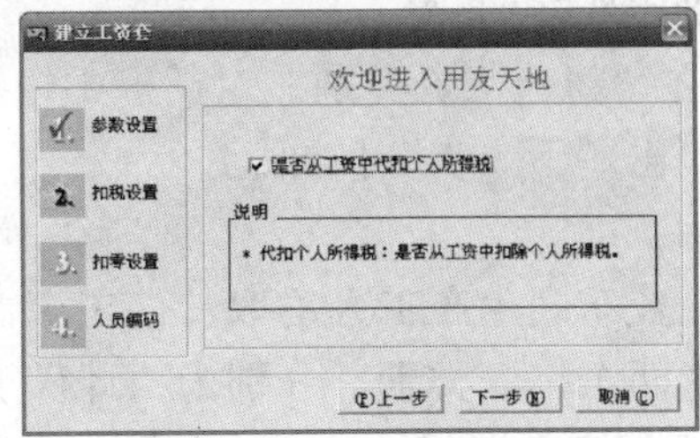

图 7—2

提示：

选择此项，进行工资核算时系统会根据输入的税率自动计算个人所得税额。

4. 单击“下一步”按钮，在扣零设置环节，选择“扣零”复选框，单击“扣零至元”选项，如图 7—3 所示。

提示：

选择扣零是为方便现金发放，如果通过银行代发工资，则不必选择扣零设置。

5. 单击“下一步”按钮，在人员编码设置环节，单击上下调节按钮，设置人员编码长度为三位，单击“完成”按钮，如图 7—4 所示。

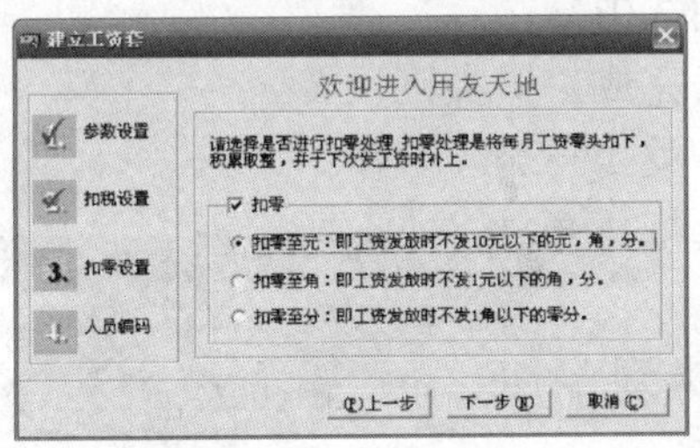

图 7—3

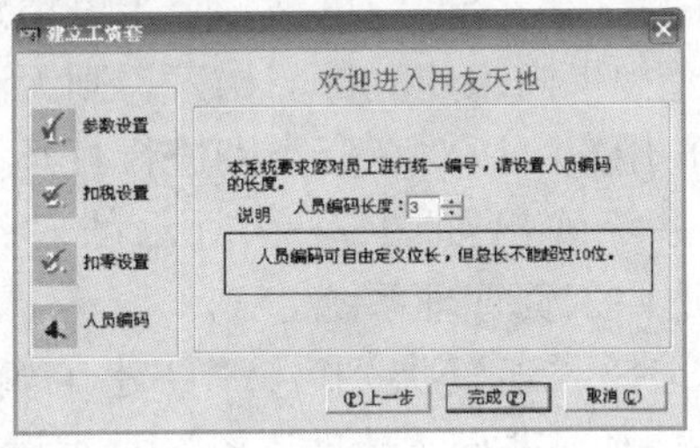

图 7—4

提示：

（1）这里的人员编码与基础档案中职员档案的编码无关。

（2）建账完成后，部分参数可在建立工资类别后通过“设置”/“选项”修改。

6. 系统弹出“未建立工资类别”对话框，如图 7—5 所示，单击“确定”按钮。

图 7—5

二、建立工资类别

【操作步骤】

1. 工资账套建立完成后，系统弹出“工资管理”对话框，如图 7—6 所示，单击“确定”按钮。

2. 在“新建工资类别”对话框中输入工资类别名称“固定工资”，如图 7—7 所示，单击“下一步”按钮。

提示：

本企业车间生产工人采取计件工资制，其他部门员工无计件工资核算需要，据此设置两个工资类别，分别为“计件工资”与“固定工资”。

3. 根据案例资料，选择全部部门，如图 7—8 所示，单击“完成”按钮。

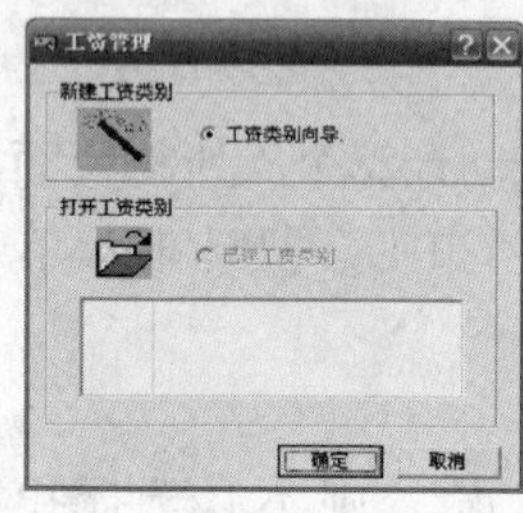

图 7—6

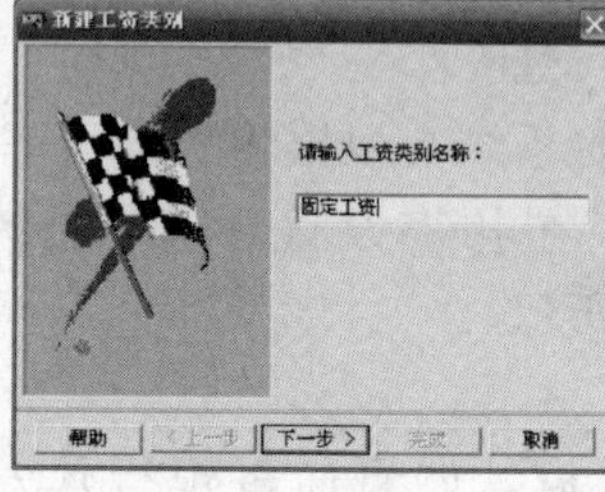

图 7—7

图 7—8

提示：

（1）在此选择该工资类别核算人员所处的部门，需先选择上级部门，再选择下级部门，同一个部门可被多个工资类别选中。

（2）如果尚未建立部门档案，则无法完成工资类别设置。

（3）用户可以对工资类别进行打开、关闭与删除操作。

4. 系统弹出如图 7—9 所示的对话框，单击“是”，返回工资管理系统。

5. 选择“工资类别”/“新建工资类别”，重复步骤 2～4，进行“计件工资”类别设置。

图 7—9

三、设置基础信息

（一）人员附加信息设置

【操作步骤】

1. 关闭当前工资类别，选择“设置”/“人员附加信息设置”，进入“人员附加信息设置”对话框，单击“增加”按钮，在栏目参照中选择“性别”，单击“增加”按钮，同理增加“职务”这一附加信息，如图 7—10 所示。

提示：

为丰富人员档案内容，可在人员档案中灵活增加所需的人员附加信息。

2. 选择“性别”这一信息，选择“是否参照”复选框，单击“参照档案”

按钮。

3. 系统弹出“工资人员附加信息：性别”对话框，在参照信息栏输入“男”，单击“增加”按钮，同理输入“女”，如图 7—11 所示，单击“确认”按钮。

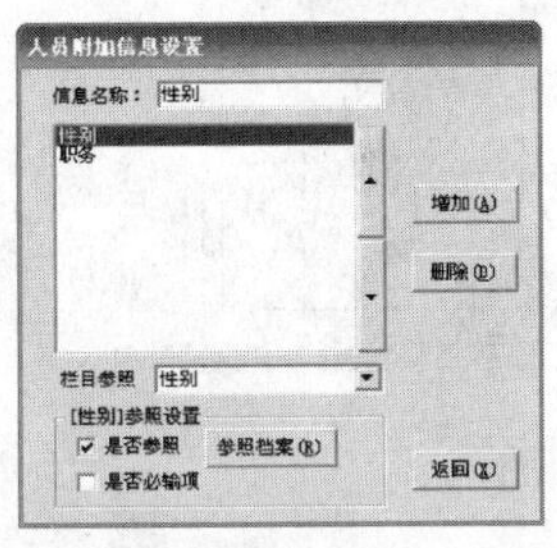

图 7—10

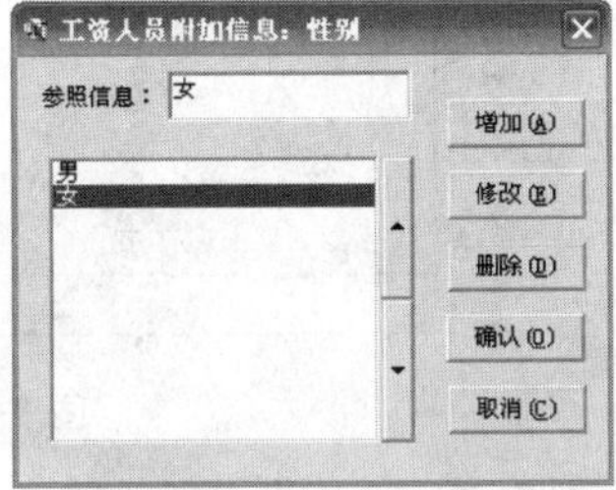

图 7—11

提示：

附加信息可选择参照，并录入参照档案，录入人员档案时可进行参照。

（二）人员类别设置

【操作步骤】

选择“设置”/“人员类别设置”，打开“类别设置”对话框，输入本企业人员类别，单击“增加”按钮，设置完毕如图 7—12 所示。单击“返回”按钮，返回工资管理界面。

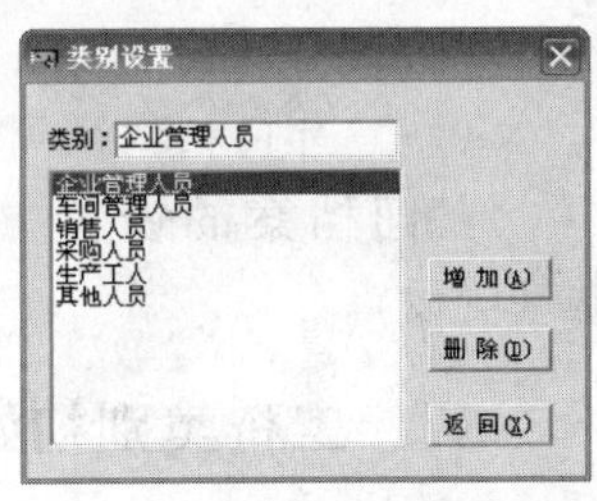

图 7—12

提示：

设置人员类别是为“工资分摊”设置入账科目所使用，可根据不同的人员类别设置工资、工会经费等相应的入账科目，以便于按人员类别进行工资汇总计算。

（三）工资项目设置

【操作步骤】

1. 选择“设置”/“工资项目设置”，在“工资项目设置”对话框中设置所需工资项目。

2. 单击“增加”按钮，从“名称参照”下拉列表中选择系统提供的工资项目，也可以直接输入。设置完成后如图 7—13 所示，单击“确认”按钮。

栏目说明：

（1）工资项目类型：系统提供数字和字符两种类型。

（2）工资项目计算属性若为“增项”，该工资项目直接计入应发合计，若为“减项”直接计入扣款合计，若为“其他”，则该工资项目数据既不计入应发合

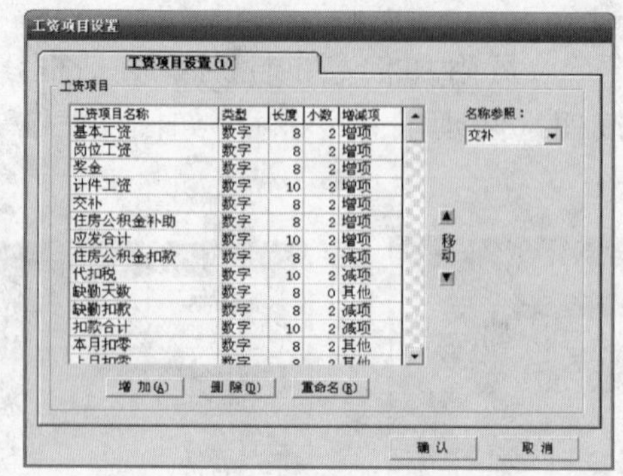

图 7—13

计，也不计入扣款合计。

(3) 通过单击上下移动箭头可以调整工资项目的排列顺序。

提示：

对于多工资类别账套，这里设置的是所有工资类别所需要使用的全部工资项目，需要关闭工资类别才能新增工资项目。

3. 系统弹出如图 7—14 所示的对话框，单击“确定”按钮。

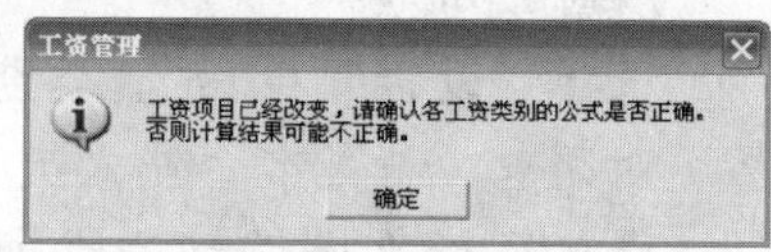

图 7—14

(四) 部门档案设置

部门档案的设置方法参见第三章第二节“基础设置”。

四、工资类别初始设置

(一) 人员档案设置

【操作步骤】

1. 选择“工资类别”/“打开工资类别”，打开“打开工资类别”对话框，选择“固定工资”，如图 7—15 所示，单击“确认”按钮。

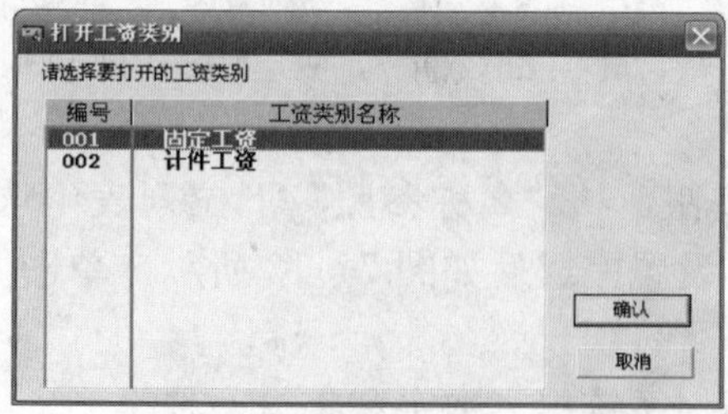

图 7—15

2. 选择“设置”/“人员档案”，进入“人员档案”编辑窗口。

3. 单击“增加”按钮，打开“人员档案”对话框，根据资料录入属于固定工资类别人员的基本信息与附加信息。如图 7—16 和图 7—17 所示。

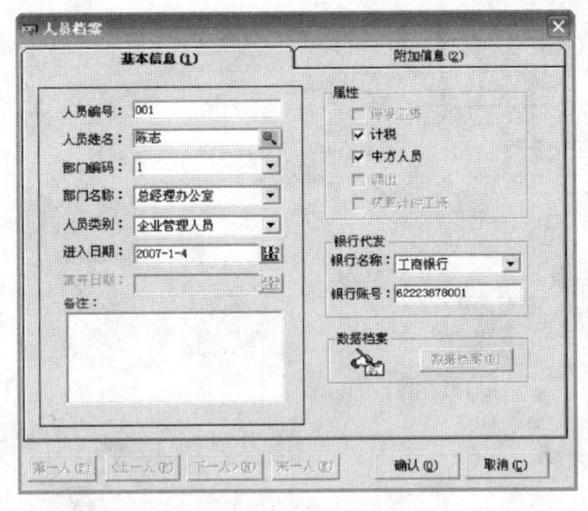

图 7—16

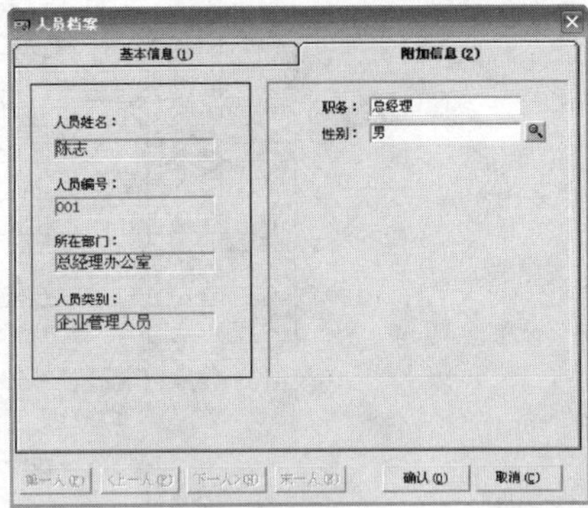

图 7—17

栏目说明：

（1）人员编号：长度取决于建立工资账套时选择的人员编码长度。

（2）部门名称：只能选择末级部门。

（3）人员类别：必须选择。

（4）进入日期：该员工进入本单位的日期，不应大于当前系统注册日期。

（5）计税：若选择该选项，则系统自动对该员工进行个人所得税扣缴。

（6）中方人员：该选项为有外方人员的单位设置，中外员工个人所得税的计算方法不同。

（7）核算计件工资：选择该选项，表示对该员工进行计件工资管理，日后才能进行相关的计件工资处理。

提示：

（1）人员档案设置功能用于登记属于当前工资类别人员的相关信息，如果前期操作已经设置了职员档案，录入人员姓名时可以参照职员档案。

（2）必须正确选择所属部门和人员类别，这是日后按照部门与人员类别正确核算人员工资的基础。

4. 按照资料录入所有人员档案，结果如图 7—18 所示。

5. 同理，打开“计件工资”类别，增加相应的人员档案。

（二）计算公式设置

【操作步骤】

1. 打开“固定工资”类别，单击“设置”/“工资项目设置”命令，打开“工资项目设置”对话框。

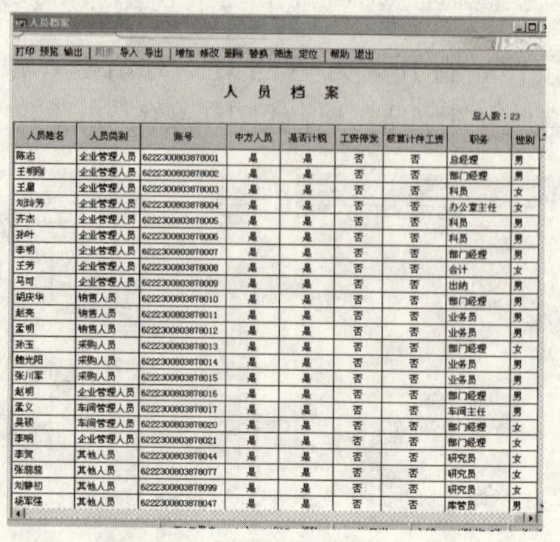

人　员　档　案

总人数：23

人员姓名	人员类别	账号	中方人员	是否计税	工资停发	核算计件工资	职务	性别
陈志	企业管理人员	6222300803878001	是	是	否	否	总经理	男
王明刚	企业管理人员	6222300803878002	是	是	否	否	部门经理	男
王星	企业管理人员	6222300803878003	是	是	否	否	科员	女
刘玲芳	企业管理人员	6222300803878004	是	是	否	否	办公室主任	女
齐杰	企业管理人员	6222300803878005	是	是	否	否	科员	男
孙叶	企业管理人员	6222300803878006	是	是	否	否	科员	男
李明	企业管理人员	6222300803878007	是	是	否	否	部门经理	男
王芳	企业管理人员	6222300803878008	是	是	否	否	会计	女
马可	企业管理人员	6222300803878009	是	是	否	否	出纳	男
胡庆华	销售人员	6222300803878010	是	是	否	否	部门经理	男
赵亮	销售人员	6222300803878011	是	是	否	否	业务员	男
孟明	销售人员	6222300803878012	是	是	否	否	业务员	男
孙玉	采购人员	6222300803878013	是	是	否	否	部门经理	女
魏光阳	采购人员	6222300803878014	是	是	否	否	业务员	男
张川军	采购人员	6222300803878015	是	是	否	否	业务员	男
赵明	企业管理人员	6222300803878016	是	是	否	否	部门经理	男
孟义	车间管理人员	6222300803878017	是	是	否	否	车间主任	男
吴颖	车间管理人员	6222300803878020	是	是	否	否	部门经理	女
李响	企业管理人员	6222300803878021	是	是	否	否	部门经理	女
李贺	其他人员	6222300803878044	是	是	否	否	研究员	女
张毓毓	其他人员	6222300803878077	是	是	否	否	研究员	女
刘静初	其他人员	6222300803878099	是	是	否	否	研究员	女
杨军强	其他人员	6222300803878047	是	是	否	否	库管员	男

图 7—18

2. 单击“增加”按钮，在工资项目列表末加一空行。

3. 从“名称参照”下拉列表中选择本工资类别所需要的工资项目，结果如图 7—19 所示。

栏目说明：

（1）名称参照处的工资项目源自在关闭工资类别状态下所设置的工资项目，增加某个工资类别下的工资项目时，只能从中进行选择。

（2）通过点击上下移动按钮，可调整工资项目的位置。

4. 选择“公式设置（2）”选项卡，设置固定工资所需公式。

5. 单击“增加”按钮，从工资项目下拉列表中选择“住房公积金补助”。

6. 单击公式定义区，进行住房公积金补助项目的公式定义，如图 7—20 所示。

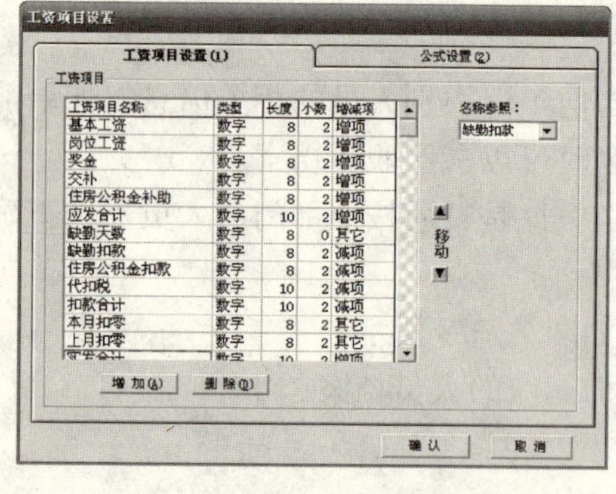

工资项目名称	类型	长度	小数	增减项
基本工资	数字	8	2	增项
岗位工资	数字	8	2	增项
奖金	数字	8	2	增项
交补	数字	8	2	增项
住房公积金补助	数字	8	2	增项
应发合计	数字	10	2	增项
缺勤天数	数字	8	0	其它
缺勤扣款	数字	8	2	减项
住房公积金扣款	数字	8	2	减项
代扣税	数字	10	2	减项
扣款合计	数字	10	2	减项
本月扣零	数字	8	2	其它
上月扣零	数字	8	2	其它

图 7—19

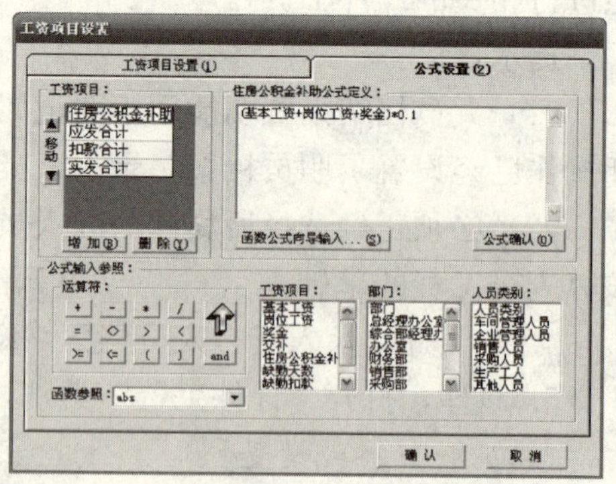

图 7—20

7. 单击“公式确认”按钮。

提示：

(1) 在公式定义区，可使用函数公式向导、公式输入参照、工资项目参照、部门参照和人员类别参照编辑输入该工资项目的计算公式。

(2) 应发合计、扣款合计和实发合计公式不用设置，工资项目中的增项直接计入应发合计，减项直接计入扣款合计。

(3) 定义公式时要注意先后顺序，先得到的数应先设置公式。应发合计、扣款合计和实发合计公式应是公式定义框的最后三个公式，且实发合计的公式要在应发合计和扣款合计公式之后。

8. 单击“增加”按钮，从工资项目下拉列表中选择“交补”。

9. 单击公式定义区，进行交通补助项目的公式定义。

10. 单击“函数公式向导输入”按钮，打开“函数向导—步骤之 1”对话框，如图 7—21 所示。

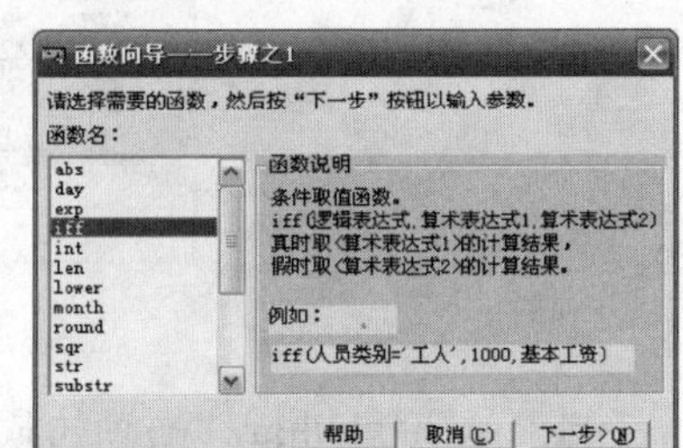

图 7—21

提示：

函数公式向导只支持系统提供的函数。

11. 选择“iff”函数，单击“下一步”按钮，打开“函数向导—步骤之 2”对话框。

12. 单击“逻辑表达式”右侧“参照”按钮，打开“参照”对话框，从参照列表中选择“部门名称”，从部门列表中选择“销售部”，如图 7—22 所示。

13. 单击“确认”按钮，返回“函数向导—步骤之 2”对话框。

14. 在“逻辑表达式”文本框中公式后输入“or”，单击“逻辑表达式”右侧“参照”按钮，打开“参照”对话框，从参照列表中选择“人员类别”，从人员类别列表中选择“企业管理人员”，单击“确认”按钮，返回“函数向导—步骤之 2”对话框。

15. 在“算术表达式 1”文本框中输入“300”，在“算术表达式 2”文本框中输入“100”。结果如图 7—23 所示。

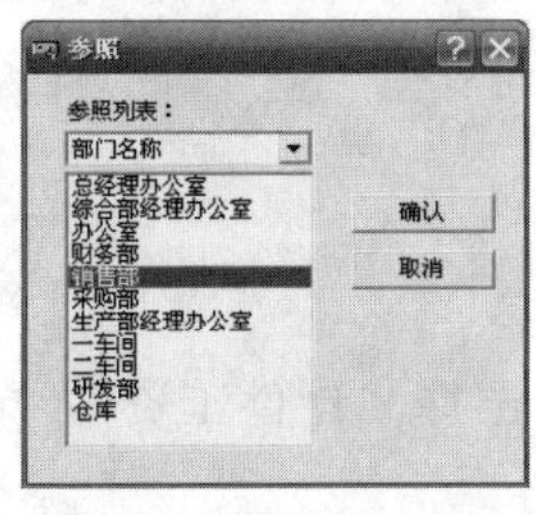

图 7—22

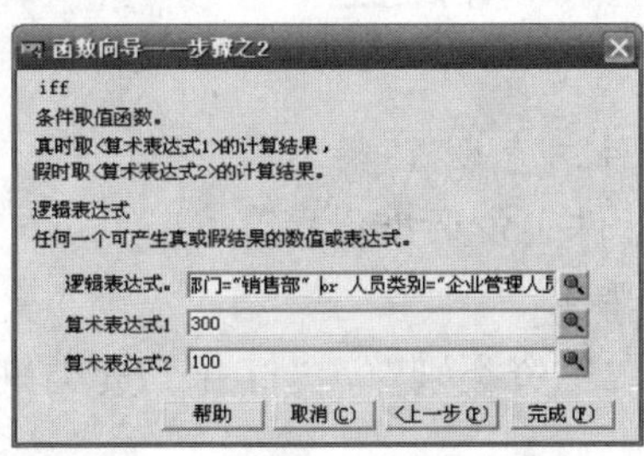

图 7—23

提示：

“or”的前后需加空格。

16. 单击“完成”按钮，返回“公式设置（2）”选项卡，结果如图 7—24 所示。

17. 单击“公式确认”按钮。

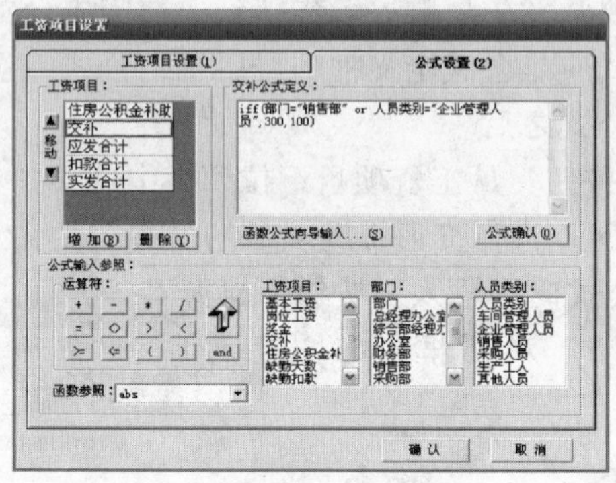

图 7—24

18. 同理可进行“缺勤扣款”与“住房公积金扣款”公式的定义，结果如图 7—25 与图 7—26 所示。单击“确认”按钮，退出“工资项目设置”对话框。

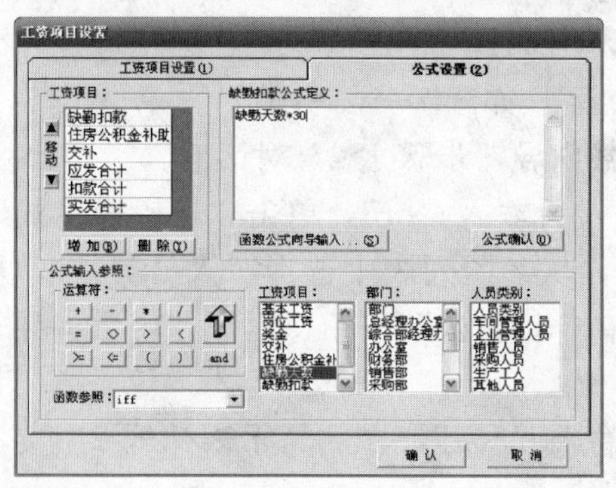

图 7—25

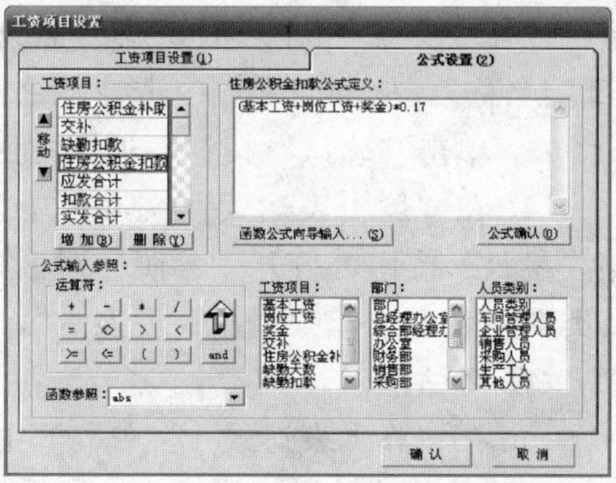

图 7—26

（三）计件工资设置

第一，计件工资标准设置。

【操作步骤】

1. 单击“工资类别”/“打开工资类别”，选择“计件工资”，单击“确认”按钮。

2. 单击“设置”/“计件工资标准设置”，打开“计件工资标准设置”对话框。

3. 单击“增加”按钮，在名称文本框录入“工种”，单击“保存”按钮。同样增加“产品”这一计件工资标准。

4. 选择“工种”这一统计标准，单击“档案”按钮，增加“工种”这一标准对应的档案“组装工”与“质检工”并进行保存，如图 7—27 与图 7—28 所示。同样增加“产品”对应的档案“计算机”与“电话机”。

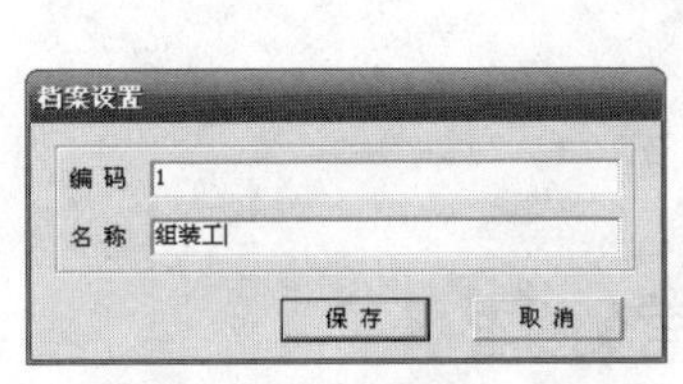

图 7—27

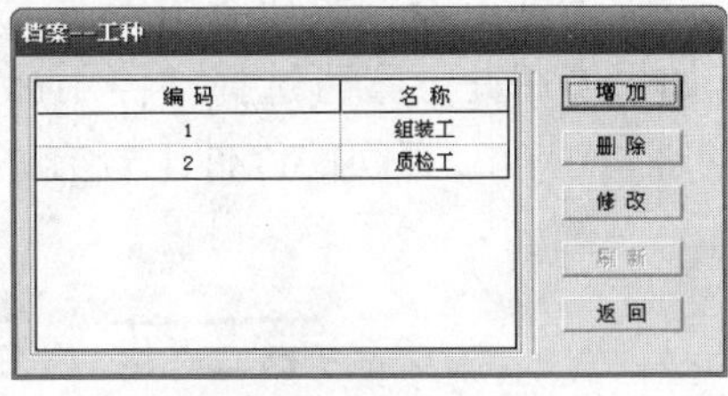

图 7—28

5. 双击工种与产品的“启用”栏，启用该两项统计标准，结果如图 7—29 所示。

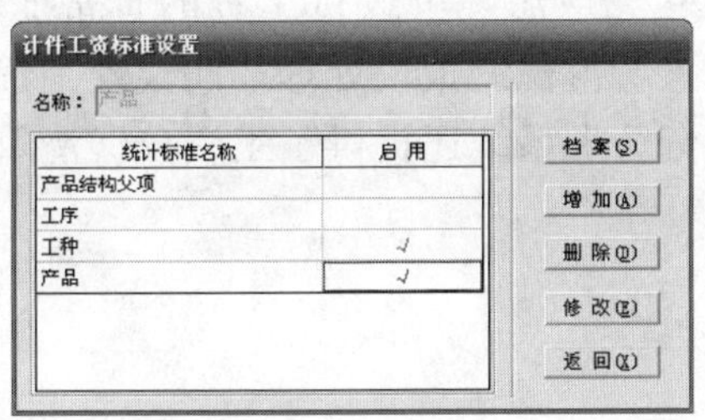

图 7—29

提示：

(1) 设置计件工资标准功能用于定义统计计件数据的统计标准、口径。使用前提：在“设置”的“选项”菜单中选择“是否核算计件工资”选项，在“人员档案”中“核算计件工资”栏目设置为“是”。

(2) 系统自动显示的统计标准名称来源于成本管理系统，不可在工资系统修改或删除，但可以不启用。

第二，计件工资方案设置。

【操作步骤】

1. 执行“设置”/“计件工资方案设置”命令，进入“计件工资方案设置”窗口。从部门下拉列表中选择“一车间”。

2. 单击“增加”按钮，增加一空行，按照表 7—3 设置一车间的计件工资方案。结果如图 7—30 所示，单击“保存”按钮。

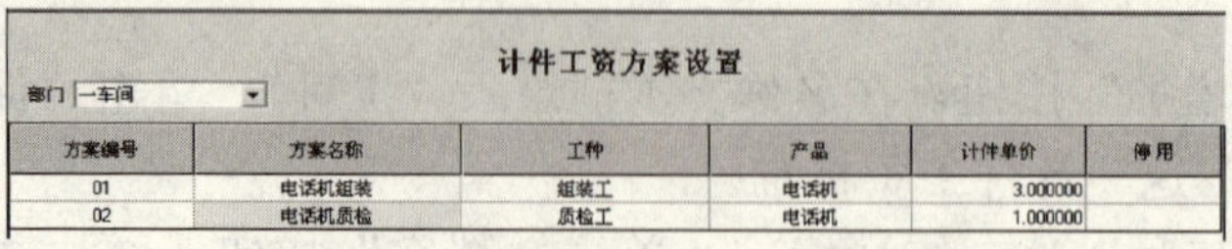

计件工资方案设置

部门 一车间

方案编号	方案名称	工种	产品	计件单价	停用
01	电话机组装	组装工	电话机	3.000000	
02	电话机质检	质检工	电话机	1.000000	

图 7—30

提示：

（1）设置计件工资方案功能用于设置计件数据的统计标准与单价。

（2）如果停用此方案可选择“停用标志”。

3. 同理，进行二车间的计件工资方案设置。

第二节　日常处理

·基本理论·

工资管理系统初始化完成后，可进行工资的日常业务处理，具体包括：录入、计算工资数据；个人所得税的报税处理；向代发工资的银行传输工资数据实现银行代发等工作。工资管理系统还提供了工资分钱清单功能以方便取款进行工资发放。

·应用案例·

石家庄方大有限责任公司 2010 年 1 月员工工资情况如表 7—5 所示，王芳据此进行本月工资业务处理。

表 7—5　　**方大公司员工工资情况表**　　单位：元

部门名称	职员姓名	人员类别	基本工资	岗位工资	奖金	交通补贴	缺勤天数	计件件数
总经理办公室	陈志	企业管理人员	1 000	800	500	300		
综合部	王明刚	企业管理人员	1 000	500	400	300		
综合部	王星	企业管理人员	800	500	200	300		
办公室	刘玲芳	企业管理人员	1 000	500	400	300		
办公室	齐杰	企业管理人员	800	500	200	300		
办公室	孙叶	企业管理人员	800	500	200	300		
财务部	李明	企业管理人员	1 000	500	200	300		
财务部	王芳	企业管理人员	800	500	200	300	1	
财务部	马可	企业管理人员	800	500	200	300		

续前表

部门名称	职员姓名	人员类别	基本工资	岗位工资	奖金	交通补贴	缺勤天数	计件件数
销售部	胡庆华	企业管理人员	1 000	500	400	300		
销售部	赵亮	销售人员	800	500	200	300		
销售部	孟明	销售人员	800	500	200	300		
采购部	孙玉	企业管理人员	1 000	500	200	100		
采购部	魏光阳	采购人员	800	500	200	100		
采购部	张川军	采购人员	800	500	200	100		
生产部	赵明	企业管理人员	1 000	500	200	300		
一车间	孟义	车间管理人员	1 000	500	500	100		
一车间	张强	车间生产工人						700
一车间	齐文华	车间生产工人						1 500
二车间	吴硕	车间管理人员	1 000	500	500	100		
二车间	张丽萍	车间生产工人						400
二车间	王然	车间生产工人						500
研发部	李响	企业管理人员	1 000	500	200	300		
研发部	李贺	其他人员	800	500	200	100		
研发部	张蕊蕊	其他人员	800	500	200	100		
研发部	刘静初	其他人员	800	500	200	100		
仓库	杨军强	其他人员	800	500	200	100		

·应用指南·

一、工资变动

【操作步骤】

打开“固定工资”类别，执行“业务处理”/“工资变动”命令，进入“工资变动”窗口，按照表 7—5 进行工资数据的录入，结果如图 7—31 所示。

提示：

(1) 工资变动功能用于日常工资数据的调整变动，第一次使用工资管理系统必须将所有人员的基本工资数据进行录入，每月发生的数据变动如缺勤情况也在此进行调整。

(2) 首次进入工资变动功能前，需先进行工资项目设置及公式的定义，然后再录入数据。

(3) 在进行了数据的修改、重新设置了计算公式、进行了数据替换或在个人所得税中执行了自动扣税等操作后，最好调用计算功能对个人工资数据重新计

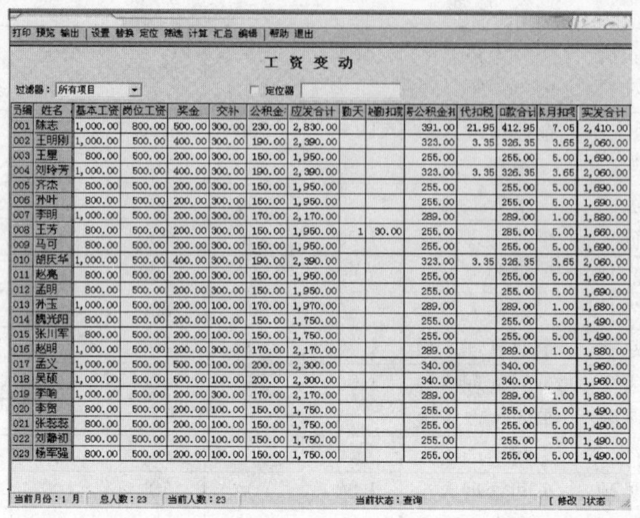

打印 预览 输出 | 设置 替换 定位 筛选 计算 汇总 编辑 | 帮助 退出

工 资 变 动

过滤器：所有项目　　定位器

员编	姓名	基本工资	岗位工资	奖金	交补	公积金	应发合计	勤天	勤扣款	公积金扣	代扣税	款合计	月扣零	实发合计
001	陈志	1,000.00	800.00	500.00	300.00	230.00	2,830.00			391.00	21.95	412.95	7.05	2,410.00
002	王明刚	1,000.00	500.00	400.00	300.00	190.00	2,390.00			323.00	3.35	326.35	3.65	2,060.00
003	王星	800.00	500.00	200.00	300.00	150.00	1,950.00			255.00		255.00	5.00	1,690.00
004	刘玲芳	1,000.00	500.00	400.00	300.00	190.00	2,390.00			323.00	3.35	326.35	3.65	2,060.00
005	齐杰	800.00	500.00	200.00	300.00	150.00	1,950.00			255.00		255.00	5.00	1,690.00
006	孙叶	800.00	500.00	200.00	300.00	150.00	1,950.00			255.00		255.00	5.00	1,690.00
007	李明	1,000.00	500.00	200.00	300.00	170.00	2,170.00			289.00		289.00	1.00	1,880.00
008	王芳	800.00	500.00	200.00	300.00	150.00	1,950.00	1	30.00	255.00		285.00	5.00	1,660.00
009	马可	800.00	500.00	200.00	300.00	150.00	1,950.00			255.00		255.00	5.00	1,690.00
010	胡庆华	1,000.00	500.00	400.00	300.00	190.00	2,390.00			323.00	3.35	326.35	3.65	2,060.00
011	赵鹏	800.00	500.00	200.00	300.00	150.00	1,950.00			255.00		255.00	5.00	1,690.00
012	孟明	800.00	500.00	200.00	300.00	150.00	1,950.00			255.00		255.00	5.00	1,690.00
013	孙玉	1,000.00	500.00	200.00	100.00	170.00	1,970.00			289.00		289.00	1.00	1,680.00
014	魏光阳	800.00	500.00	200.00	100.00	150.00	1,750.00			255.00		255.00	5.00	1,490.00
015	张川军	800.00	500.00	200.00	100.00	150.00	1,750.00			255.00		255.00	5.00	1,490.00
016	赵明	1,000.00	500.00	200.00	300.00	170.00	2,170.00			289.00		289.00	1.00	1,880.00
017	孟义	1,000.00	500.00	500.00	100.00	200.00	2,300.00			340.00		340.00		1,960.00
018	吴硕	1,000.00	500.00	500.00	100.00	200.00	2,300.00			340.00		340.00		1,960.00
019	李响	1,000.00	500.00	200.00	300.00	170.00	2,170.00			289.00		289.00	1.00	1,880.00
020	李贺	800.00	500.00	200.00	100.00	150.00	1,750.00			255.00		255.00	5.00	1,490.00
021	张蕊蕊	800.00	500.00	200.00	100.00	150.00	1,750.00			255.00		255.00	5.00	1,490.00
022	刘静初	800.00	500.00	200.00	100.00	150.00	1,750.00			255.00		255.00	5.00	1,490.00
023	杨军强	800.00	500.00	200.00	100.00	150.00	1,750.00			255.00		255.00	5.00	1,490.00

当前月份：1 月　总人数：23　当前人数：23　当前状态：查询　[修改]状态

图 7—31

算，以保证数据正确。

（4）为了快速录入或修改数据，可利用“替换”命令，将符合条件的人员的某个工资项目的数据，统一替换成某个数据。

二、工资分钱清单

【操作步骤】

1. 执行“业务处理”/“工资分钱清单”命令，打开“票面额设置”对话框，根据单位需要选择一百元、五十元与二十元的面额组合。结果如图 7—32 所示。

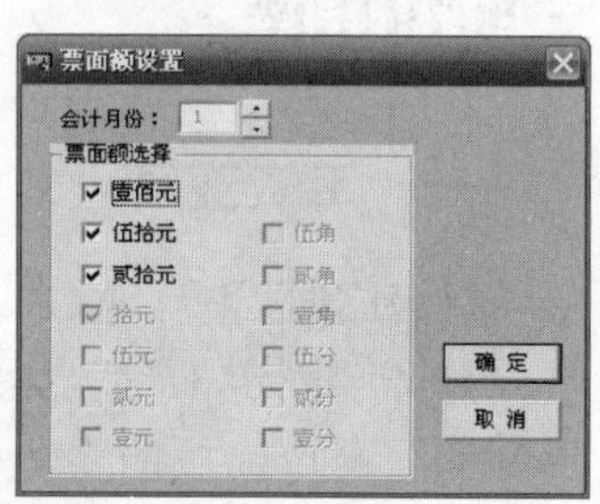

图 7—32

提示：

（1）工资分钱清单是指按单位计算的工资发放分钱票面额清单，会计人员根据此表从银行取款并发给各部门。

（2）工资管理系统默认用户要进行分钱的工资数据项目为实发工资项目。

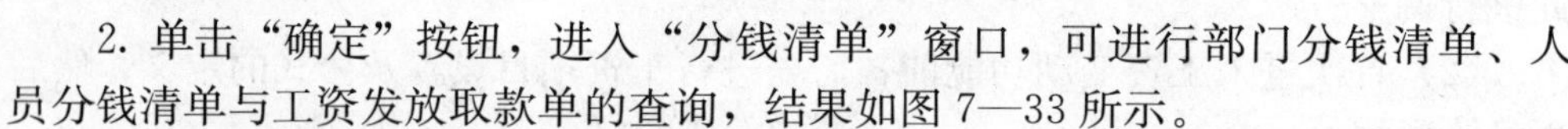

2. 单击“确定”按钮，进入“分钱清单”窗口，可进行部门分钱清单、人员分钱清单与工资发放取款单的查询，结果如图 7—33 所示。

栏目说明：

（1）可利用部门分钱清单查询各部门票面数与金额数。

（2）可利用人员分钱清单查询各部门下属人员的票面数与金额数。

分钱清单

部门分钱清单 | 人员分钱清单 | 工资发放取款单

请选择部门级别：1 级

部门	壹佰元	伍拾元	贰拾元	拾元	金额合计
总经理办公室	24			1	2410.00
综合部	138	8	9	4	14420.00
销售部	52	3	4	1	5440.00
采购部	44	3	5	1	4660.00
生产部	56	3	1	3	5800.00
研发部	60	4	7	1	6350.00
仓库	14	1	2		1490.00
票面合计数	388	22	28	11	------
金额合计数	38800.00	1100.00	560.00	110.00	40570.00

图 7—33

(3) 可利用工资发放取款单按单位整体计算本工资类别的票面分钱总数。

三、扣缴所得税

(一) 设置所得税参数及税率

【操作步骤】

1. 执行“业务处理”/“扣缴所得税”命令，打开所得税申报对话框，如图 7—34 所示。

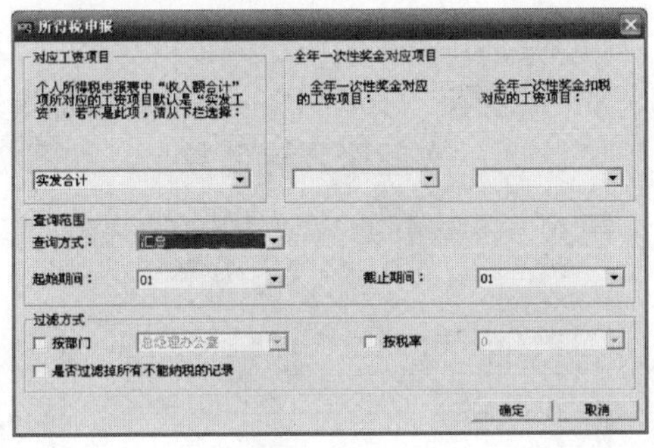

图 7—34

2. 单击“确定”按钮，进入所得税申报界面，单击“税率”按钮，修改所得税纳税基数为 2 000 元，单击“确认”按钮，如图 7—35 所示。

级次	应纳税所得额下限	应纳税所得额上限	税率(%)	速算扣除数
1	0.00	500.00	5.00	0.00
2	500.00	2000.00	10.00	25.00
3	2000.00	5000.00	15.00	125.00
4	5000.00	20000.00	20.00	375.00
5	20000.00	40000.00	25.00	1375.00
6	40000.00	60000.00	30.00	3375.00
7	60000.00	80000.00	35.00	6375.00
8	80000.00	100000.00	40.00	10375.00
9	100000.00		45.00	15375.00

图 7—35

（二）个人所得税计算

【操作步骤】

1. 在所得税申报界面，单击“栏目”按钮，进行所得税申报格式设置。

2. 双击“应扣税额”对应的数据源，从下拉列表中选择“工资项目：代扣税”，单击“确定”按钮，返回所得税申报界面。结果如图 7—36 所示。

打印 预览 输出 | 税率 | 栏目 过滤 定位 | 帮助 退出

所得税申报

2010年1月 -- 2010年1月

总人数：4

序号	纳税人姓名	收入额	免税收入额	允许扣除的税费	用扣除标准	准予扣除的捐赠额	纳税所得额	税率	应扣税额	已扣税额
1	陈志	2830.00			2000.00		439.00	5	21.95	
2	王明刚	2390.00			2000.00		67.00	5	3.35	
3	刘玲芳	2390.00			2000.00		67.00	5	3.35	
4	胡庆华	2390.00			2000.00		67.00	5	3.35	

图 7—36

四、计件工资统计

【操作步骤】

1. 打开“计件工资”类别，执行“业务处理”/“计件工资统计”，打开“计件工资统计”窗口，部门选择“一车间”，点击“增加”按钮，打开“计件工资”对话框，按照表 7—5 录入一车间张强计件数量，如图 7—37 所示。

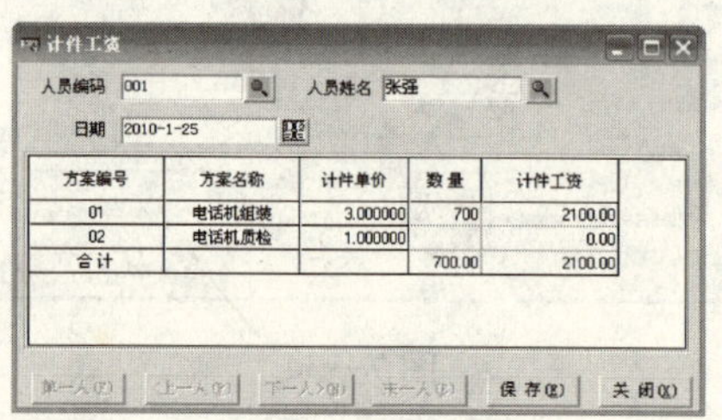

计件工资

人员编码 001 人员姓名 张强

日期 2010-1-25

方案编号	方案名称	计件单价	数量	计件工资
01	电话机组装	3.000000	700	2100.00
02	电话机质检	1.000000		0.00
合计			700.00	2100.00

第一人(F) 上一人(U) 下一人(D) 末一人(E) 保存(S) 关闭(X)

图 7—37

2. 录入其他工人计件数量，结果如图 7—38 所示。

计件工资统计

部门 一车间　　月份 1　　人数：2

人员编号	人员名称	日期	方案编号	方案名称	计件单价	数量	计件工资
001	张强	2010-01-25	01	电话机组装	3.000000	700.00	2100.00
小计						700.00	2100.00
002	齐文华	2010-01-25	02	电话机质检	1.000000	1500.00	1500.00
小计						1500.00	1500.00
合计						2200.00	3600.00

图 7—38

3. 同理，录入二车间计件工资统计数据。

提示：

计件工资统计完成后，该工资类别也需要进行工资变动、分钱清单及扣缴所得税等操作。

·知识拓展·

目前，许多单位发放工资时都采用工资卡方式由银行发放给员工个人。这种做法既减轻了财务部门发放工资工作的繁重，有效地避免了财务部门到银行提取大笔款项所承担的风险，又提高了对员工个人工资的保密程度。

一、银行名称设置

【操作步骤】

1. 选择“设置”/“银行名称设置”，打开“银行名称设置”对话框。

2. 设置“录入时需要自动带出的账号长度”为“11”，如图 7—39 所示。

栏目说明：

在此设置代发工资银行的相关信息，可进行银行名称的增加。

(1) 银行账号定长是指此银行要求所有人员的账号长度必须相同。

(2) 设置“自动带出账号长度”位数，在录入“人员档案”的银行账号时，从第二个人开始，系统根据用户在此定义的长度自动带出银行账号的前 N 位，可提高录入速度。

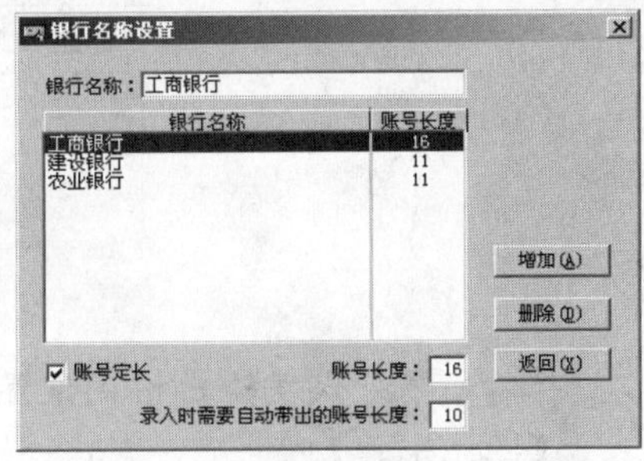

图 7—39

二、银行代发

(一) 银行文件格式设置

【操作步骤】

1. 执行“业务处理”/“银行代发”命令，打开“代发设置”对话框，如图 7—40 所示。

2. 选择“银行报盘文件”，单击“确定”按钮。弹出“银行代发过滤条件”，如图 7—41 所示。

3. 单击“是”，打开“银行文件格式设置”对话框，选择银行模板为“工商银行”，如图 7—42 所示。在此可进行格式的设置，如插入一行“人员姓名”，数据类型为“字符型”，数据来源为“人员姓名”。

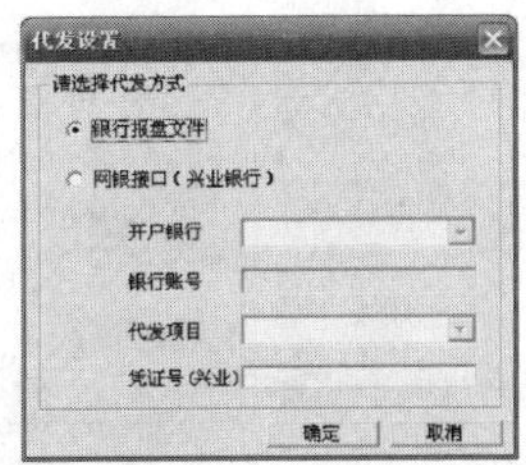

图 7—40

4. 单击“确认”按钮，弹出系统提示，如图 7—43 所示。

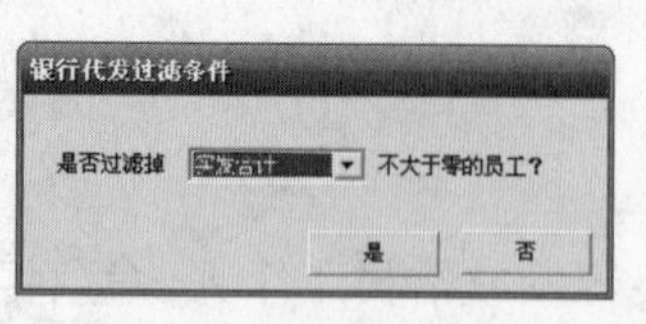

图 7—41

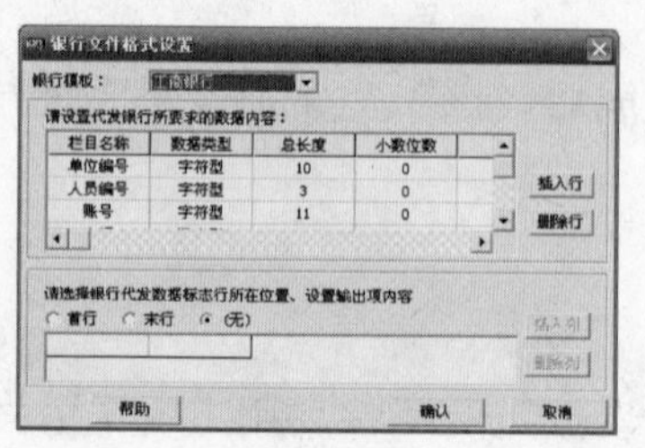

图 7—42

图 7—43

5. 单击“是”按钮，进入“银行代发一览表”，案例中计件工资类别银行代发一览表如图 7—44 所示。

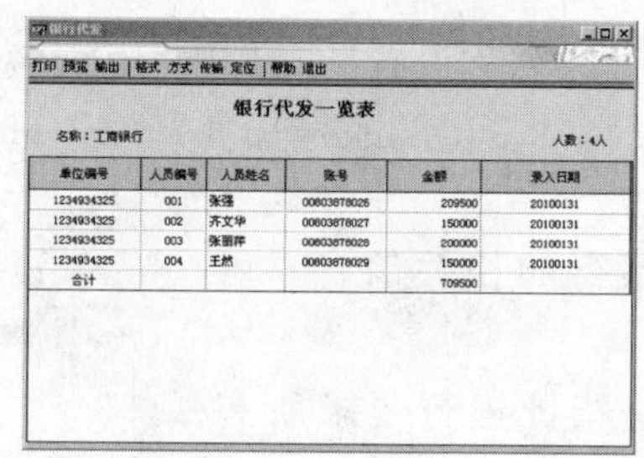

银行代发一览表

名称：工商银行　　人数：4人

单位编号	人员编号	人员姓名	账号	金额	录入日期
1234934325	001	张强	00603878026	209500	20100131
1234934325	002	齐文华	00603878027	150000	20100131
1234934325	003	张丽萍	00603878028	200000	20100131
1234934325	004	王然	00603878029	150000	20100131
合计				709500	

图 7—44

（二）银行代发输出格式设置

【操作步骤】

1. 在“银行代发一览表”界面，单击“方式”按钮，打开“文件方式设置”对话框，如图 7—45 所示。

栏目说明：

在“常规”页签选择存放文件类型。

2. 单击“高级”页签，出现如图 7—46 所示的对话框。

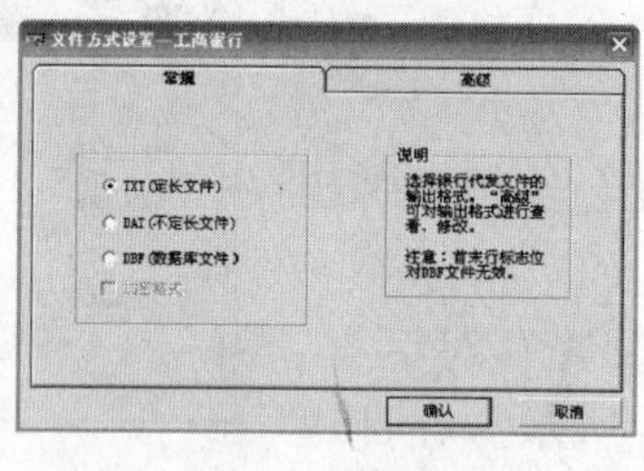

图 7—45

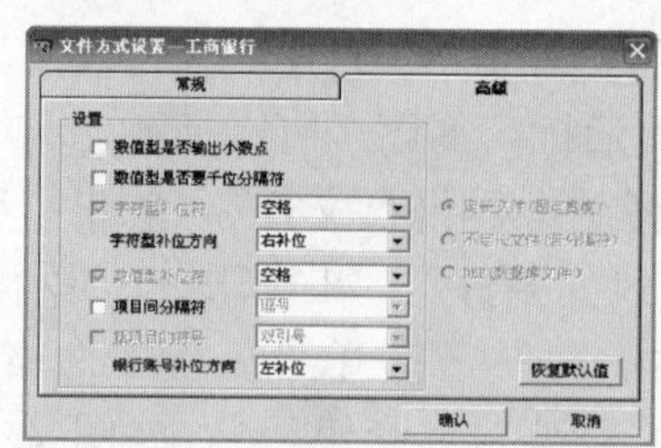

图 7—46

栏目说明：

在“高级”页签对磁盘文件的格式进行查看和修改。

3. 点击“确认”按钮，系统记录下生成磁盘文件的格式设置，返回银行代发主界面。

（三）磁盘输出

【操作步骤】

在“银行代发一览表”界面，单击“传输”按钮可进行银行文件输出，将数据输出到指定的磁盘。

第三节　期末处理

·基本理论·

工资管理系统可进行工资分摊设置，对当月发生的工资费用进行分配及对各种经费进行计提，自动生成凭证传递到总账系统；所有业务处理完成后于会计期末进行月末处理，可将当月数据经过处理后结转至下月。如果结账后，发现还有一些业务或其他事项需要在已结账月进行账务处理，可使用反结账功能，取消已结账标记。

·应用案例·

石家庄方大有限责任公司 2010 年 1 月 31 日按用途进行工资费用的分配（如表 7—6 所示），教育经费、工会经费计提比例分别为应付工资的 1.5%和 2%。王芳进行两个工资类别的工资分摊设置并制作转账凭证。

表 7—6　　工资费用分配表

部门	人员类别	借方科目	贷方科目
总经理办公室 综合部经理办公室 办公室 财务部 生产部经理办公室 研发部	企业管理人员	660201	221101
采购部	采购人员	660201	221101
销售部	销售人员	6601	221101

续前表

部门	人员类别	借方科目	贷方科目
一车间 二车间	车间管理人员	510101	221101
一车间 二车间	生产工人	50010102	221101
研发部 仓库	其他人员	660201	221101

·应用指南·

一、设置工资分摊类型

【操作步骤】

1. 打开“固定工资”类别，选择“业务处理”/“工资分摊”，打开“工资分摊”对话框，如图 7—47 所示。

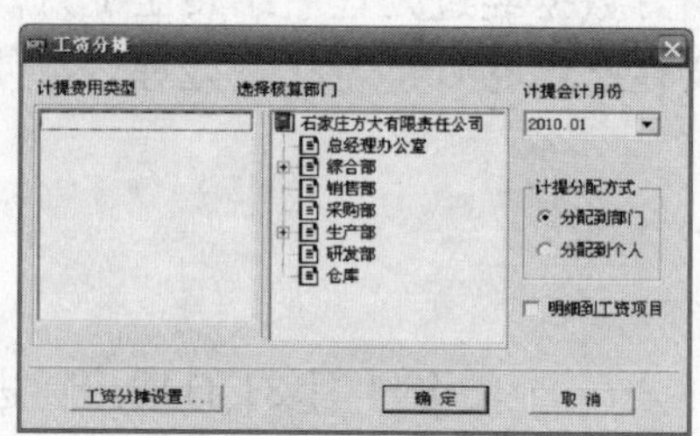

图 7—47

2. 单击“工资分摊设置”按钮，打开“分摊类型设置”对话框，如图 7—48 所示。

3. 单击“增加”按钮，打开“分摊计提比例设置”对话框，输入计提类型名称和分摊计提比例，结果如图 7—49 所示。

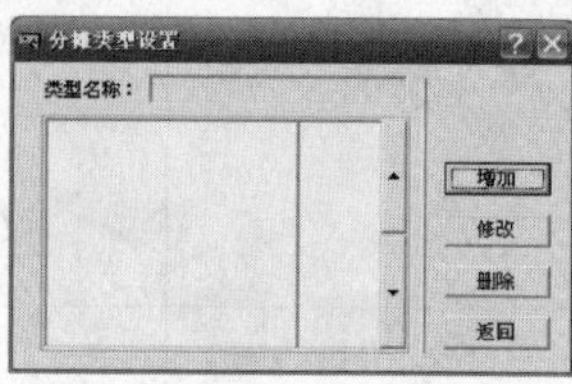

图 7—48

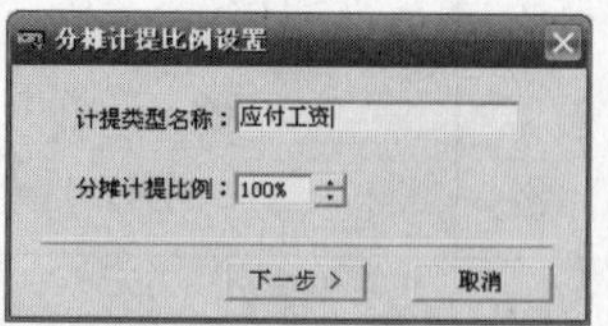

图 7—49

4. 单击“下一步”按钮，打开“分摊构成设置”对话框，参照输入部门名称、人员类别、借贷方科目等栏目。结果如图 7—50 所示。

图 7—50

栏目说明：

(1) 部门名称：选择部门。不同部门的相同人员类别可设置不同分摊科目。

(2) 人员类别：选择费用分配人员类别。

(3) 项目：对应选中部门、人员类别，选择计提分配的工资项目。

(4) 借方科目：对应选中部门、人员类别的每个工资项目的借方科目。

(5) 贷方科目：对应选中部门、人员类别的每个工资项目的贷方科目。

提示：

(1) 在设置工资分摊类型的过程中体会设置人员类别的作用。

(2) 已分配计提的类型不能删除，最后一个类型不能删除。

5. 单击“完成”按钮。

6. 同理，可进行教育经费、工会经费的分摊设置。

7. 同理，可进行“计件工资”类别的工资分摊设置。

二、生成转账凭证

【操作步骤】

1. 打开“固定工资”类别，选择“业务处理”/“工资分摊”，打开“工资分摊”对话框。选择计提费用类型“应付工资”；选择参与核算的部门；选择计提分配方式；选择费用分摊明细到工资项目。结果如图 7—51 所示。

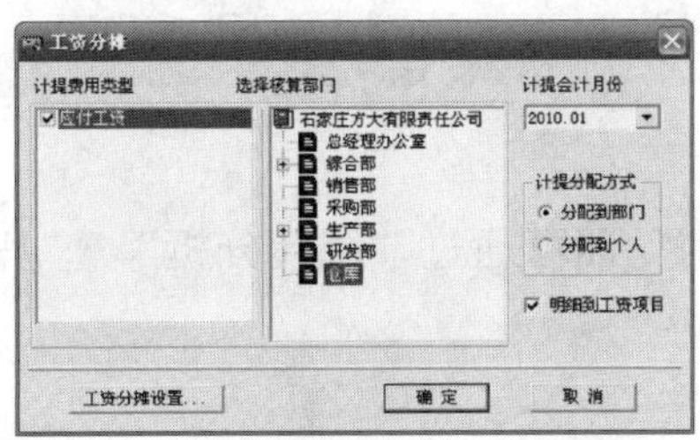

图 7—51

2. 单击“确定”按钮，进入“应付工资一览表”，如图 7—52 所示。

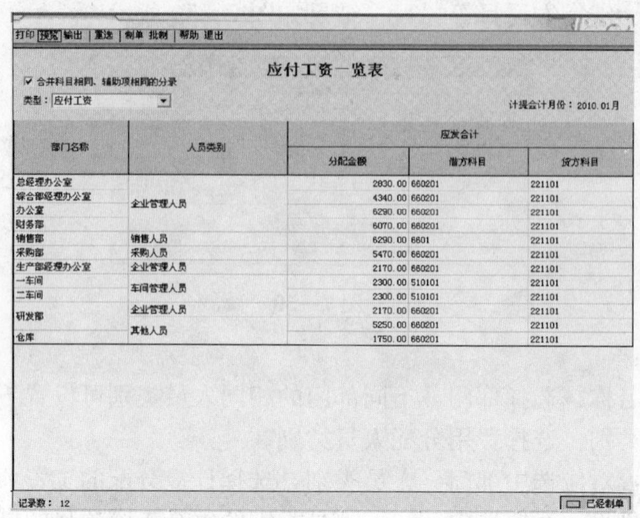

部门名称	人员类别	应发合计		
		分配金额	借方科目	贷方科目
总经理办公室	企业管理人员	2830.00	660201	221101
综合部经理办公室		4340.00	660201	221101
办公室		6290.00	660201	221101
财务部		6070.00	660201	221101
销售部	销售人员	6290.00	6601	221101
采购部	采购人员	5470.00	660201	221101
生产部经理办公室	企业管理人员	2170.00	660201	221101
一车间	车间管理人员	2300.00	510101	221101
二车间		2300.00	510101	221101
研发部	企业管理人员	2170.00	660201	221101
	其他人员	5250.00	660201	221101
仓库		1750.00	660201	221101

图 7—52

3. 单击“制单”按钮，生成记账凭证，如图 7—53 所示。

4. 同理，可进行计提教育经费、工会经费凭证的生成。

5. 同理，可进行“计件工资”类别的凭证生成。

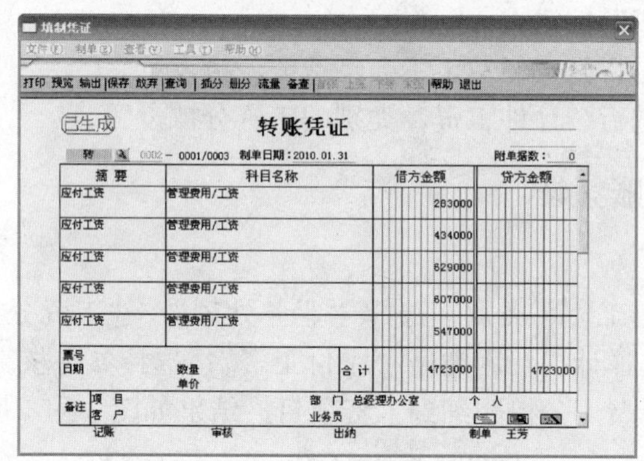

图 7—53

提示：

工资管理系统生成的凭证可通过“统计分析”/“凭证查询”功能来删除和冲销。

三、月末处理

【操作步骤】

1. 打开“固定工资”类别，执行“业务处理”/“月末处理”命令，打开

"月末处理"对话框，如图 7—54 所示。

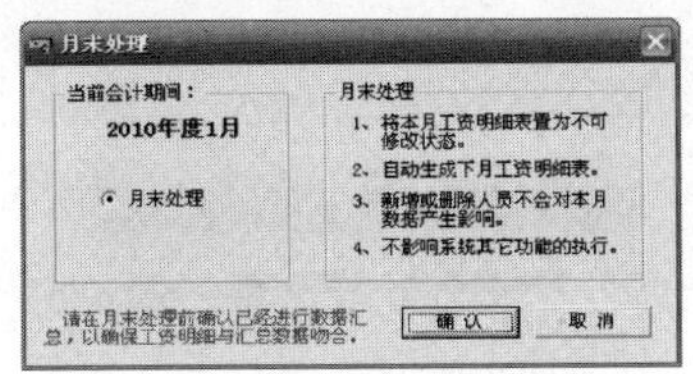

图 7—54

提示：

(1) 月末结转只有在会计年度的 1 月至 11 月进行。

(2) 若为处理多个工资类别，则应打开工资类别，分别进行月末结算。

(3) 若本月工资数据未汇总，系统将不允许进行月末结转。

2. 单击"确认"按钮，弹出系统提示，如图 7—55 所示。

3. 单击"是"按钮，系统提示"是否选择清零项"，如图 7—56 所示。

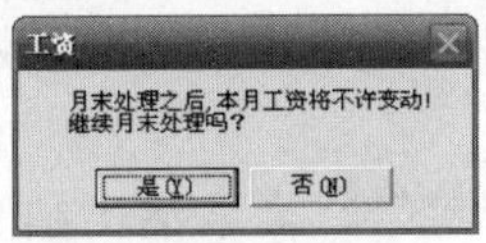

图 7—55

图 7—56

4. 单击"是"，可选择需清零项目，如图 7—57 所示。

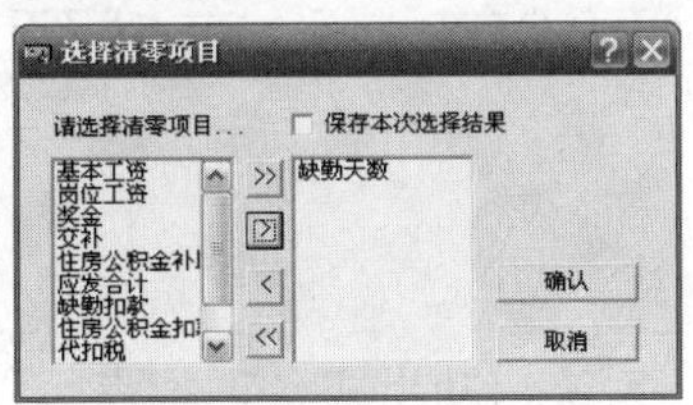

图 7—57

提示：

在工资项目中，有的项目每月的数据不相同，在月末处理时，均需将其数据清为零，此类项目即为清零项目。

5. 单击"确认"按钮，系统提示"月末处理完毕!"，如图 7—58 所示。

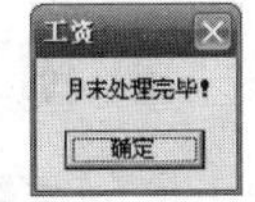

图 7—58

6. 同理，可进行"计件工资"类别的月末处理。

四、反结账

【操作步骤】

1. 关闭工资类别，执行“业务处理”/“反结账”命令，打开“反结账”对话框，如图 7—59 所示。

2. 单击“确定”按钮。

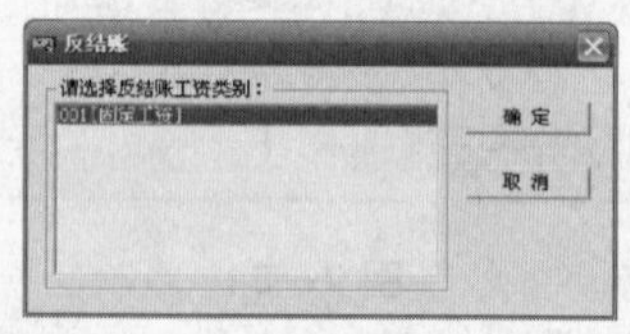

图 7—59

提示：

(1) 当总账系统已结账时，工资管理系统不允许反结账。

(2) 汇总工资类别的会计月份＝反结账会计月，且包括需反结账的工资类别时不允许反结账。

(3) 本月工资分摊、计提凭证传输到总账系统，如果总账系统已制单并记账，需做红字冲销凭证后，才能反结账；如果总账系统未做任何操作，只需删除此凭证即可。

(4) 如果凭证已经由出纳签字/主管签字，需取消出纳签字/主管签字，并删除该张凭证后，才能反结账。

第四节　账表处理

·基本理论·

工资业务处理完成后，系统自动生成各种报表数据，工资管理系统提供了多层次、多角度的工资数据查询功能，用户可对工资管理系统中所有的报表进行管理。

·应用案例·

查看综合部 2010 年 1 月的员工工资汇总表，并查询实发合计数。

·应用指南·

【操作步骤】

1. 打开“固定工资”类别，单击“统计分析”/“账表”/“工资分析表”，打开“工资分析表”对话框。

2. 单击“员工工资汇总表”，如图 7—60 所示。

3. 单击“确认”按钮，打开“员工工资汇总表选项”对话框。

4. 选择要分析的项目为“实发合计”，查询的部门为“综合部”，如图 7—61 所示。

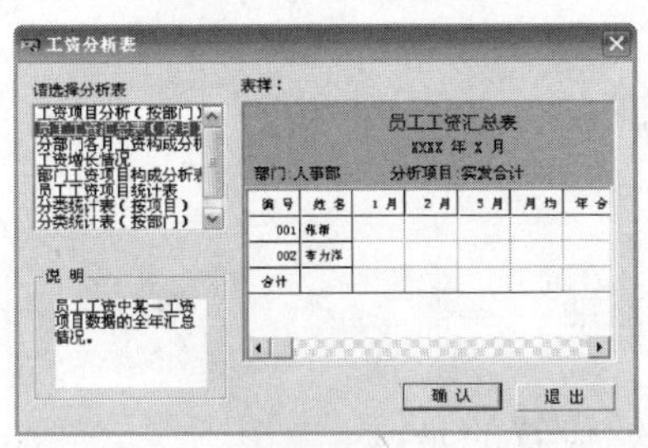

图 7—60

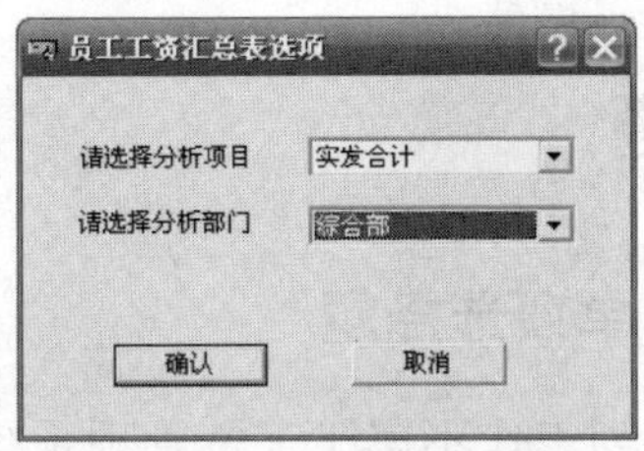

图 7—61

5. 单击“确认”按钮，打开“员工工资汇总表”窗口，如图 7—62 所示。

打印 预览 输出 | 查询 | 帮助 退出

员工工资汇总表

2010年1月

部门:综合部　　　　分析项目:实发合计

编 号	姓 名	1 月	月 均	年 度 合 计
002	王明刚	2,060.00	2,060.00	2,060.00
003	王星	1,690.00	1,690.00	1,690.00
004	刘玲芳	2,060.00	2,060.00	2,060.00
005	齐杰	1,690.00	1,690.00	1,690.00
006	孙叶	1,690.00	1,690.00	1,690.00
007	李明	1,880.00	1,880.00	1,880.00
008	王芳	1,660.00	1,660.00	1,660.00
009	马可	1,690.00	1,690.00	1,690.00
合 计		14,420.00	1,802.50	14,420.00

图 7—62

栏目说明：

员工工资汇总功能可进行员工工资中某一工资项目数据的全年汇总分析。选择要分析的工资项目和分析部门，确定后显示该部门、该工资项目全年工资汇总表。

· 本章小结 ·

本章内容主要包括：

1. 工资管理系统初始化设置。

2. 工资管理系统日常业务处理。

3. 工资管理系统期末处理与统计分析。

希望通过本章学习，用户能够根据单位情况灵活进行工资账套的初始设置，快速准确地进行工资核算与汇总，顺利进行月末处理，能够根据实际需要查询各项报表数据。

·思考题·

1. 工资管理系统初始化时进行的各项设置在工资核算时起何作用？
2. 如果发现工资管理系统传递到总账系统的凭证错误，如何彻底删除？

习题

一、单项选择题

1. 下列工作不属于工资管理系统初始设置的是（　　）。

A. 人员类别设置　　B. 计件工资统计

C. 人员档案设置　　D. 参数设置

2. 进行工资分摊构成设置时，不需要设置（　　）。

A. 人员类别　　B. 部门

C. 借贷方科目　　D. 凭证类别

二、多项选择题

1. 下列操作必须在打开工资类别的情况下进行的是（　　）。

A. 增加人员档案　　B. 设置银行名称

C. 关闭工资类别　　D. 定义工资项目公式

2. 建立工资账套时，选择的参数包括（　　）。

A. 是否核算计件工资　　B. 是否代扣个人所得税

C. 是否扣零　　D. 是否进行客户分类

三、判断题

1. （　　）如果在“机构设置”/“职员档案”中录入了职员档案，工资管理系统就不用录入人员档案了。

2. （　　）工资项目中应发合计与扣款合计的公式是工资管理系统根据工资项目的增减属性自动生成的。

3. （　　）进行月末处理时，必须将所有工资项目的数据进行清零处理。

4. （　　）总账系统结账后，仍可进行工资系统的反结账处理。

5. （　　）若发现工资管理系统传递到总账系统的记账凭证有错误，可直接在总账系统里进行修改。

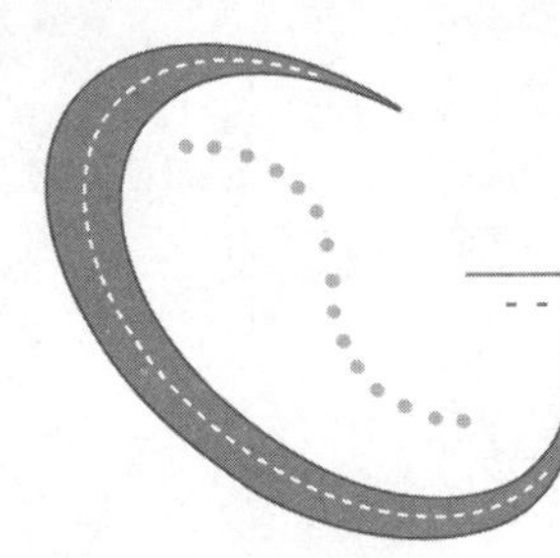

第八章

金蝶财务管理系统

【内容导航】

金蝶KIS（Keep It Simple）是金蝶软件有限公司基于微软Windows平台开发的最新产品，该软件以我国当前的会计理论及企业业务管理实务为基础，以“让管理更简单”为核心设计理念，是面向小型企业的管理软件。金蝶KIS根据我国企业在不同发展阶段的管理需要，分为迷你版、标准版、行政事业版、专业版、商贸版。其中，标准版提供了总账、报表、工资、固定资产、出纳管理、往来管理、财务分析等企业全面财务核算和管理。金蝶KIS标准版解决方案广泛适用于机械、汽配、电子、批发零售、社会服务、化工、食品、医药、仪器仪表、服装等行业。本章采用金蝶KIS标准版，案例与前面章节内容相同，主要介绍该软件的初始设置、财务处理及报表业务的操作方法，理论知识与前面章节相通。

【学习目标】

- 了解金蝶软件产品
- 了解金蝶财务管理系统中初始设置的操作方法
- 了解金蝶财务管理系统中账务处理的操作流程及方法
- 了解金蝶财务管理系统中报表模块的操作流程及方法

第一节 初始设置

·应用指南·

一、进入系统并建立账套

【操作步骤】

1. 双击桌面快捷键KIS，进入“系统登陆”对话框。以系统管理员（Manager）的身份进入系统，用户密码为空，如图 8—1 所示。

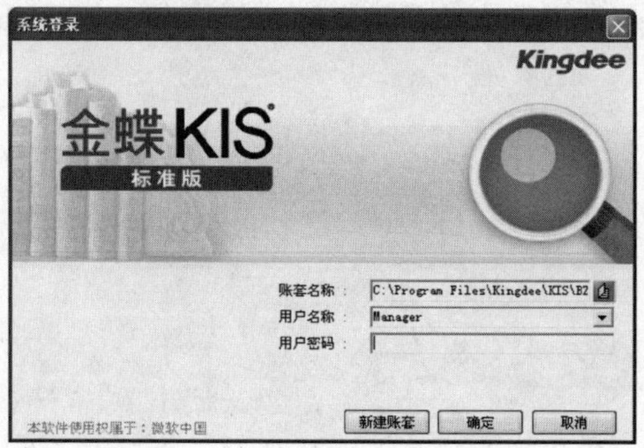

图 8—1

2. 执行“文件”/“新建账套”命令，进入“新建账套”对话框。在文件名的文本框中输入“石家庄方大有限责任公司”，单击“保存”按钮，如图 8—2 所示。

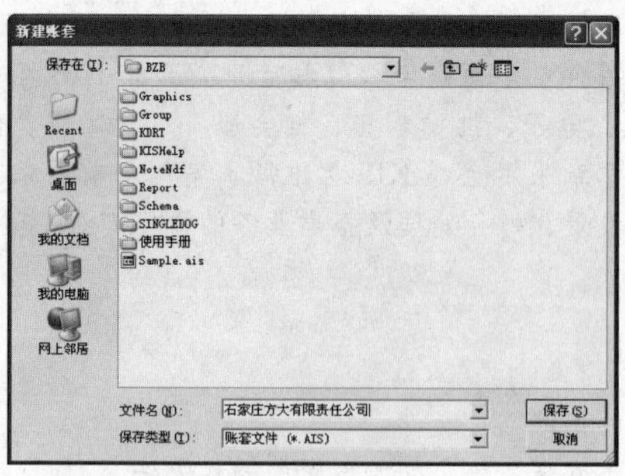

图 8—2

3. 根据建账向导完成新账套的建立，如图 8—3～图 8—9 所示。

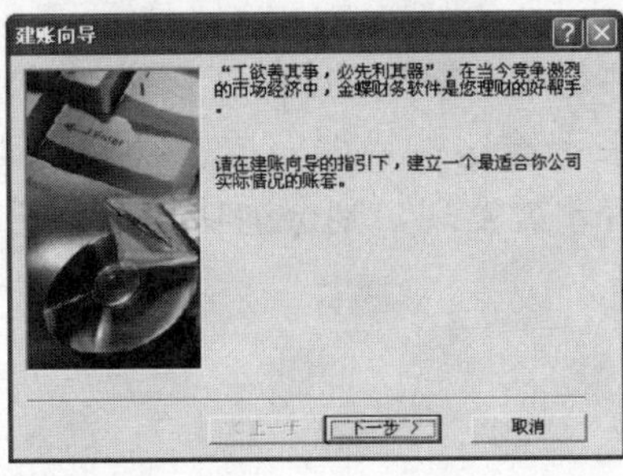

图 8—3

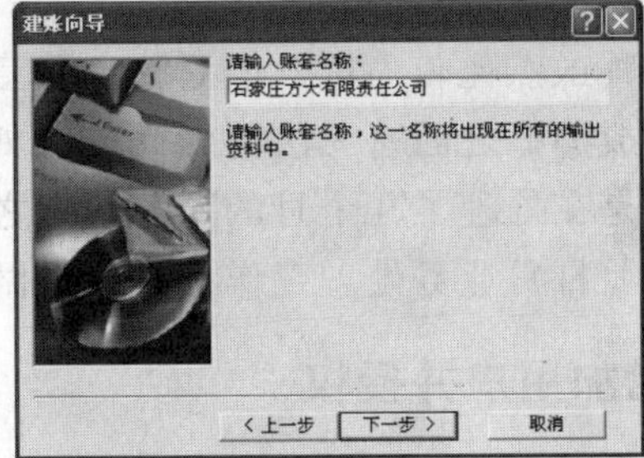

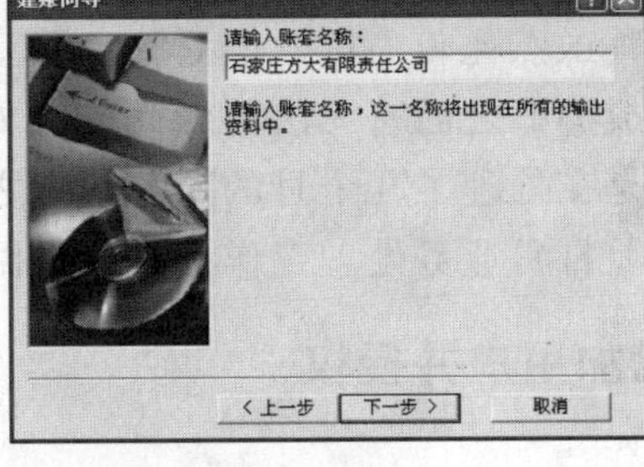

图 8—4

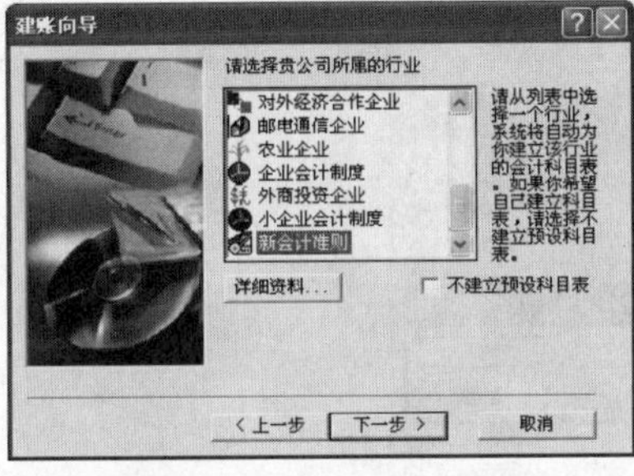

图 8—5

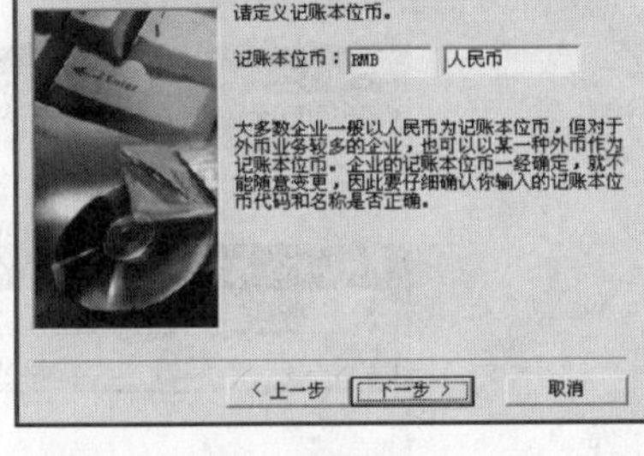

图 8—6

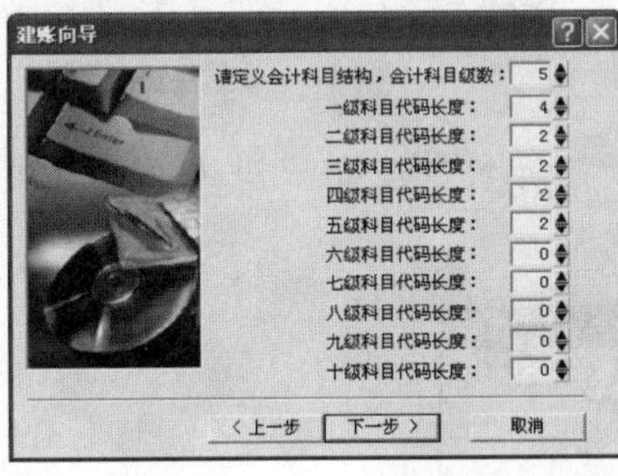

图 8—7

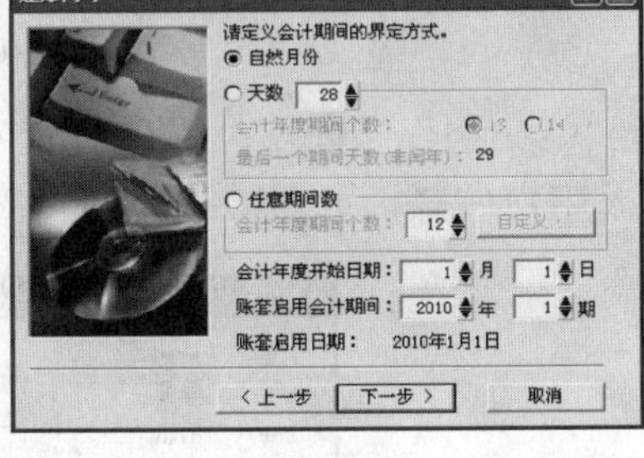

图 8—8

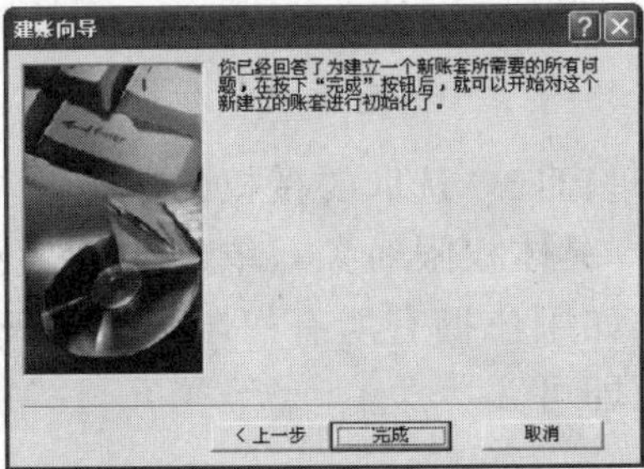

图 8—9

提示：

建账过程虽然比较简单，但对整个账套都是十分重要的。一旦某些参数设置错误，在完成建账之后将无法再做修改。如果带着这些错误完成了初始化工作，甚至有可能是在处理了几个月的账务数据之后才被发现，则会前功尽弃，所有的初始化数据及日常业务处理工作都必须重做。

二、增加用户并授权

【操作步骤】

1. 执行“工具”/“用户管理”命令，进入“用户（组）管理”对话框，将“缺省组”修改为“user 组”，单击“确定”按钮，如图 8—10 所示。

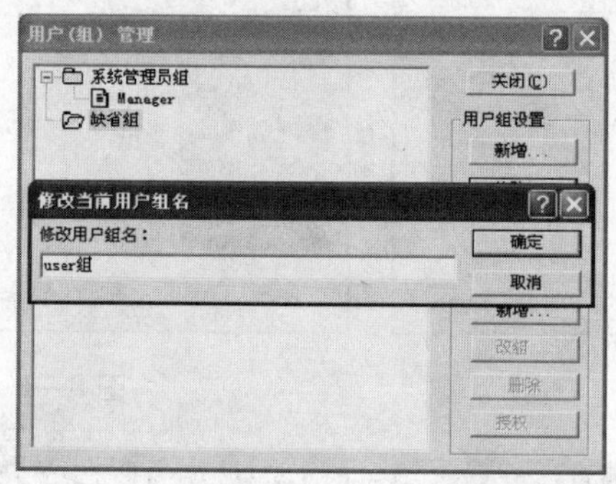

图 8—10

2. 选择“user 组”，单击“用户设置”/“新增”按钮，进入“新增用户”对话框，输入用户信息，如图 8—11 所示。

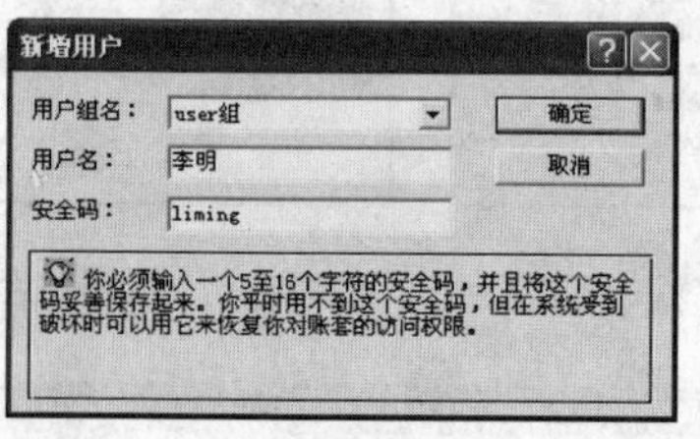

图 8—11

3. 在用户（组）管理窗口，选取要授权的用户，单击“授权”按钮，进入“权限管理”对话框。选择具体权限对象，单击全部选择(A)按钮，再单击授权(R)按钮保存，如图 8—12 所示。如用户拥有所有权限，单击授予所有权限按钮，授权范围选择“所有用户”单选按钮即可。

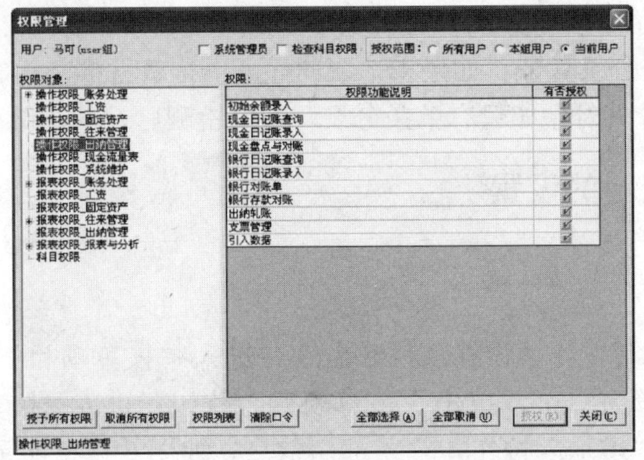

图 8—12

三、账套参数的设置

【操作步骤】

单击“账套选项”按钮，进入“账套选项”对话框，根据资料进行选择即可，如图 8—13、图 8—14 所示。

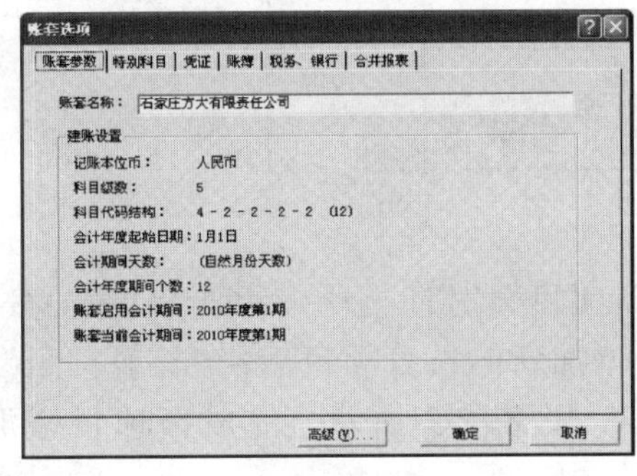

图 8—13

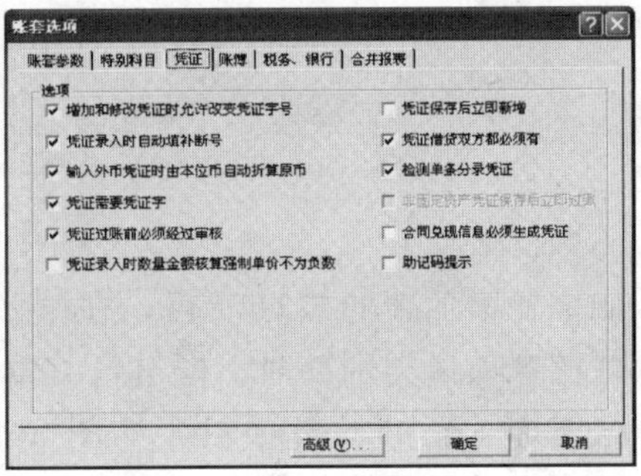

图 8—14

栏目说明：

（1）特别科目：一般是系统自动进行账务处理时所必需的一些会计科目，这些科目在系统中都有特定的含义，有些特别科目还有一些特殊限制条件。对这些特别科目用户只能修改，不能删除。

（2）增加和修改凭证时允许改变凭证字号：确定在录入或修改凭证时凭证号能否被修改。选取，则在修改凭证时可以修改凭证字号，反之，则不可以。

（3）凭证录入时数量金额核算强制单价不为负数：若选择该项，则对以数量金额核算的科目强制单价不为负数。

（4）凭证借贷双方都必须有：表示凭证借贷双方都有会计分录，不能只存在贷方分录数或只存在借方分录数。

(5) 检测单条分录凭证：如果未选取“凭证借贷双方都必须有”选项，则选择此项后，在凭证录入时，如只有单条分录，系统检测后，不予保存并给予提示。

四、基础资料的设置

(一) 部门档案

【操作步骤】

执行“基础资料”/“核算项目”命令，进入“核算项目”对话框。或者在会计之家系统设置窗口中，单击“核算项目”按钮，进入“核算项目”对话框。选择部门，单击“增加”按钮，输入部门信息，如图 8—15 所示。

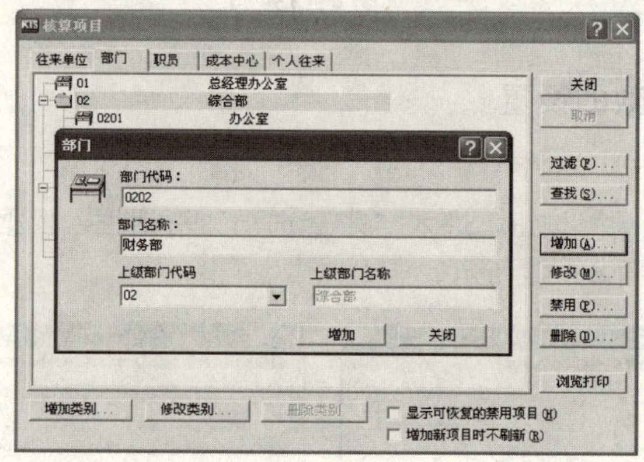

图 8—15

如果要增加新的核算项目，在“核算项目”对话框中，单击增加类别...按钮，进入“核算项目类别”对话框进行编辑。增加新的核算项目后，“核算项目”对话框就增加了新的核算项目，如图 8—16、图 8—17 所示。完成新项目增加以后，就可以设置具体的信息了。

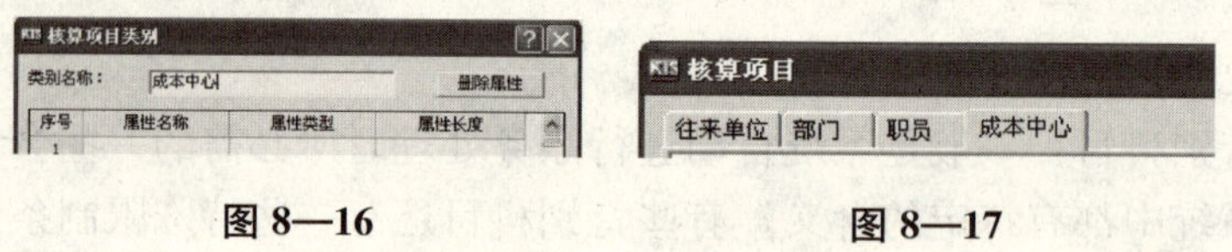

图 8—16　　**图 8—17**

提示：

要增加明细部门，必须在账套选项中进行高级设置，单击高级(V)...按钮，选择“允许核算项目分级显示”复选框。

(二) 职员档案

【操作步骤】

在会计之家系统设置窗口中，单击“核算项目”按钮，进入“核算项目”对话框。选择职员，单击“增加”按钮，输入职员信息，如图 8—18 所示。

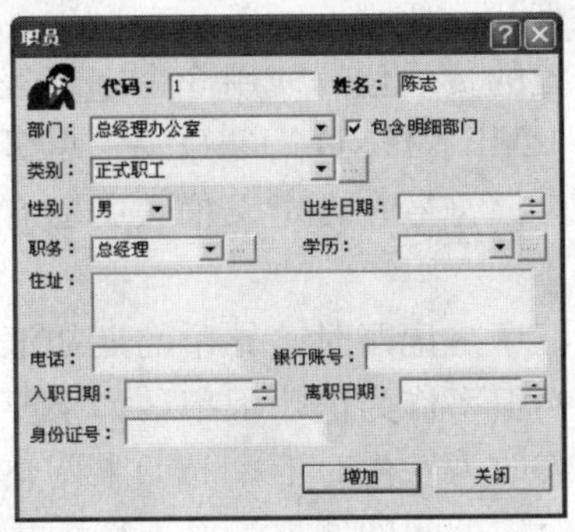

图 8—18

（三）客户档案和供应商档案

【操作步骤】

1. 在会计之家系统设置窗口中，单击“核算项目”按钮，进入“核算项目”对话框。选择往来单位，单击“增加类别...”按钮，输入客户和供应商两种类别。

2. 增加类别后，分别选择客户和供应商，单击“增加”按钮，输入客户和供应商信息，如图 8—19、图 8—20 所示。

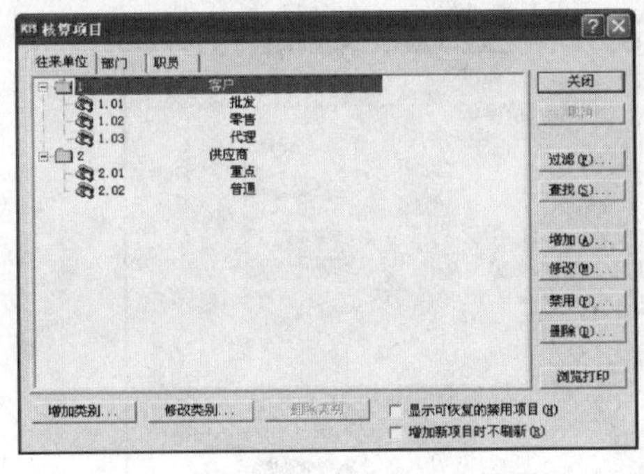

图 8—19

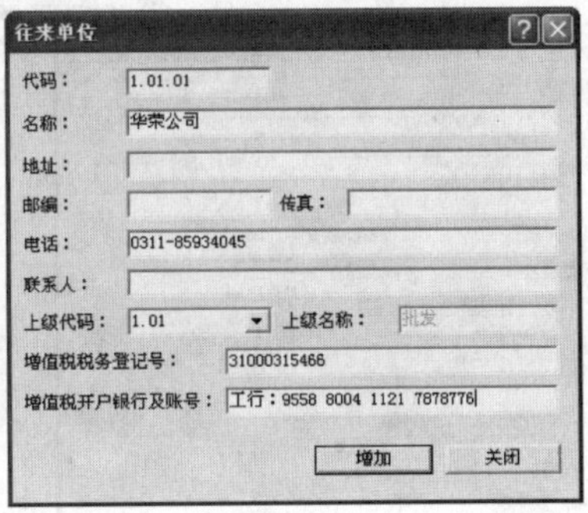

图 8—20

（四）结算方式的设置

【操作步骤】

执行“基础资料”/“结算方式”命令，进入“结算方式”对话框。单击“新增”按钮，输入结算方式信息即可。

（五）币别的设置

【操作步骤】

1. 在会计之家系统设置窗口中，单击“币别”按钮，进入“币别”对话框。

2. 在“币别”对话框中，单击“增加”按钮，进入下一个“币别”对话框，进行新币别信息的设置，如图 8—21 所示。

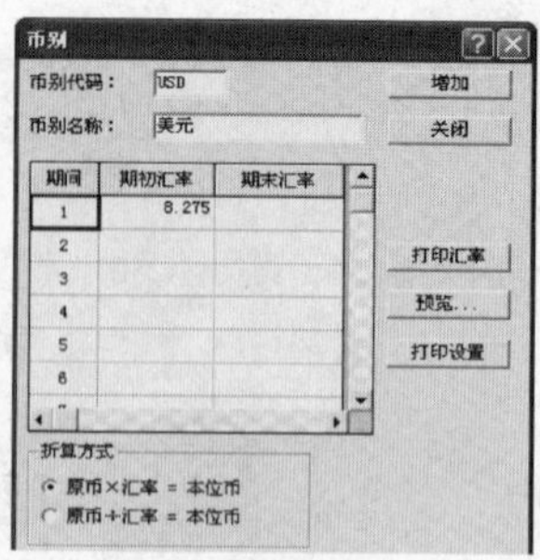

图 8—21

提示：

（1）金蝶财务管理系统的货币代码使用 3 个字符表示，用一般惯例编码，如 RMB、HKD、USD 等。尽量不要使用“$”符号，因为该符号在自定义报表中已有特殊含义。

（2）期初汇率和期末汇率是记账时该外币的期初汇率和期末汇率。本期的期初汇率作为记账汇率，如果要按发生时的汇率记账，可修改为发生时汇率。期末调整汇兑损益时，系统自动按对应期间的期末汇率折算，并调整汇兑损益额度。

（六）会计科目的设置

【操作步骤】

1. 在会计之家系统设置窗口中，单击“会计科目”按钮，进入“会计科目”对话框。

2. 如果要修改科目，选择需要修改的科目，单击“修改”按钮，进入“修改科目”对话框，进行修改即可，如图 8—22 所示。如果增加新科目，单击“增加”按钮，进入“新增科目”对话框，进行编辑即可，如图 8—23 所示。

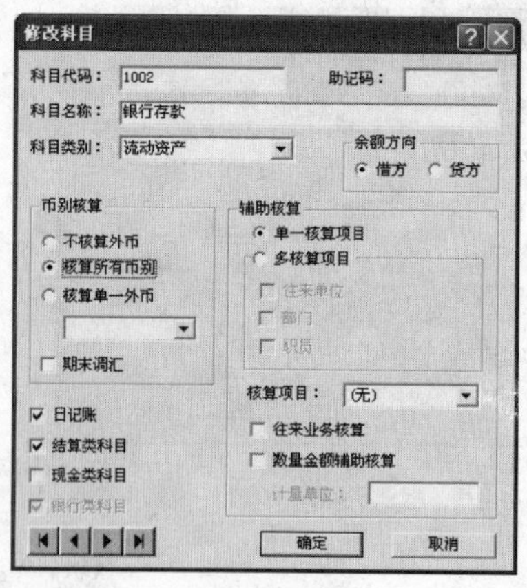

图 8—22

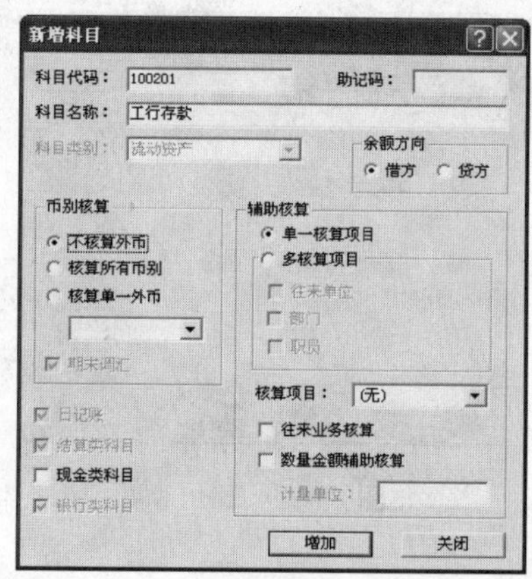

图 8—23

（七）凭证字的设置

【操作步骤】

1. 在会计之家系统设置窗口中，单击“凭证字”按钮，进入“凭证字”对话框，如图 8—24 所示。

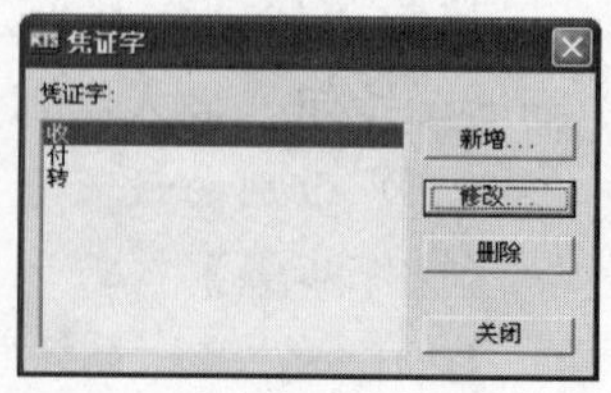

图 8—24

2. 如果系统提供的凭证字不符合企业需求，单击

“新增”按钮，增加企业所需凭证字即可。如果采用收款凭证、付款凭证、转账凭证，单击“修改”按钮，进入“凭证字修改”对话框，进行编辑即可，如图8—25所示。

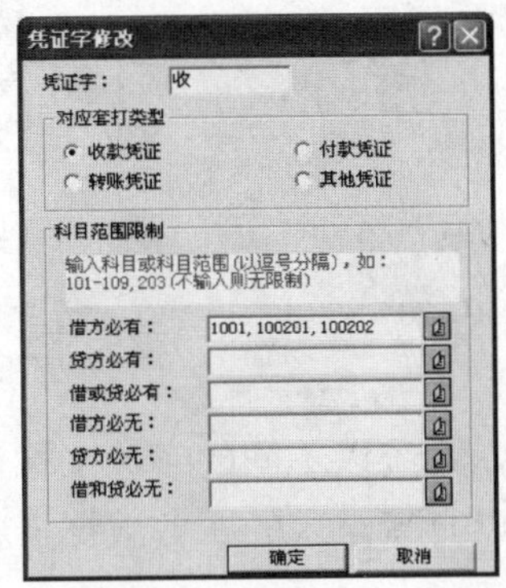

图 8—25

（八）期初余额的录入

【操作步骤】

1. 在会计之家系统设置窗口中，单击“初始数据”按钮，进入“初始数据”窗口，如图8—26所示，直接在对应的期初余额文本框中输入即可。

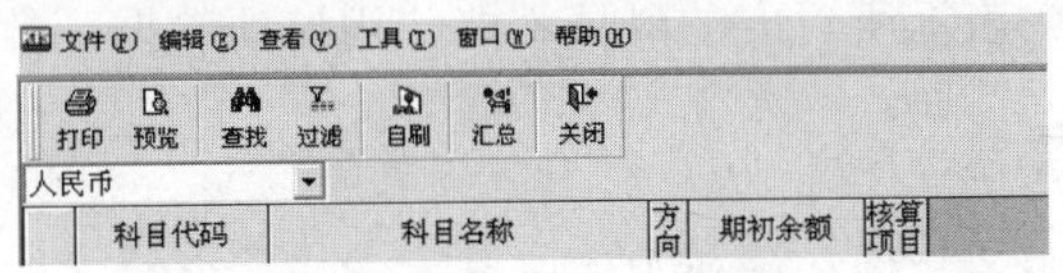

图 8—26

2. 对于有明细科目的，例如“银行存款”科目，在明细科目余额的文本框中输入数据，单击“汇总”按钮，或者执行“查看”/“刷新并汇总”命令，银行存款科目余额的文本框中会自动汇总数据，如图8—27所示。

	科目代码	科目名称	期初余额	核算项目
1	1001	库存现金	450.00	
2	1002	银行存款	310,256.00	
3	100201	工行存款	310,256.00	
4	100202	中行存款		

图 8—27

3. 对于有核算项目的会计科目，双击对应的余额文本框，进入对应的余额输入对话框。例如“应收账款”科目的录入，如图8—28所示。

4. 所有余额数据输入完成后，单击“汇总”按钮，汇总之后，单击下拉列表框的下三角按钮，在下拉列表中选择“试算平衡表”，如图8—29所示，进行试算，平衡后即完成了余额的录入。

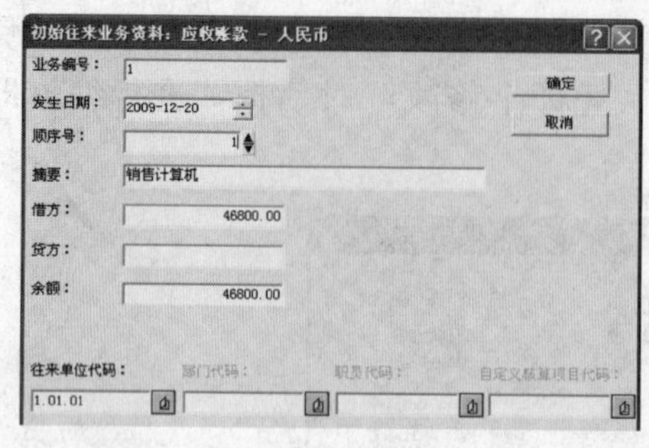

图 8—28

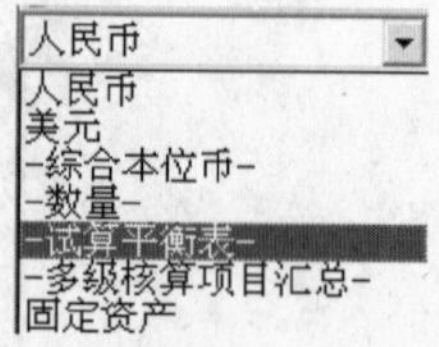

图 8—29

提示：

在初始数据输入窗口中，系统以不同的颜色来标识不同的数据：

(1) 白色区域：表示可以直接录入的账务数据资料，它们是最末级普通科目的账务数据。

(2) 黄色区域：表示非最末级科目的账务数据或者表示带有核算项目的会计科目，这里的数据是系统根据最末级科目的账务数据自动汇总计算出来的，或根据核算项目的数据自动计算出来的。

(3) 绿色区域：表示有关固定资产初始数据资料，业务数据涉及“固定资产”和“累计折旧”两个科目，其中的数据由固定资产卡片数据处理产生。

(4) 灰色区域：表示所对应的科目不能使用该项数据，数据无法录入。

五、启用账套

一个新账套的账务数据初始化工作已基本完成，经过了账务数据、固定资产数据、往来业务数据以及会计科目、核算项目的输入等工作，就可以准备进行日常处理工作了。在进行日常处理工作之前，要进行初始化的最后一项工作，就是启用账套。启用账套就是将初始化工作中所输入的数据进行处理和转化，将其转变为账务日常处理所需的格式，为日常处理提供初始数据来源。

【操作步骤】

1. 在会计之家初始设置窗口中，单击“启用账套”按钮，系统就会进行启用账套处理，如图 8—30 所示。

2. 单击“继续”按钮进行下一步工作。选择初始账套的数据备份路径，如图 8—31 所示。单击“确定”按钮，根据系统的提示完成初始数据的备份工作，如图 8—32 所示。

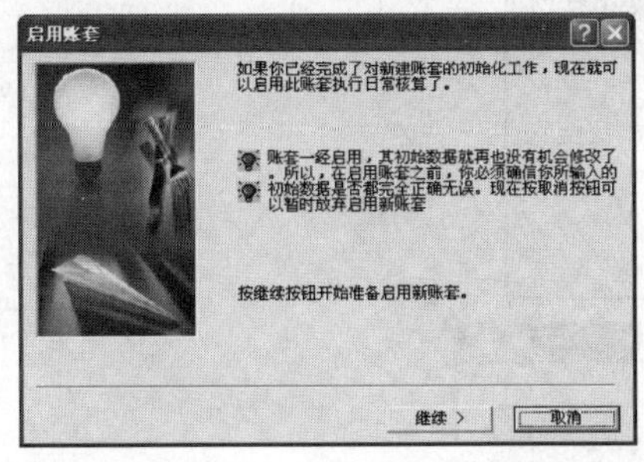

图 8—30

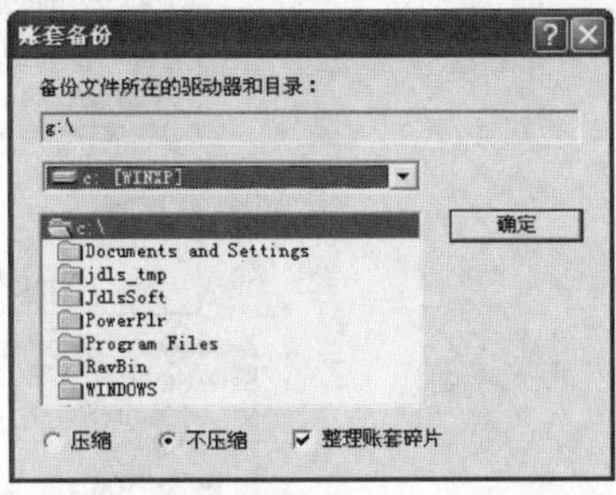

图 8—31

3. 接着系统就会开始执行启用账套工作，并会在窗口中显示启用账套工作的百分比，如图 8—33 所示。最后单击“完成”按钮，结束启用账套工作，如图 8—34 所示。

图 8—32

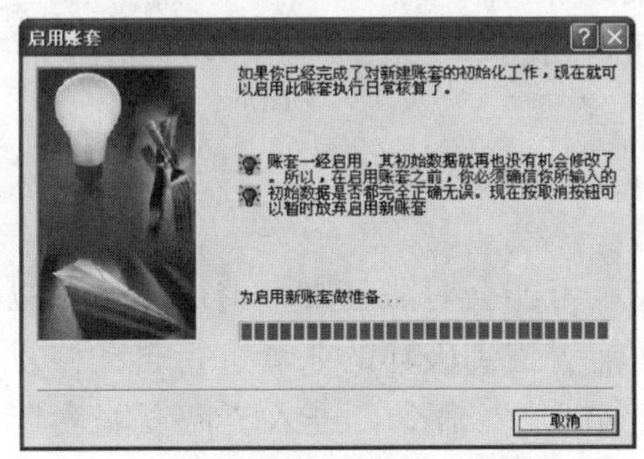

图 8—33

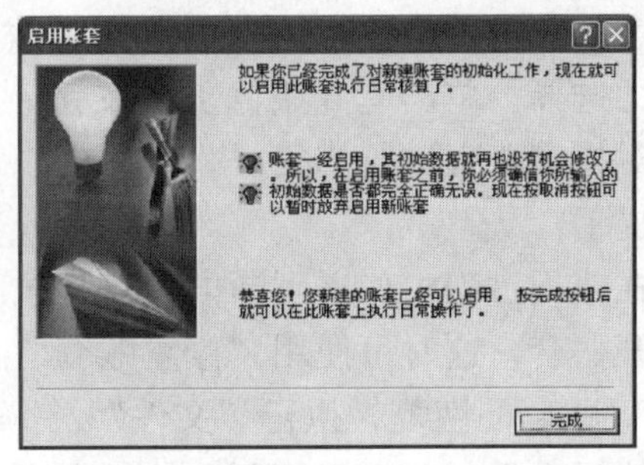

图 8—34

提示：

（1）启用账套时，系统会自动进行总账数据的平衡校验以及固定资产数据与总账数据勾稽平衡的检查。如果不平衡，系统会显示提示信息，提示修改有关错误，在修改完成之后再重新执行“启用账套”功能。

（2）一旦启用账套，就意味着关闭初始化界面，这一过程是不可逆的。启用账套之后任何初始化资料都不能修改，因此在完成初始化工作之后，应该再仔细检查一下初始化数据，确保无误后再启用账套。

六、账套的备份、修复和恢复

【操作步骤】

1. 账套的备份。在会计之家的“系统维护”模块，单击“账套备份”按钮，进入“账套备份”对话框。系统要求输入备份账套的存放路径，如图 8—35 所示，选择路径之后，单击“确定”按钮，即完成账套的备份，单击“取消”则放弃备份。

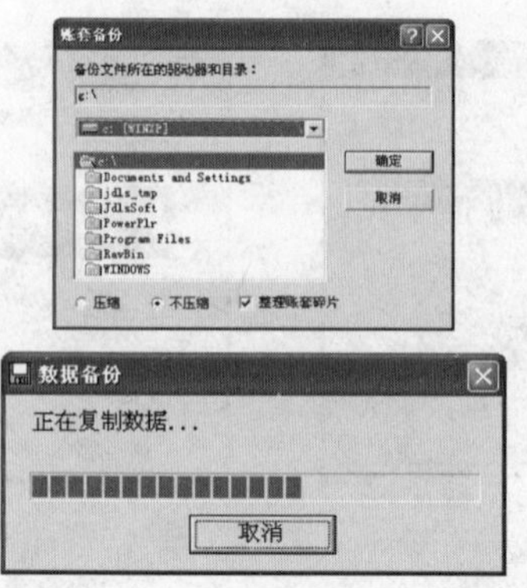

图 8—35

图 8—36

2. 账套的修复。在会计之家的“系统维护”模块，单击“账套修复”按钮，进入“修复账套”对话框，如图 8—36 所示。系统默认对当前账套进行修复，用户可以通过按钮进行账套的选择。单击“开始修复”按钮，系统即开始对指定账套进行修复。

提示：

在使用过程中如遇到断电等意外故障，可能会对账套文件造成破坏，以致无法打开账套，这时可使用“修复账套”功能对遭到破坏的账套进行自动修复。

3. 账套的恢复。执行“文件”/“账套恢复”命令，进入“恢复账套”对话框。选择文件，单击“打开”按钮即可，如图 8—37 所示。

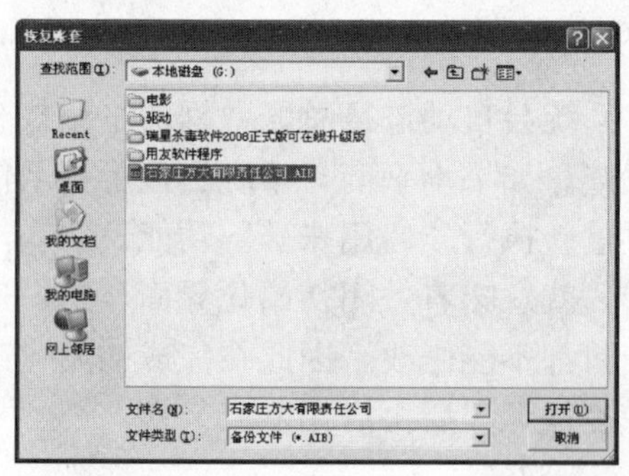

图 8—37

第二节　日常处理

账务处理系统是金蝶 KIS 标准版的核心模块，主要包括凭证处理、账簿处理、期末处理等工作。

一、账务处理工作

1. 凭证处理。

凭证处理将帮助企业完成日常业务的核算工作，可直接处理各类本外币业务、数量金额核算业务，同时具有自动生成收付转通知单、引出标准格式凭证、多核算项目核算、自动校验各种平衡关系、处理表外科目凭证等功能。

2. 账簿处理。

账簿处理提供了快而准的多种查询筛选功能。总账可按科目级别、币别、科目范围等查询；明细账可按期间范围、币别、科目范围查询；此外，账务处理系统还提供了多栏账、数量金额明细账、核算项目分类总账等，可帮助企业及时掌握企业经营状况。

3. 期末处理。

期末处理提供了在期末进行制造费用、产成品成本的结转、期末调汇及损益结转等功能，帮助企业完成期末核算处理工作。

二、账务处理流程

金蝶 KIS 标准版账务处理流程，如图 8—38 所示。

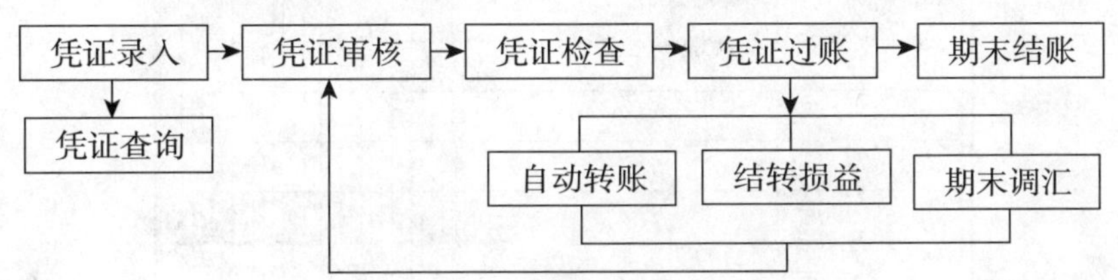

图 8—38　账务处理流程图

日常处理是账务处理的重要部分，该任务是通过凭证处理来完成记账工作，查询和打印输出各种日记账、明细账和总分类账，同时进行核算项目管理。初始化设置完成后，就可以开始进行日常账务处理了。

·应用指南·

一、凭证处理

(一) 凭证录入

【操作步骤】

以王芳身份登录系统，在会计之家窗口单击“账务处理”模块，进入账务处理窗口，单击“凭证处理”按钮，进入“记账凭证”窗口。

例 1：2010 年 1 月 2 日，财务部马可从工行提取现金 10 000 元备用，现金支票号为 0024557（附原始凭证：中国工商银行现金支票存根）。

1. 在“记账凭证”窗口中，选择“凭证字”下拉列表框中的“付”选项。

2. 在“日期”处输入“2010.01.02”。

3. 在“附单据”处输入“1”。

4. 依次输入摘要、会计科目及借方金额。可以通过按 F7 键或者单击“获取”按钮进行会计科目选择。

5. 按 Enter 键，继续输入下一行。

6. 在“结算方式”下拉列表框中选择“现金支票”，在“结算号”处输入“0024557”，在“结算日期”处输入“2010/01/02”。

7. 输入完成后，单击“保存”按钮即可。

例 1 的凭证如图 8—39 所示。

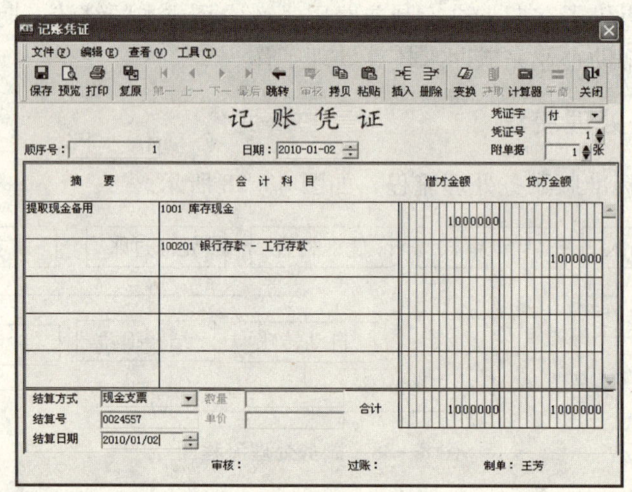

图 8—39

例 2：3 日，办公室孙叶购买了 200 元办公用品，出纳马可以现金付讫（附原始凭证：普通发票）。

1. 1～3 步骤与例 1 相同。

2. 依次输入摘要、会计科目及借方金额。单击“获取”按钮选择“管理费用”科目，再单击“获取”按钮选择部门“办公室”。

3. 按 Enter 键，继续输入下一行。输入完成后，单击“保存”按钮即可。

例 2 的凭证如图 8—40 所示。

例 3：10 日，收到联美集团投资款 10 000 美元，汇率为 1∶8.275，转账支

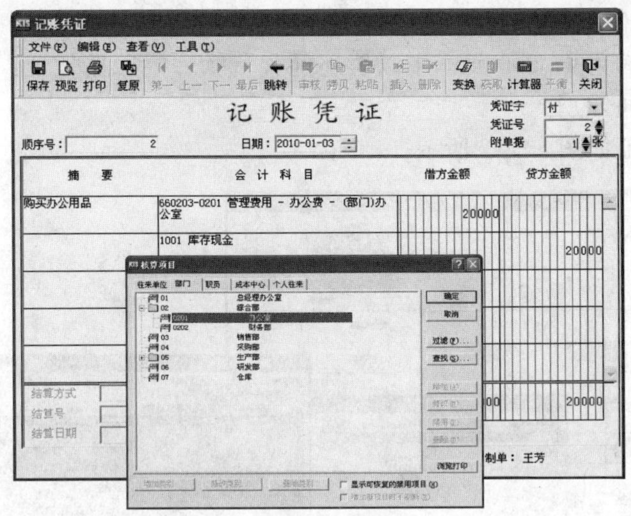

图 8—40

票号为 ZZ＄001［附原始凭证：中国银行进账单（收账通知）］。

1. 1～3 步骤与例 1 相同。

2. 依次输入摘要、会计科目及借方金额。输入科目后单击“变换”按钮转换格式，再选择“获取”按钮选择币别“美元”。银行结算项目信息的输入方法同例 1。

3. 按 Enter 键，继续输入下一行。输入完成后，单击“保存”按钮即可。

例 3 的凭证如图 8—41 所示。

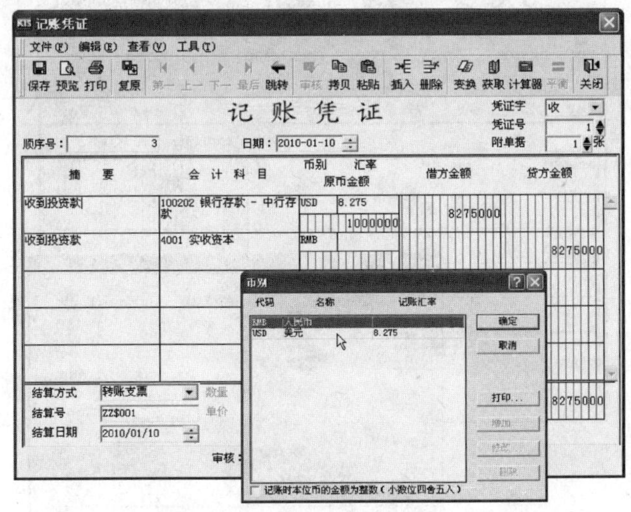

图 8—41

例 4：12 日，销售部赵亮收到华荣公司一张转账支票（转账支票号为 0016576），金额为 46 800 元，用以偿还前欠货款［附原始凭证：中国工商银行进账单（收账通知）］。

例 4 的凭证如图 8—42 所示。

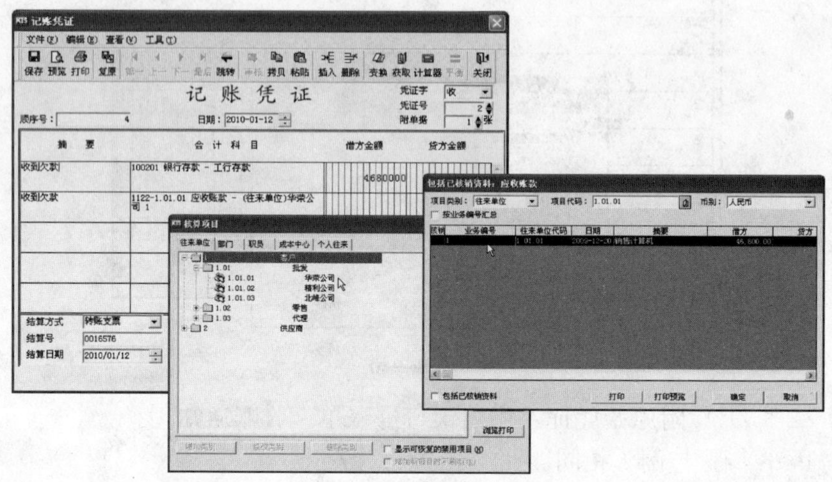

图 8—42

例 5：18 日，总经理陈志出差归来，报销差旅费 1 800 元，交回现金 200 元［附原始凭证：差旅费报销单、收据（结算）］。

例 5 的凭证如图 8—43 所示。

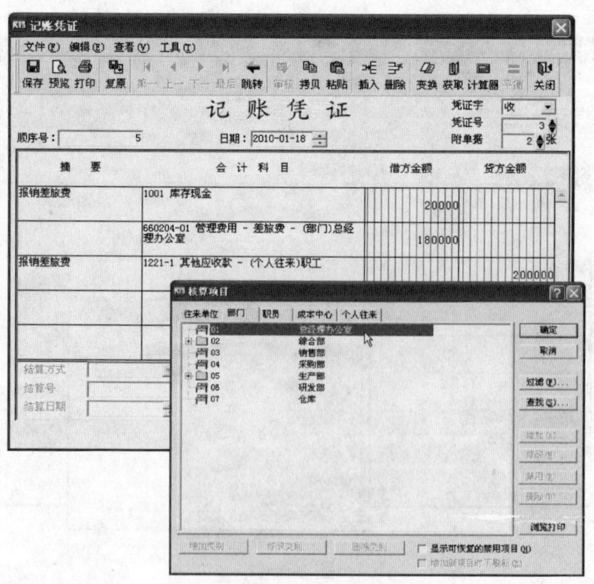

图 8—43

例 6：20 日，一车间领用芯片 10 盒，单价 1 200 元，用于生产计算机（附原始凭证：领料单）。

例 6 的凭证如图 8—44 所示。

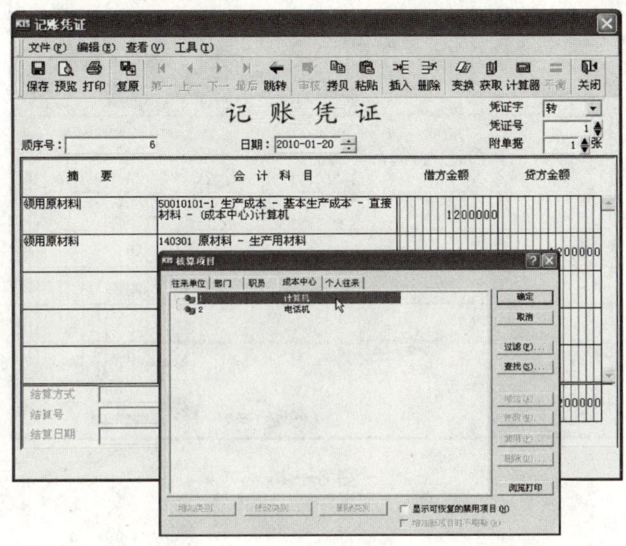

图 8—44

例 7：25 日，向海天公司销售计算机 10 台，单价 8 000 元，增值税税率为 17%，价税款合计 93 600 元，款项收存工行［附原始凭证：产品出库单、增值税专用发票、中国工商银行进账单（收账通知）］。

例 7 的凭证如图 8—45 所示。

记账凭证

文件(F) 编辑(E) 查看(V) 工具(T)

保存 预览 打印 复原 第一 上一 下一 最后 跳转 审核 拷贝 粘贴 插入 删除 变换 获取 计算器 平衡 关闭

记 账 凭 证

凭证字：收　凭证号：4　附单据：3 张

顺序号：7　日期：2010-01-25

摘 要	会 计 科 目	借方金额	贷方金额
销售计算机	100201 银行存款 - 工行存款	9360000	
销售计算机	600101 主营业务收入 - 计算机		8000000
	22210102 应交税费 - 应交增值税 - 销项税额		1360000
结算方式　数量 10 结算号　单价 8000.00 结算日期	合计	9360000	9360000

审核：　过账：　制单：王芳

图 8—45

例 8：每台计算机的成本为 5 000 元，结转销售成本。

例 8 的凭证如图 8—46 所示。

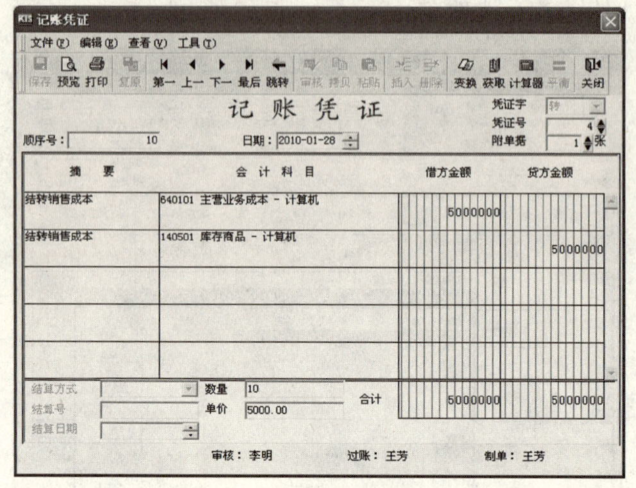

图 8—46

提示：

会计科目的录入包括三种方式：第一，输入科目代码后按回车键，系统自动弹出科目名称；第二，输入科目的助记码，如“应收账款”科目的助记码设置为“YSZK”，按回车键，系统自动弹出科目代码及科目名称；第三，可通过 F7 键或上方的获取按钮进行获取。

（二）凭证查询

凭证查询功能提供了十分丰富的凭证处理功能，在单击“凭证查询”按钮后，进入“凭证过滤”对话框，如图 8—47 所示，然后根据要求选择或输入条件信息即可调出需要查询的凭证。

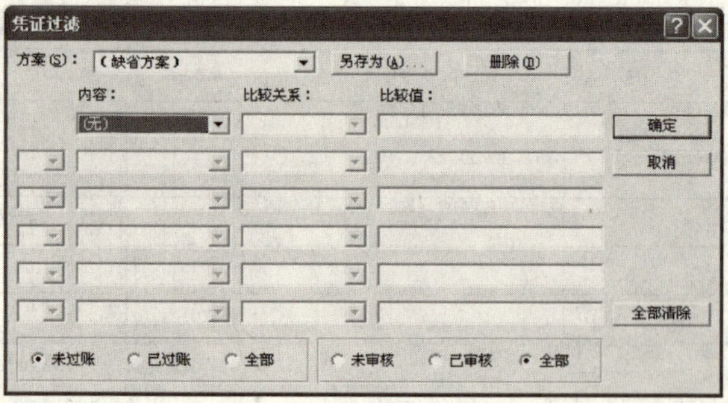

图 8—47

（三）凭证审核

【操作步骤】

1. 以李明身份登录系统，在会计之家窗口单击“账务处理”模块，进入账务处理窗口，单击“凭证审核”按钮，进入“凭证过滤”对话框，选择“会计期间”等于“1”，单击“确定”，进入“会计分录序时簿”窗口，如图 8—48 所示。

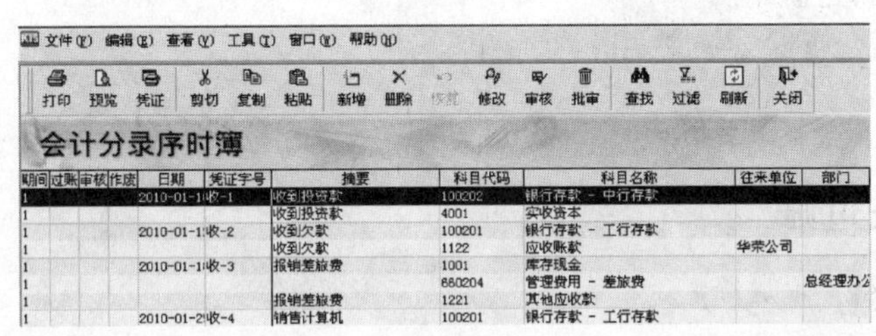

图 8—48

2. 单击按钮，进行单张审核，或者单击按钮进行批量审核，如图 8—49 所示。

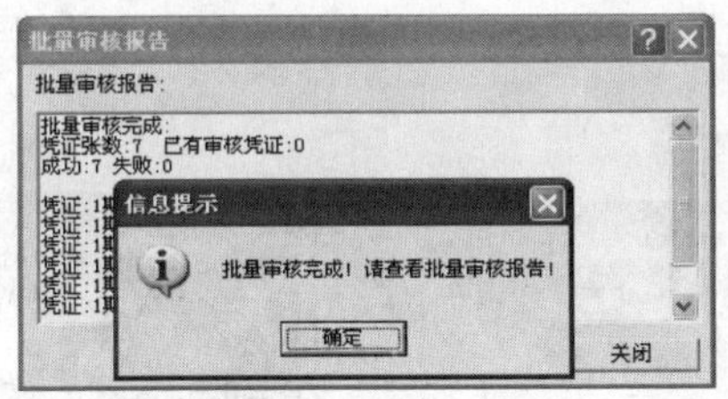

图 8—49

提示：

凭证一旦进行了审核，就不允许对其进行修改和删除，用户必须进行反审核操作后才能对凭证进行修改和删除。

（四）凭证检查

凭证检查是系统针对输入凭证的合理、合法性进行检查的简称。其检查范围及标准包括：

（1）是否按照账套选项设定的条件；

（2）是否遵循基本的凭证输入原则，如借贷不平衡等；

（3）用户自行设定的检查条件；

（4）凭证字所许可的会计科目范围等。

【操作步骤】

在账务处理窗口，单击“凭证检查”按钮，进入“凭证检查”对话框，输入凭证检查条件，单击“确定”按钮，弹出检查结果窗口，如图 8—50、图

8—51 所示。

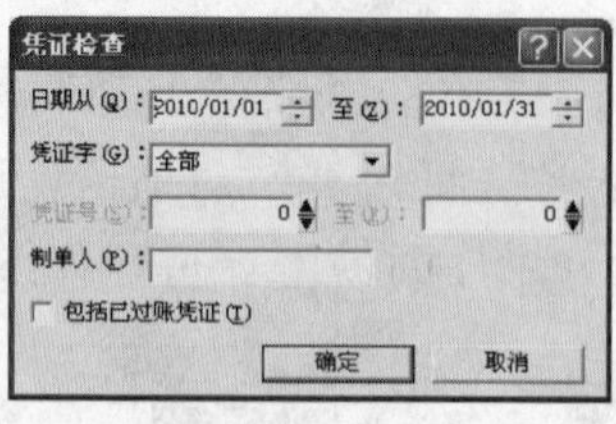

图 8—50

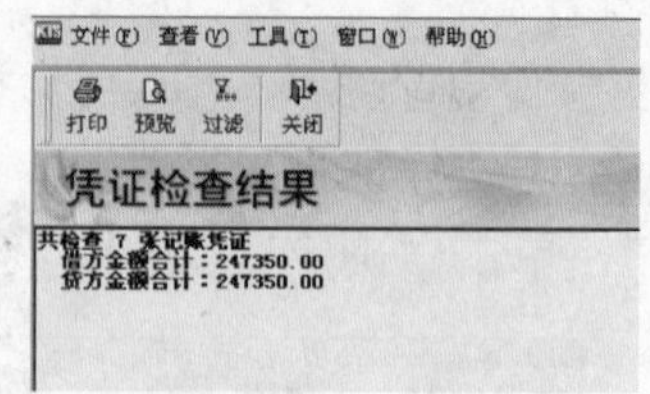

图 8—51

二、凭证过账

【操作步骤】

1. 在账务处理窗口中，单击“凭证过账”按钮，进入“凭证过账”对话框，单击“前进”按钮，如图 8—52 所示。

2. 对凭证号连续性处理的选择。可以根据需求对凭证号连续性的要求进行高低选择，如图 8—53 所示。若选“部分凭证过账”选项，将弹出凭证的过滤条件对话框，此时输入相应的过滤条件并确认之后，系统将对满足过滤条件的凭证进行过账。

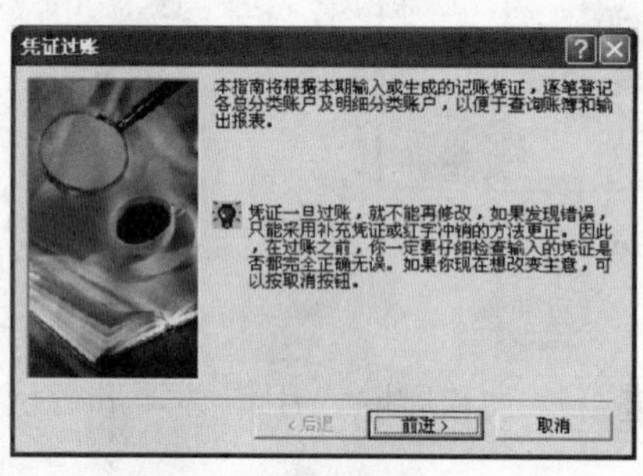

图 8—52

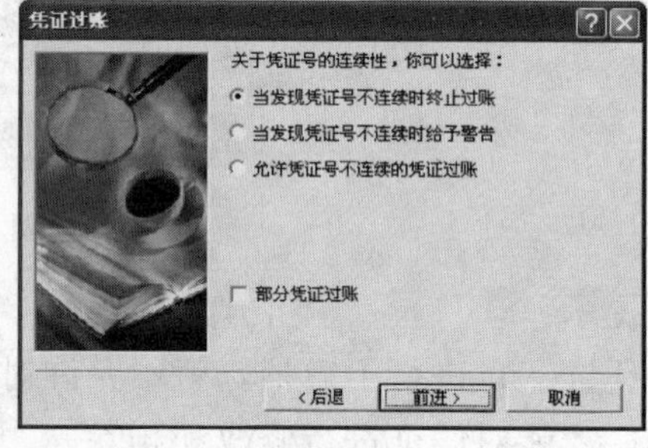

图 8—53

3. 进行完以上操作后，系统就要开始对凭证过账了，确定要进行的过账处理，单击“完成”按钮即开始过账，并显示出过账进度，如图 8—54 所示。如果要取消过账，单击“取消”按钮可放弃凭证过账。

提示：

凭证过账过程不只是对记账凭证过账，还要对固定资产变动资料进行过账，一旦过账完成，则这些固定资产资料就不能再进行修改了。

4. 显示过账凭证信息，如图 8—55 所示。

提示：

(1) 如果要对已经过账的凭证进行修改，可以使用反过账的功能 (Ctrl+

F11)，进行反过账、反审核后，凭证就可以进行修改和删除了。

（2）系统在过账时，会根据账套选项中的“过账前凭证必须经过审核”选项来对凭证审核进行控制，如果选择了此项，则在过账时系统会检查记账凭证是否经过审核。否则，系统不对凭证是否经过审核进行检查，直接过账。

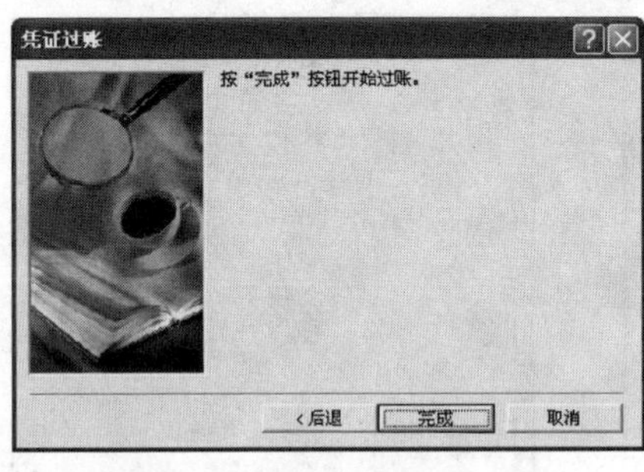

图 8—54

图 8—55

三、账簿查询

（一）查询总账

【操作步骤】

1. 执行“功能”/“账务处理”/“账簿报表”/“总账”命令，或者在“账务处理”窗口单击“总账”按钮，进入总账查询对话框，如图 8—56 所示。

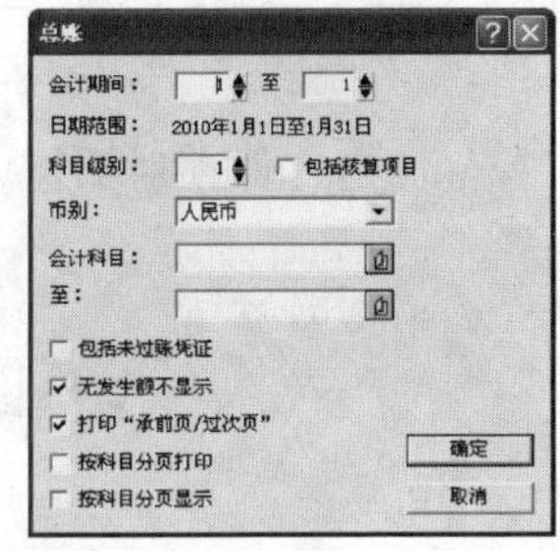

图 8—56

2. 输入查询条件确定后，进入总账数据窗口，如图 8—57 所示。

总账

科目代码	科目名称	凭证字号	摘要	借方	贷方		余额
1001	库存现金		上年结转			借	450.00
		付1～2, 收3	本期合计	10, 200.00	200.00	借	10, 450.00
			本年累计	10, 200.00	200.00	借	10, 450.00
1002	银行存款		上年结转			借	310, 256.00
		付1, 收2～4	本期合计	140, 400.00	10, 000.00	借	440, 656.00
			本年累计	140, 400.00	10, 000.00	借	440, 656.00
1122	应收账款		上年结转			借	260, 000.00

图 8—57

（二）查询明细账

查询明细账的操作方法与查询总账的方法一样，其中多栏式明细账需要用户设置。

【操作步骤】

1. 在“账务处理”窗口单击“多栏式明细账”按钮，进入多栏式明细账查询对话框，如图 8—58 所示。单击“增加”按钮。

2. 进入“多栏明细账”对话框，输入账户名称，例如，查询“应交税费”科目，输入代码“2221”，选择“贷方”单选按钮，然后单击“自动编排”，明细科目就显示出来了。再单击“确定”按钮，如图 8—59 所示。

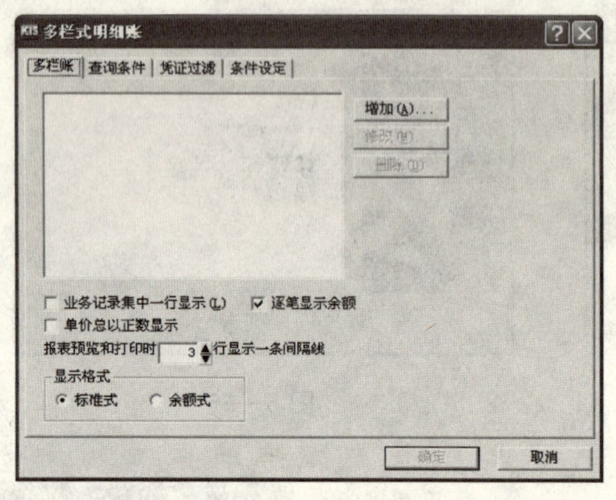

图 8—58

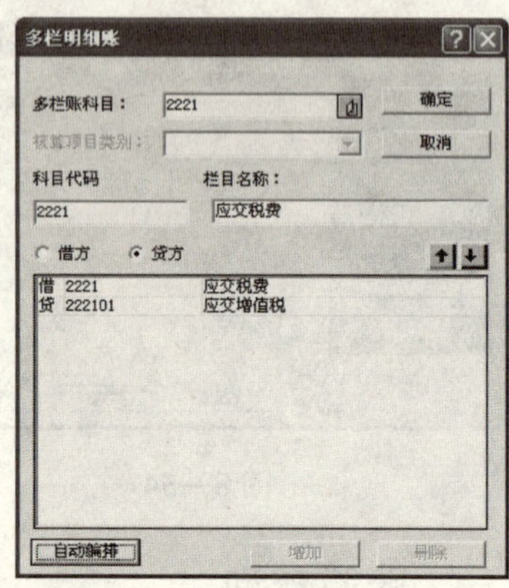

图 8—59

3. 进入保存对话框，单击“确定”按钮，如图 8—60 所示。

图 8—60

4. 返回到“多栏式明细账”对话框，已经增加了多栏明细账“应交税费明细账”，单击“确定”按钮，即进入“多栏式明细账”窗口，如图 8—61 所示。

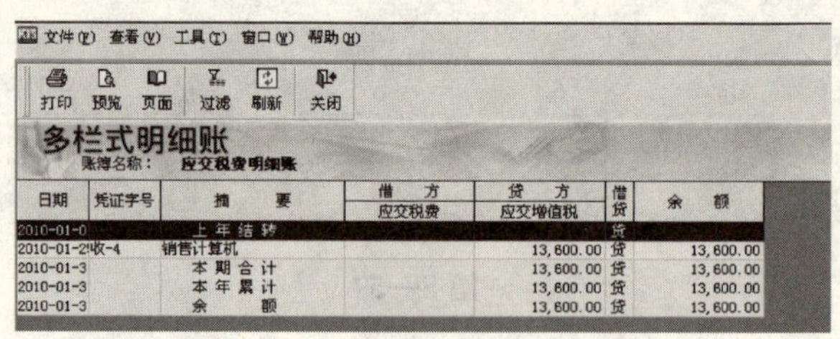

日期	凭证字号	摘　要	借　方	贷　方	借贷	余　额
			应交税费	应交增值税		
2010-01-0		上 年 结 转			贷	
2010-01-2	收-4	销售计算机		13,600.00	贷	13,600.00
2010-01-3		本 期 合 计		13,600.00	贷	13,600.00
2010-01-3		本 年 累 计		13,600.00	贷	13,600.00
2010-01-3		余　　额		13,600.00	贷	13,600.00

图 8—61

(三) 查询核算项目账簿

查询带有核算项目的各种账簿，其操作方法与查询总账、明细账方法相同。

第三节　期末处理

·应用指南·

一、自动转账

【操作步骤】

以王芳身份登录系统，在会计之家窗口单击“账务处理”模块，进入账务处理窗口，单击“自动转账”按钮，进入“自动转账凭证”对话框，如图 8—62 所示。

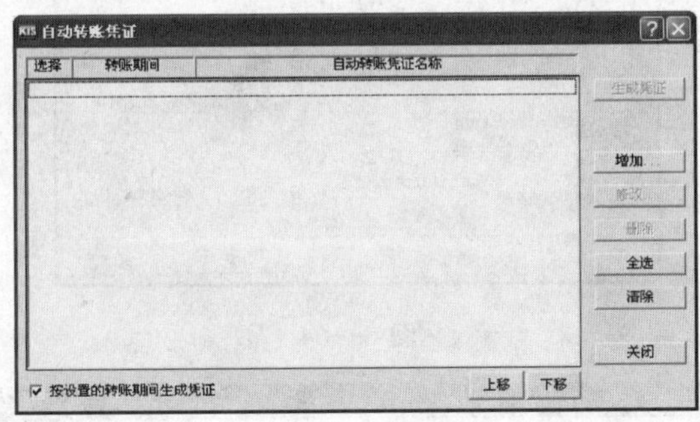

图 8—62

例 9：计提短期借款利息，短期借款期初余额为 20 000 元，年利率为 2.25%。

1. 单击“增加”按钮，出现自动转账凭证设置窗口，在“自动转账名称”中输入“计提短期借款利息”。

2. 系统将转账期间自动设置为 1～12，表示每个期间都可以按照此设置进行自动转账，也可以进行修改。

3. 在“凭证字”下拉列表框中，选择“转”。在“摘要”处输入“计提短期借款利息”。

4. 按 F7 键选择会计科目，借方科目输入“财务费用—利息费用”，转账方式为“转入”；贷方科目输入“预提费用”，转账方式为“按公式转出”，公式可通过向导进行设置。

5. 输入后单击“保存”按钮。保存后回到生成自动转账凭证的界面，双击选中“计提短期借款利息”，单击“生成凭证”按钮，系统就会自动生成凭证。通过凭证查询，可以调出生成的凭证。

步骤 1～5 操作如图 8—63、图 8—64、图 8—65 所示。

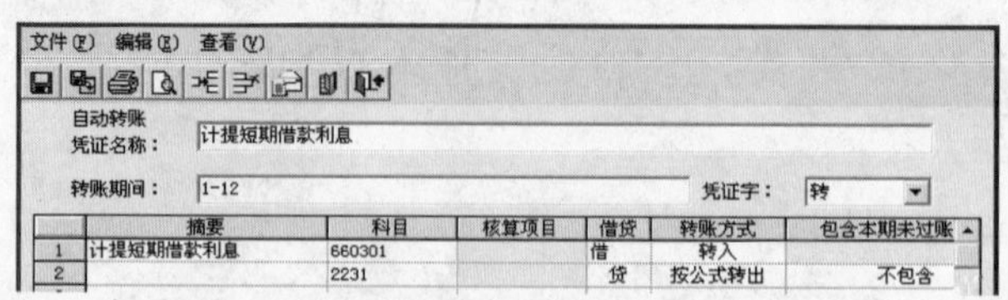

图 8—63

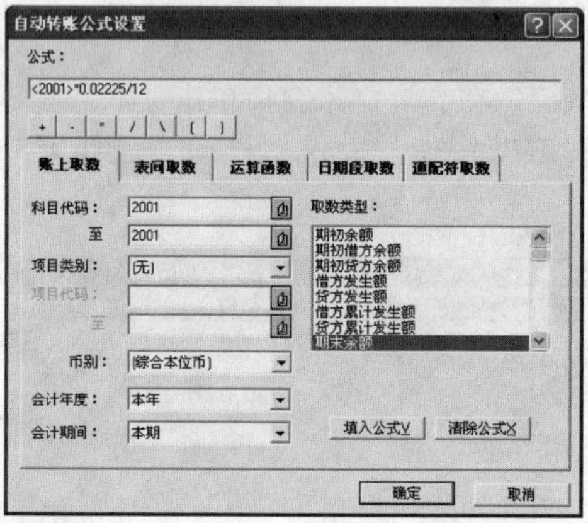

图 8—64

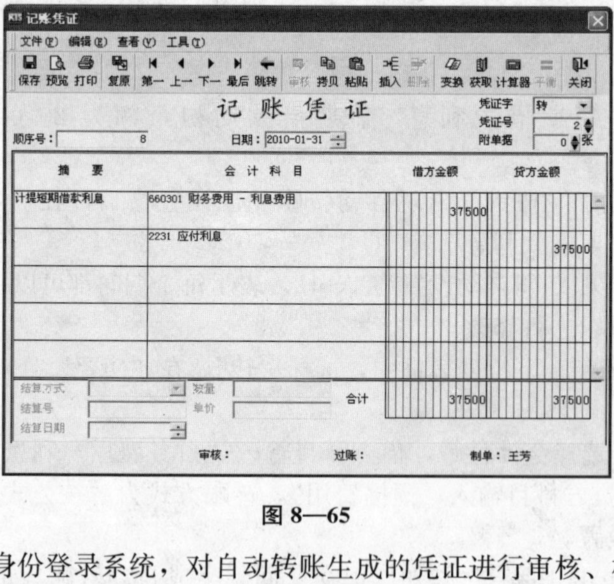

图 8—65

6. 以李明身份登录系统，对自动转账生成的凭证进行审核、检查、过账。

例 10：计提坏账准备，坏账准备金率为 5‰。

操作方法与例 9 相同，如图 8—66、图 8—67、图 8—68、图 8—69 所示。

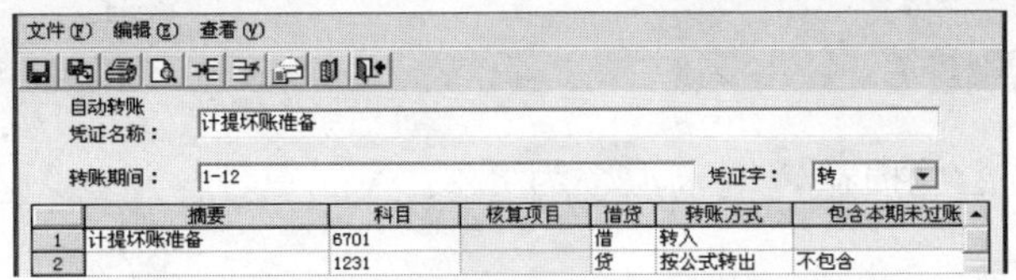

图 8—66

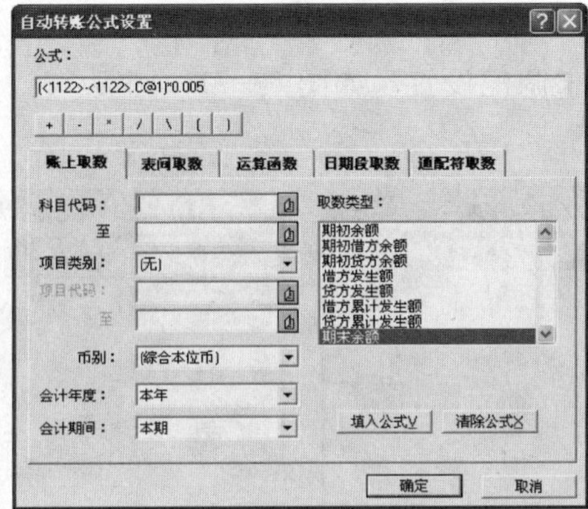

图 8—67

自动转账凭证

选择	转账期间	自动转账凭证名称
	1-12	计提短期借款利息
*	1-12	计提坏账准备

生成凭证

图 8—68

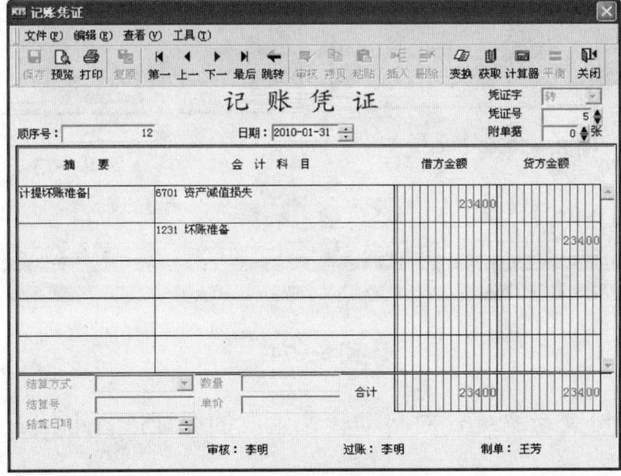

图 8—69

二、期末调汇

例 11：结转汇兑损益，期末汇率为 8.2。

【操作步骤】

1. 以王芳身份登录系统，单击“账务处理”模块，进入账务处理窗口，单击“期末调汇”按钮，进入“期末调汇”对话框，单击“前进”按钮，如图 8—70所示。

2. 按向导完成期末调汇设置，如图 8—71、图 8—72、图 8—73、图 8—74 所示。

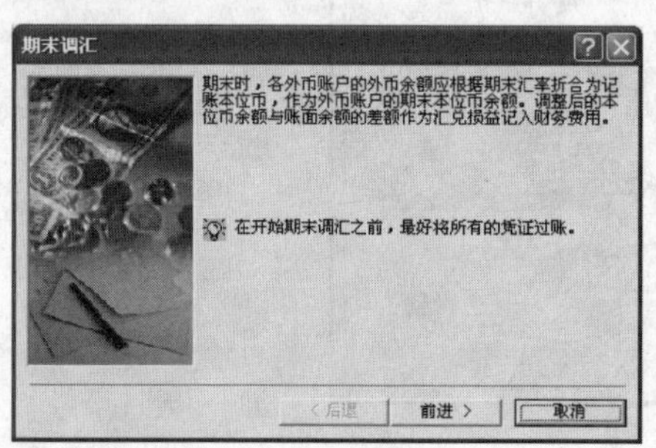

图 8—70

图 8—71

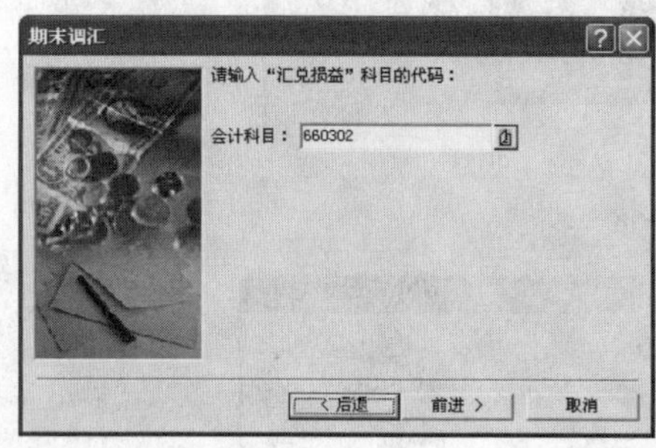

图 8—72

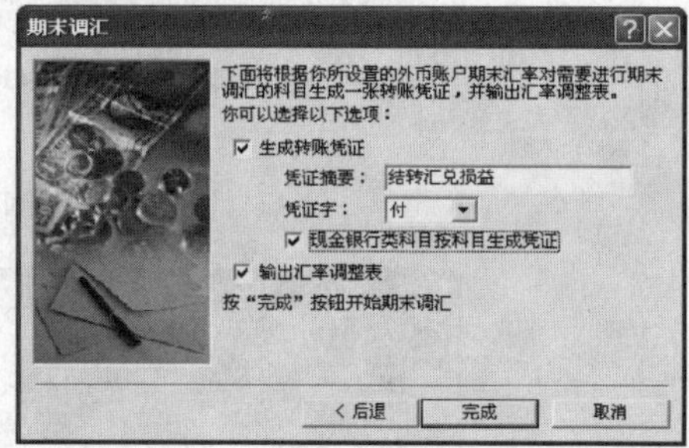

图 8—73

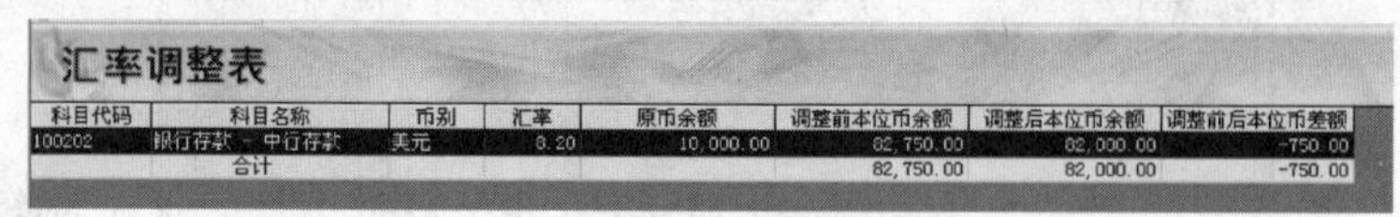

汇率调整表

科目代码	科目名称	币别	汇率	原币余额	调整前本位币余额	调整后本位币余额	调整前后本位币差额
100202	银行存款 - 中行存款	美元	8.20	10,000.00	82,750.00	82,000.00	-750.00
	合计				82,750.00	82,000.00	-750.00

图 8—74

3. 以李明身份登录系统，对自动转账生成的凭证进行审核、检查、过账。

三、结转损益

例 12：结转期间损益。

【操作步骤】

1. 以王芳身份登录系统，在账务处理窗口，单击“结转损益”按钮，进入“结转本期损益”对话框，单击“前进”按钮，如图 8—75 所示。

2. 输入凭证摘要“结转期间损益”，凭证字选择“转”，如图 8—76 所示。

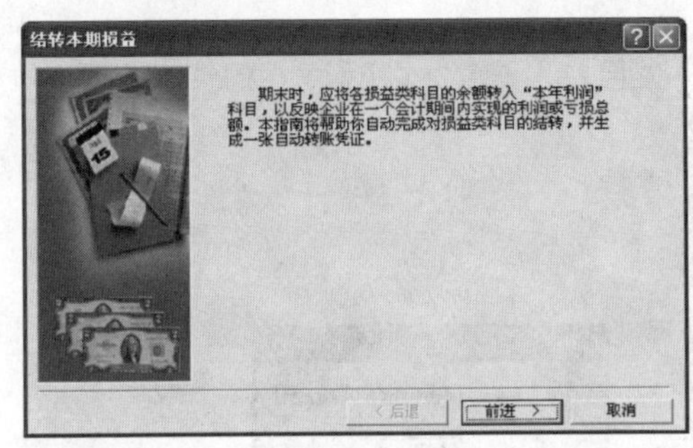

图 8—75

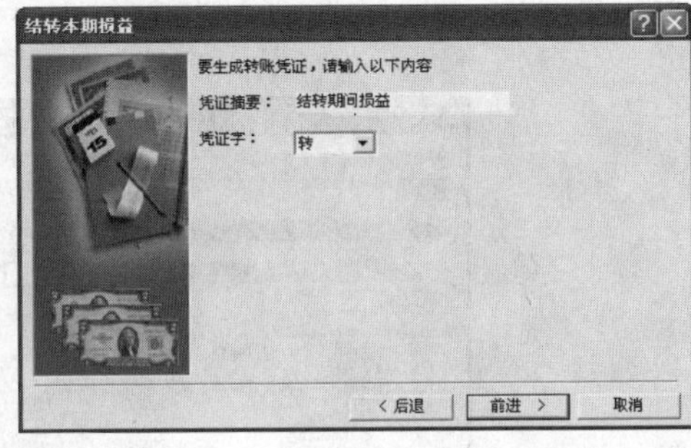

图 8—76

3. 单击“前进”按钮，选择方案“全部科目”，再单击“前进”按钮，如图 8—77 所示。

4. 单击“完成”按钮，完成期间损益的结转，如图 8—78 所示。

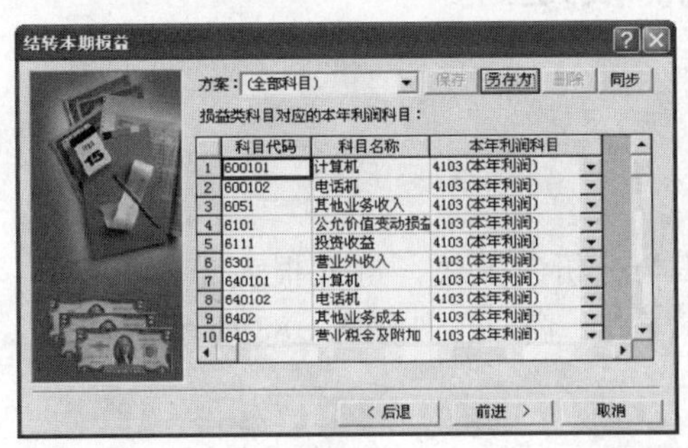

图 8—77

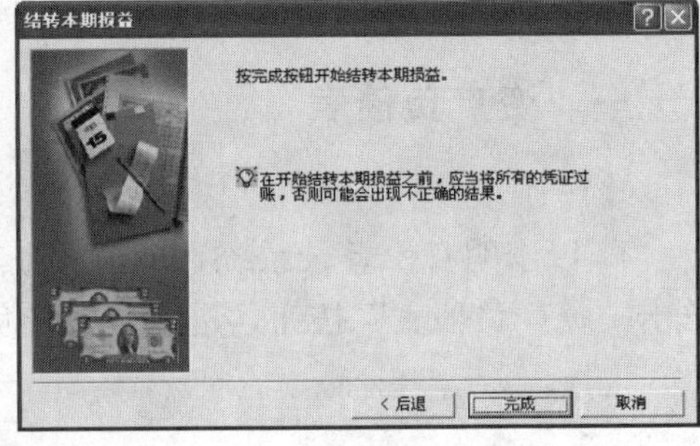

图 8—78

5. 以李明身份登录系统，对自动转账生成的凭证进行审核、检查、过账。

四、期末结账

【操作步骤】

单击“账务处理”模块，进入账务处理窗口，单击“期末结账”按钮，进入“期末结账”对话框，按照向导完成结账工作，如图 8—79、图 8—80、图8—81、图 8—82 所示。

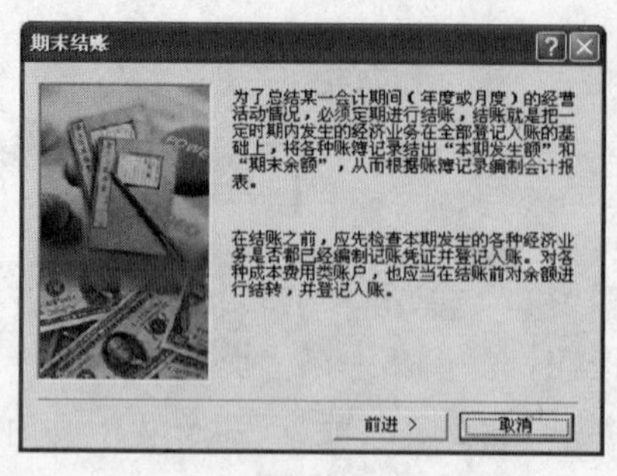

图 8—79

期末结账

结账之后不能再输入新的记账凭证，所有的账务资料都无法再修改，所以结账操作一定要慎重，最好在结账之前对数据制作备份。为了慎重起见，请在下面的方框中输入你的用户口令。

用户密码：

按完成按钮开始结账。

完成 取消

图 8—80

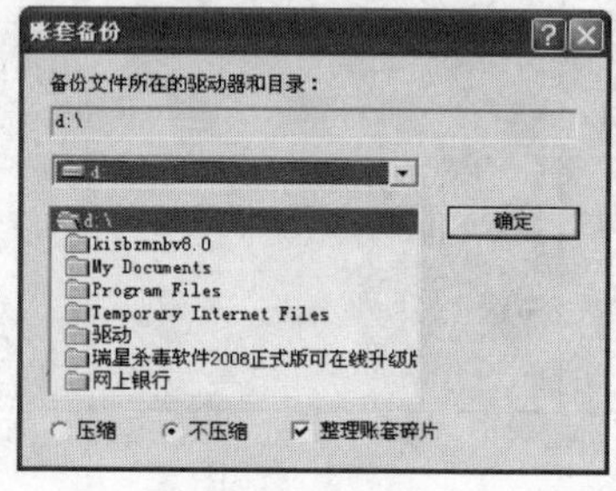

图 8—81

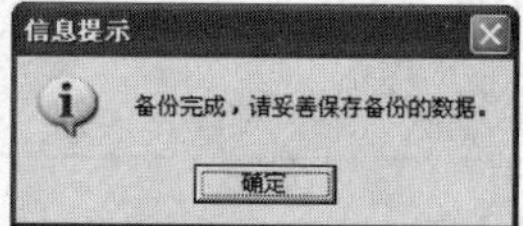

图 8—82

第四节　报表处理

一、资产负债表

【操作步骤】

1. 以李明身份登录系统，单击"报表与分析"模块，进入报表与分析窗口，单击"资产负债表"按钮，进入"资产负债表"窗口，如图 8—83 所示。

	A	B	C	D	E	F
1	资　产	期末余额	年初余额	负债和所有者权益（或股东权益）	期末余额	年初余额
2	流动资产：			流动负债：		
3	货币资金	0	0	短期借款	0	0
4	交易性金融资产	0	0	交易性金融负债	0	0
5	应收票据	0	0	应付票据	0	0
6	应收账款	0	0	应付账款	0	0
7	预付款项	0	0	预收款项	0	0
8	应收利息	0	0	应付职工薪酬	0	0
9	应收股利	0	0	应交税费	0	0
10	其他应收款	0	0	应付利息	0	0
11	存货	0	0	应付股利	0	0
12	一年内到期的非流动资产			其他应付款	0	0
13	其他流动资产	0	0	一年内到期的非流动负债	0	0
14	流动资产合计	0	0	其他流动负债	0	0

图 8—83

提示：

资产负债表窗口默认为数据状态，即显示的是报表的格式及数据，公式无法显示。

2. 执行“查看”/“会计期间”命令，进入“报表期间”对话框，选择“1”，单击“确定”，如图 8—84、图 8—85 所示。

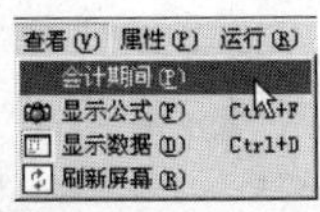

图 8—84

图 8—85

3. 执行“运行”/“自动计算”命令，系统自动计算后，资产负债表就得出 1 月份的数据。通过查看，期初数据不平，根据例题资料需要查找原因。

4. 单击按钮，或者执行“查看”/“显示公式”命令，切换到格式状态。根据差额数据可以推断，差了“坏账准备”的期初数。选择报表中“应收账款”期初数的单元格，查看公式。

5. 经过检查发现“应收账款”期初数的单元公式不符合例题实际情况，需要做公式的修改。单击按钮，或者执行“编辑”/“公式向导”命令，进入“自定义报表公式向导”对话框。公式为“＝＜1122＞. JC@1＋＜2203＞. JC@1—＜1231＞. JC@1”，例题中坏账准备期初数是贷方，应该把公式改为“＝＜1122＞. JC@1＋＜2203＞. JC@1—＜1231＞. DC@1”，如图 8—86 所示。

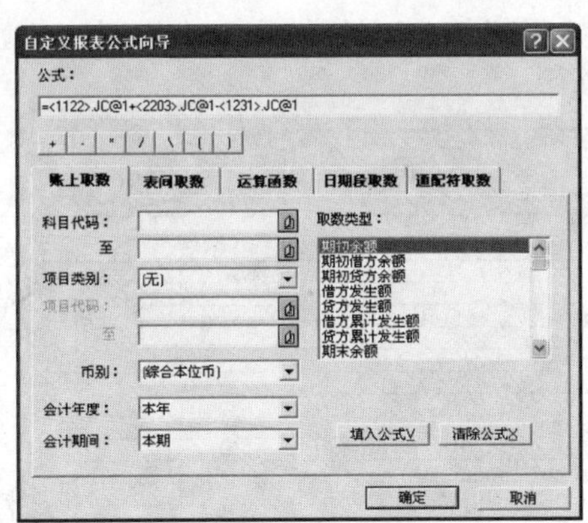

图 8—86

6. 改好公式后，单击“确定”按钮，切换到数据状态，再单击按钮，或者执行“查看”/“显示数据”命令，切换到数据状态。

7. 单击“计算”按钮，系统根据修改后的新公式进行数据处理，结果显示报表数据平衡。

8. 最后保存资产负债表，如图 8—87 所示。

	A	B	C	D	E	F
1	资　产	期末余额	年初余额	负债和所有者权益（或股东权益）	期末余额	年初余额
2	流动资产：			流动负债：		
3	货币资金	533106	310706	短期借款	200000	200000
4	应收账款	212134	258700	应付账款	276850	276850
5	应收股利	0	0	应交税费	13600	0
6	其他应收款	0	2000	应付利息	375	0
7	存货	1157165	1207165	应付股利	0	0
8	一年内到期的非流动资产			其他应付款	2100	2100
9	流动资产合计	1902405	1778571	其他流动负债	0	0
10	非流动资产：			流动负债合计	492925	478950
11	可供出售金融资产	0	0	非流动负债：		
12	固定资产	7218000	7218000	预计负债	0	0
13	固定资产清理	0	0	非流动负债合计	0	0
14	生产性生物资产			负债合计	492925	478950
15	油气资产			所有者权益（或股东权益）：		
16	无形资产	58500	58500	实收资本（或股本）	7582750	7500000
17	开发支出	0	0	资本公积	362700	362700
18	长期待摊费用	0	0	减:库存股	0	0
19	递延所得税资产	0	0	盈余公积	445800	445800
20	其他非流动资产	0	0	未分配利润	294730	267621
21	非流动资产合计	7276500	7276500	所有者权益（或股东权益）合计	8685980	8576121
22	资产总计	9178905	9055071	负债和所有者权益（或股东权益）总计	9178905	9055071

图 8—87

提示：

用户可以根据企业需求，自行调整报表格式，在“单元属性”等命令中进行设置。这些格式的调整与使用用友软件方法类似，此处不再举例操作。

二、利润表

【操作步骤】

利润表的操作方法与资产负债表的操作方法相同，此处不再赘述。生成的利润表如图 8—88 所示。

	A	B	C
1	项　目	本期金额	上期金额
2	一、营业收入	80000	0
3	减：营业成本	50000	0
4	营业税金及附加	0	0
5	销售费用	0	0
6	管理费用	2000	0
7	财务费用	1125	0
8	资产减值损失	1066	0
9	加：公允价值变动收益（损失以“-”号填列）	0	0
10	投资收益（损失以“-”号填列）	0	0
11	其中：对联营企业和合营企业的投资收益		
12	二、营业利润（亏损以“-”号填列）	25809	0
13	加：营业外收入	0	0
14	减：营业外支出	0	0
15	其中：非流动资产处置损失		
16	三、利润总额（亏损总额以“-”号填列）	25809	0
17	减：所得税费用	0	0
18	四、净利润（净亏损以“-”号填列）	25809	0
19	五、每股收益：		
20	（一）基本每股收益		
21	（二）稀释每股收益		

图 8—88

三、自定义报表

自定义报表的设置方法与用友软件操作类似，此处不再赘述。

·本章小结·

本章内容主要包括：

1. 金蝶财务管理系统的初始设置包括：账套管理、用户管理、权限管理、基础资料设置。其中，基础资料的设置又包括部门、职员、往来单位、币别、凭证字、结算方式、会计科目的设置。

2. 金蝶财务管理系统的日常处理包括：凭证的录入、查询、审核、检查和过账，以及账簿的查询。

3. 金蝶财务管理系统的期末处理包括：自动转账、期末调汇、结转损益和期末结账。

4. 金蝶财务管理系统的报表处理包括：资产负债表和利润表的设置。

·思考题·

1. 金蝶财务管理系统的用户及权限管理与用友软件的用户及权限管理有什么差别？

2. 金蝶财务管理系统的日常处理流程是什么？与用友软件的处理流程是否存在理论差异？

3. 金蝶财务管理系统的凭证检查是否有必要？

4. 期末处理时，金蝶财务管理系统自动生成的凭证如何删除？

习题

一、单项选择题

1. （　　）有权在系统中建立企业账套。

A. manager　　B. admin

C. 账套主管　　D. 财务总监

2. 新建账套的文件名在（　　）时候输入完成。

A. 新账套建立完成后　　B. 在“文件”命令下“另存为”时输入

C. 建立账套第一步　　D. 根据建账向导完成文件名的输入

3. 金蝶财务管理系统提供的凭证字有（　　）种。

A. 2 种　　B. 3 种

C. 5 种　　D. 4 种

4. 初始化工作的最后一项内容是（　　）。

A. 输入文件名　　B. 期初余额的录入

C. 试算平衡　　D. 启用账套

5. 反过账功能键是（　　）。

A. Ctrl＋F6　　B. Ctrl＋F7

C. Ctrl＋F11　　D. Ctrl＋F10

6. 资产负债表窗口默认的是（　　）。

A. 格式状态　　B. 数据状态

C. 图表状态　　D. 需要用户自己选择

7. 若将资产负债表窗口由格式状态转化为数据状态，需单击（　　）。

A. 数据按钮　　B. 切换按钮

C. 格式按钮　　D. 变换按钮

二、多项选择题

1. 货币代码表达正确的有（　　）。

A. RMB　　B. $

C. USD　　D. HKD

2. 银行存款科目一般设置为（　　）。

A. 日记账　　B. 银行账

C. 结算类科目　　D. 部门账

3. 期初余额输入框的颜色有（　　）。

A. 白色区域　　B. 黄色区域

C. 绿色区域　　D. 灰色区域

4. 输入凭证时，会计科目的录入有（　　）种方式。

A. 输入科目代码按回车键　　B. 输入科目的助记码

C. 通过 F7 键获取　　D. 通过获取按钮获取

5. 凭证的审核方式包括（　　）。

A. 单张审核　　B. 成批审核

C. 对照式审核　　D. 自动审核

6. 凭证过账的过程中，凭证号的连续性可以选择以下（　　）方式。

A. 当发现凭证号不连续时终止过账

B. 当发现凭证号不连续时给予警告

C. 当发现凭证号不连续时继续过账

D. 允许凭证号不连续的凭证过账

7. 金蝶财务管理系统提供的期末转账有（　　）。

A. 自动转账　　B. 销售成本转账

C. 结转损益　　D. 期末调汇

三、判断题

1.（　　）在金蝶财务管理系统中，建立完账套后，所有内容都可以修改。

2.（　　）启用账套的过程是可逆转的。

3.（　　）可使用“修复账套”功能将对遭到破坏的账套进行自动修复。

4.（　　）凭证检查是系统进行针对输入凭证的合理、合法性检查的简称。

5.（　　）金蝶财务管理系统中的凭证过账不同于用友软件中记账的含义。

6.（　　）凭证过账过程中不只是对记账凭证过账，还要对固定资产变动资料进行过账，一旦过账完成，则这些固定资产资料就不能再进行修改了。

7.（　　）期末结账不需要输入用户密码。

附录

上机实践资料

第一部分　系统管理

一、建立账套

1. 账套信息。账套号：009；账套名称：石家庄博宇服装有限责任公司（简称博宇服装公司）。启用日期：2010 年 01 月 01 日；会计期间设置：01 月 01 日—12 月 31 日。

2. 单位信息。单位地址：河北省石家庄市桥西区中华大街 36 号；开户银行：石家庄工商银行桥西支行中华分理处；账号：9558 8233 0100 0832285；税务登记号：1301 0492 2568 311。

3. 核算类型。记账本位币：人民币（RMB）；企业类型：工业；行业性质：2007 年新会计制度科目；按行业性质预设科目。

4. 基础信息。对存货、客户、供应商分类，无外币核算。

5. 分类编码方案。会计科目编码级次为 4－2－2－2－2，客户分类编码级次：2－2；供应商分类编码级次：2－2；其他设置采用系统默认。

6. 数据精度。该公司对存货数量、单价小数位的要求均为 2。

二、财务分工

1. 账套主管：张雨（001），负责完成系统的各项初始化工作；负责财务软件运行的管理工作，保证财务管理系统运行的有效性、安全性；负责系统的凭证审核、记账、账簿查询、月末结账、报表管理及财务分析工作。具有系统所有模块的全部权限。

2. 会计：王月（002），负责总账系统的凭证管理以及固定资产和工资系统管理工作。具有“总账—凭证—凭证处理、查询凭证、科目汇总、常用凭证、凭证复制”权限，具有“总账—期末—转账设置、转账生成”权限，具有“固定资产”、“工资管理”模块的全部权限。

3. 出纳：李星（003），负责现金和银行账管理工作。具有“总账—凭证—出纳签字”权限，具有“总账—出纳”的全部权限。

第二部分　基础档案设置

一、部门档案

博宇服装公司的部门档案情况如附表 1 所示。

附表 1　　**部门档案表**

编号	名称	部门属性
1	行政部	管理部门
101	总经理办公室	管理部门
102	财务部	财务管理
2	生产部	生产制造
3	销售部	企划销售
4	采购部	采购运输

二、职员档案

博宇服装公司的职员档案情况如附表 2 所示。

附表 2　　**职员档案表**

职员编号	职员名称	所属部门	职员属性	职员类别	基本工资（元）
101	张峰	总经理办公室	总经理	管理人员	1 000
102	张雨	财务部	会计主管	管理人员	900
103	王月	财务部	会计	管理人员	800
104	李星	财务部	出纳	管理人员	800
201	郑建	生产部	部门经理	管理人员	900
202	陈达	生产部	生产人员	生产人员	800

续前表

职员编号	职员名称	所属部门	职员属性	职员类别	基本工资（元）
203	叶寻	生产部	生产人员	生产人员	800
301	斐婷	销售部	部门经理	管理人员	900
302	王超	销售部	经营人员	管理人员	800
401	刘飞	采购部	部门经理	管理人员	900
402	李成	采购部	经营人员	管理人员	800

三、客户分类

博宇服装公司的客户分类设置如附表 3 所示。

附表 3　　客户分类表

编码	名称
01	企业单位
0101	工业
0102	商业
02	事业单位
0201	医院
0202	学校

四、供应商分类

博宇服装公司的供应商分类设置如附表 4 所示。

附表 4　　供应商分类表

编码	名称
01	本地供应商
02	外地供应商

五、客户档案

博宇服装公司的客户档案情况如附表 5 所示。

附表 5　　客户档案表

客户编号	客户名称	客户简称	所属分类码	税号	开户银行	银行账号	发展日期
001	东洲机电设备有限公司	东洲机电	0101	1111	工商银行	5691543	2010-01-01

续前表

客户编号	客户名称	客户简称	所属分类码	税号	开户银行	银行账号	发展日期
002	东方城市广场有限公司	东方城市	0102	2222	交通银行	2975630	2010-01-01
003	隆旭电器有限公司	隆旭电器	0102	3333	交通银行	8962541	2010-01-01
004	天华职业学院	天华学院	0202	4444	建设银行	2369523	2010-01-01

六、供应商档案

博宇服装公司的供应商档案情况如附表 6 所示。

附表 6 **供应商档案表**

供应商编号	供应商名称	供应商简称	所属分类码	税号	开户银行	银行账号	发展日期
001	鑫正布匹加工厂	鑫正布匹	01	5555	交通银行	6214362	2010-01-01
002	东盛纺织制造厂	东盛纺织	01	6666	工商银行	2647130	2010-01-01
003	翔龙棉纺一厂	翔龙棉纺	02	7777	工商银行	2548930	2010-01-01
004	安佳方格布生产厂	安佳方格	02	8888	建设银行	1458924	2010-01-01

七、结算方式

博宇服装公司结算方式设置如附表 7 所示。

附表 7 **结算方式表**

结算方式编码	结算方式名称	票据管理
1	现金结算	否
2	支票结算	否
201	现金支票	是
202	转账支票	是
3	其他	否

八、项目目录

博宇服装公司的项目目录设置如附表 8 所示。

附表 8 **项目目录表**

项目设置步骤	设置内容
项目大类	库存商品
核算科目	1405，库存商品
项目分类	1：套装 2：衬衫
项目名称	101：工作服；102：校服；103：办公制服； 201：短袖；202：长袖

第三部分　总账部分初始化设置

一、总账控制参数

博宇服装公司总账控制参数的设置如附表 9 所示。

附表 9 **总账控制参数表**

选项卡	参数设置
凭证	制单序时控制，支票控制，可以使用应收、应付系统的受控科目，凭证审核控制到操作员，出纳凭证必须经出纳签字，系统编号
账簿	账簿打印位数、每页打印行数按软件默认的标准设定，明细账查询权限不控制到科目，明细账打印按年排列
会计日历	2010 年 01 月 01 日—12 月 31 日
其他	数量小数位和单价小数位设为 2 位，部门、个人、项目按编码方式排序

二、会计科目及期初余额

博宇服装公司的会计科目及期初余额表如附表 10 所示。

附表 10 **会计科目及期初余额表** 单位：元

科目编码	科目名称	辅助账类型	方向	币别/计量	期初余额
1001	库存现金	日记账、指定科目	借		14 300
1002	银行存款	指定科目	借		344 260
100201	工行存款	银行账、日记账	借		344 260
1012	其他货币资金		借		
1121	应收票据	客户往来	借		
1122	应收账款	客户往来	借		103 000

续前表

科目编码	科目名称	辅助账类型	方向	币别/计量	期初余额
1221	其他应收款	个人往来	借		2 500
1231	坏账准备		贷		1 140
1123	预付账款	供应商往来	借		
1403	原材料		借		9 711
				米	1170
1405	库存商品	项目核算	借		70 200
1601	固定资产		借		1 370 000
1602	累计折旧		贷		15 000
1606	固定资产清理		借		
1701	无形资产		借		47 220
2001	短期借款		贷		12 600
2201	应付票据	供应商往来	贷		
2202	应付账款	供应商往来	贷		172 300
2203	预收账款	客户往来	贷		
2211	应付职工薪酬		贷		6 640
221101	工资		贷		
221102	职工福利		贷		6 640
221103	社会保险费		贷		
221104	住房公积金		贷		
221105	工会经费		贷		
221106	职工教育经费		贷		
2221	应交税费		贷		
222101	应交增值税		贷		
22210101	进项税额		贷		
22210102	销项税额		贷		
2231	应付利息		贷		
2241	其他应付款		贷		3 540
4001	实收资本		贷		1 370 240
4002	资本公积		贷		449 871
4101	盈余公积		贷		
4103	本年利润		贷		
4104	利润分配		贷		36 800
410401	未分配利润		贷		36 800
5001	生产成本		借		106 940

续前表

科目编码	科目名称	辅助账类型	方向	币别/计量	期初余额
500101	基本生产成本		借		106 940
50010101	直接材料		借		37 300
50010102	直接人工		借		59 110
50010103	制造费用		借		10 530
50010104	其他		借		
500102	辅助生产成本		借		
5101	制造费用		借		
510101	工资		借		
510102	折旧		借		
510103	其他		借		
6001	主营业务收入	数量金额	贷		
				套	
6051	其他业务收入		贷		
6401	主营业务成本	数量金额	借	套	
6403	营业税金及附加		借		
6402	其他业务成本		借		
6601	销售费用		借		
6602	管理费用	部门核算	借		
660201	工资	部门核算	借		
660202	福利费	部门核算	借		
660203	办公费	部门核算	借		
660204	差旅费	部门核算	借		
660205	招待费	部门核算	借		
660206	折旧费	部门核算	借		
660207	工会经费	部门核算	借		
660208	职工教育经费	部门核算	借		
660209	社会保险费	部门核算	借		
6603	财务费用		借		
660301	利息费用		借		
660302	汇兑损益		借		
6711	营业外支出		借		
6801	所得税费用		借		

注：将应收账款、应收票据、预付账款、应付票据、应付账款及预收账款全部设置为无受控系统。

三、凭证类别

博宇服装公司凭证类别的设置如附表 11 所示。

附表 11　　凭证类别表

类型	限制类型	限制科目
收款凭证	借方必有	1001，1002
付款凭证	贷方必有	1001，1002
转账凭证	凭证必无	1001，1002

四、辅助账期初余额

博宇服装公司的辅助账期初余额如附表 12 所示。

附表 12　　辅助账期初余额表　　单位：元

科目名称		借方余额	贷方余额
应收账款	东洲机电	42 500	
	东方城市	60 500	
其他应收款	王超	2 500	
应付账款	鑫正布匹		66 500
	东盛纺织		38 000
	翔龙棉纺		67 800
库存商品	校服	26 520	
	办公制服	43 680	

第四部分　工资部分初始化设置

一、初始化参数设置

工资类别：单个；核算币种：人民币；不核算计件工资；不实行代扣个人所得税；不进行扣零处理；人员编码长度：3 位。

二、基本分类档案

部门档案：同基础档案；人员类别：管理人员和生产人员。

三、工资数据

博宇服装公司的工资数据如附表 13 所示。

附表 13 **工资数据表**

职员编号	职员名称	所属部门	职员属性	职员类别	基本工资（元）	岗位工资（元）	病假天数	事假天数
101	张峰	总经理办公室	总经理	管理人员	1 000	300	—	—
102	张雨	财务部	会计主管	管理人员	900	300	1	—
103	王月	财务部	会计	管理人员	800	300	—	3
104	李星	财务部	出纳	管理人员	800	300	—	—
201	郑建	生产部	部门经理	管理人员	900	300	—	—
202	陈达	生产部	生产人员	生产人员	800	500	—	2
203	叶寻	生产部	生产人员	生产人员	800	500	—	—
301	斐婷	销售部	部门经理	管理人员	900	500	2	—
302	王超	销售部	经营人员	管理人员	800	500	—	—
401	刘飞	采购部	部门经理	管理人员	900	500	—	—
402	李成	采购部	经营人员	管理人员	800	500	—	5

四、工资项目及计算公式

1. 工资项目。博宇服装公司的工资项目设置如附表 14 所示。

附表 14 **工资项目表**

工资项目名称	类型	长度	小数	增减项
基本工资	数字	8	2	增项
岗位工资	数字	8	2	增项
应发合计	数字	10	2	增项
病假天数	数字	8	2	其他
病假扣款	数字	8	2	减项
事假天数	数字	8	2	其他
事假扣款	数字	8	2	减项
扣款合计	数字	10	2	减项
实发工资	数字	10	2	增项

2. 计算公式。博宇服装公司职员工资的计算公式如下：

岗位工资＝IFF（人员类别＝“管理人员”，300，500）

病假扣款＝病假天数×5

事假扣款＝事假天数×10

第五部分　固定资产部分初始化设置

一、初始化参数设置

固定资产账套启用日期：2010 年 01 月 01 日；折旧方法：平均年限法(一)，折旧分配周期为 1 个月；固定资产编码方式：2112，按“类别编码＋序号”自动编码，序号长度为 2 位；固定资产系统要求与总账系统对账，固定资产对账科目为“1601 固定资产”，累计折旧对账科目：“1602 累计折旧”；对账不平衡不允许月末结账。

二、资产类别

博宇服装公司的资产类别设置如附表 15 所示。

附表 15　　资产类别表

编码	类别名称	计提属性
01	房屋及建筑物	正常
02	运输车辆	正常
03	机械设备	正常

三、部门对应折旧科目

总经理办公室、财务部、采购部对应折旧科目：660206，管理费用—折旧费；生产部对应折旧科目：510102，制造费用折旧；销售部对应折旧科目：6601，销售费用。

四、增减方式

增加方式：直接购入；对应入账科目：100201。

减少方式：毁损；对应入账科目：1606。

五、固定资产原始卡片

博宇服装公司的固定资产卡片如附表 16 所示。

附表 16 **固定资产卡片表**

编码	资产名称	所在部门	增加方式	使用状况	使用年限（年）	开始使用日期	原值（元）	累计折旧（元）
0101	办公楼	总经理办公室	直接购入	在用	20	2009.12.25	700 000	
0102	厂房	生产部	直接购入	在用	20	2009.12.25	480 000	
0201	汽车	销售部	直接购入	在用	10	2008.12.25	150 000	15 000
0301	缝纫机	生产部	直接购入	在用	5	2009.12.25	10 000	
0302	裁断机	生产部	直接购入	在用	5	2009.12.25	25000	
0303	计算机	财务部	直接购入	在用	5	2009.12.25	5000	

第六部分　日常经济业务

一、填制凭证

1.1 月 1 日，用现金支付销售部业务招待费 480.6 元（附单据 1 张）。

2.1 月 3 日，出纳从银行提取现金 5 000 元备用，支票号为 3235，结算方式为 201（附单据 1 张）。

3.1 月 4 日，采购部李成购买办公用品，出纳以现金 730 元付讫（附单据 1 张）。

4.1 月 4 日，从鑫正布匹加工厂购入材料涤纶布，数量 1 500 米，单价 38 元，价款 57 000 元，增值税 9 690 元，共计 66 690 元。材料已验收入库。开出 3 个月的无息商业承兑汇票支付（附单据 3 张）。

5.1 月 5 日，销售部王超出差归来，报销差旅费 2 060 元，交回现金 440 元（附单据 5 张）。

6.1 月 7 日，收到东方城市广场有限公司前欠货款 34 500 元，支票号为 1954，结算方式为 202，存入银行（附单据 1 张）。

7.1 月 8 日，从东盛纺织制造厂购入材料印花布，数量 900 米，单价 26 元，价款 23 400 元，增值税 3 978 元，共计 27 378 元。材料已验收入库。货款用银行存款支付，支票号为 2901，结算方式为 202（附单据 2 张）。

8. 1 月 9 日，开出转账支票支付到期的短期借款 10 000 元及利息 300 元，支票号为 2902，结算方式为 202（附单据 2 张）。

9. 1 月 11 日，向天华职业学院销售校服 540 套，单价 115 元，增值税10 557 元，收到转账支票一张，支票号为 2611，结算方式为 202，存入银行（附单据 3 张）。

10. 1 月 13 日，开出转账支票一张，支票号为 2903，结算方式为 202，向红十字会捐款 5 000 元（附单据 2 张）。

11. 1 月 14 日，用现金报销总经理电信费，共计 500 元（附单据 1 张）。

12. 1 月 16 日，销售给隆旭电器有限公司一批办公制服，数量 190 套，单价 200 元，增值税 6 460 元，货款未支付（附单据 1 张）。

13. 1 月 16 日，生产部领用涤纶布 230 米，单价 38 元（附单据 1 张）。

14. 1 月 20 日，用现金形式向职工发放节日福利费 1 100 元（附单据 1 张）。

15. 1 月 21 日，向东洲机电设备有限公司销售办公制服 50 套，单价 200 元，增值税 1 700 元，款项已收到并存入银行，票号为 6164，结算方式为 202（附单据 3 张）。

16. 1 月 22 日，用银行存款支付销售部广告费 1 800 元票号为 2904，结算方式为 202。

17. 1 月 22 日，总经理张峰预借差旅费 3 000，用现金支付。

18. 1 月 24 日，开出转账支票一张，支票号为 2906，结算方式为 202，归还前欠翔龙棉纺一厂货款 30 000 元（附单据 1 张）。

19. 1 月 25 日，以现金支付员工生活困难补助 800 元（附单据 1 张）。

20. 1 月 27 日，以现金支付税务机关罚款 560 元（附单据 1 张）。

21. 1 月 31 日，分配工资费用，计提本月工会经费、职工教育经费、社会保险费（在工资系统完成，附单据 4 张）。

22. 1 月 31 日，计提固定资产折旧（在固定资产系统完成，附单据 1 张）。

23. 1 月 31 日，月末结转制造费用（附单据 1 张）。

24. 1 月 31 日，结转本月产品销售成本。办公制服每套单位成本为 150 元，校服每套单位成本为 80 元（附单据 1 张）。

25. 1 月 31 日，结转本期损益（自动转账分两次生成）。

二、出纳银行对账

银行账的启用日期为 2010 年 1 月 1 日，会计科目为“100201，工行存款”，企业银行日记账期初余额为 344 260 元，银行对账余额为 344 260 元，期初无未达账项。

博宇服装公司 2010 年 1 月份银行对账单见附表 17。

附表 17　　2010 年 1 月银行对账单　　单位：元

日期	结算方式	票号	借方金额	贷方金额
2010.1.3	201	3235		5 000
2010.1.8	202	1954	34 500	
2010.1.8	202	2901		27 378
2010.1.9	202	2902		10 300
2010.1.10	3	3875	35 000	
2010.1.12	202	2611	72 657	
2010.1.14	202	2903		5 000
2010.1.21	202	6164	11 700	
2010.1.22	202	2904		1 800
2010.1.23	202	4496		8 500
2010.1.24	202	2905		13 455
2010.1.24	202	2906		30 000

第七部分　月末处理

一、工资系统

1. 完成工资分配与计提工作。博宇服装公司的工资分配与计提情况如附表 18 所示。

附表 18　　工资分配与计提表　　单位：元

部门	工资		工会经费（2%）		职工教育经费（3%）		社会保险费（23%）	
	借方	贷方	借方	贷方	借方	贷方	借方	贷方
总经理办公室、财务部、采购部	660 201	221 101	660 208	221 105	660 208	221 106	660 209	221 103
生产部	50 010 102	221 101	50 010 102	221 105	50 010 102	221 106	50 010 102	221 103
销售部	6 601	221 101	6 601	221 105	6 601	221 106	6 601	221 103

注：工会经费、职工教育经费、社会保险费以基本工资和岗位工资之合为计提基数。

2. 工资系统月末结账。

二、固定资产系统

1. 计提折旧。
2. 固定资产系统月末对账结账。

三、总账系统

进行总账系统月末结账。

四、报表系统

1. 利用报表模板生成资产负债表。
2. 利用报表模板生成利润表。

图书在版编目（CIP）数据

会计电算化/姜明霞，孙秀梅主编
北京：中国人民大学出版社，2010
21世纪高职高专精品教材·会计系列
ISBN 978-7-300-11952-6

Ⅰ.①会…
Ⅱ.①姜…②孙…
Ⅲ.①计算机应用－会计－高等学校：技术学校－教材
Ⅳ.①F232

中国版本图书馆CIP数据核字（2010）第057469号

21世纪高职高专精品教材·会计系列
会计电算化
主　编　姜明霞　孙秀梅
副主编　李永利　魏立寰

出版发行	中国人民大学出版社		
社　　址	北京中关村大街31号	**邮政编码**	100080
电　　话	010－62511242（总编室）		010－62511398（质管部）
	010－82501766（邮购部）		010－62514148（门市部）
	010－62515195（发行公司）		010－62515275（盗版举报）
网　　址	http://www.crup.com.cn		
	http://www.ttrnet.com(人大教研网)		
经　　销	新华书店		
印　　刷	北京市易丰印刷有限责任公司		
规　　格	170mm×228mm　16开本	**版　　次**	2010年8月第1版
印　　张	16	**印　　次**	2011年12月第2次印刷
字　　数	256 000	**定　　价**	26.00元